普通高等教育应用型特色教材·国际贸易系列

国际贸易实务与单证操作

主编◎魏雪莲 彭 虹

北京师范大学出版集团
BEIJING NORMAL UNIVERSITY PUBLISHING GROUP
北京师范大学出版社

图书在版编目(CIP)数据

国际贸易实务与单证操作 / 魏雪莲，彭虹主编. —北京：北京师范大学出版社，2025.2

ISBN 978-7-303-27469-7

Ⅰ. ①国… Ⅱ. ①魏… ②彭… Ⅲ. ①国际贸易—贸易实务②国际贸易—原始凭证 Ⅳ. ①F740.4

中国版本图书馆 CIP 数据核字(2021)第 237442 号

GUOJI MAOYI SHIWU YU DANZHENG CAOZUO

出版发行：北京师范大学出版社 https://www.bnupg.com
        北京市西城区新街口外大街 12-3 号
        邮政编码：100088

印　　刷：北京虎彩文化传播有限公司
经　　销：全国新华书店
开　　本：787 mm×980 mm　1/16
印　　张：15.75
字　　数：325 千字
版　　次：2025 年 2 月第 1 版
印　　次：2025 年 2 月第 1 次印刷
定　　价：49.80 元

策划编辑：李红芳　　　　责任编辑：李红芳
美术编辑：焦　丽　　　　装帧设计：焦　丽
责任校对：陈　民　　　　责任印制：马　洁

前　言

　　随着"一带一路"倡议的实施，以及我国对外贸易合作格局的不断扩大，数字贸易逐渐成为国际贸易发展的新方向，引领着新一轮贸易方式的革新。为适应这一趋势，各院校须加速培养兼具国际贸易理论与实践深度融合的复合型人才。基于此，编者依据国际贸易实务中单证操作的实际需要，结合最新的国际惯例和规则编写了本教材。

　　本教材以培养应用型人才为目标，聚焦当前国际贸易实践的特点、趋势，系统介绍了国际贸易业务流程中所涉及的知识点，并重点介绍了国际贸易术语、国际货物运输、合同订立及履行、进出口单据制作等内容。

　　从交易磋商、合同签订到合同履行，国际贸易业务活动的各个方面都离不开单证工作，伴随着我国对外贸易的发展，银行、外贸公司、货运代理、物流企业等需要大量外贸单证操作人员；同时，由于国际贸易方式的转变和区域经济合作的加强，各种新单据不断出现，因此，有必要在本教材中加强单证知识的教学。为了培养学生的实际操作能力，本教材根据国际贸易最新实践经验，详细介绍了进出口贸易中所需的单据及填写规范。此外，在编写过程中，本教材注重联系最新外贸实务工作，在每章后附有技能实训，以帮助学生更好地理解和掌握国际贸易的知识。

　　本教材由魏雪莲、彭虹主编，魏雪莲负责全书的统筹与定稿。其中，第一、二、三、四、六、七、八、九、十、十一、十二章由魏雪莲编写，第五章由彭虹编写。此外，感谢福建农林大学金山学院国际经济与贸易专业蔡椰萍和郭佳怡两位同学，其完成了书中案例和进出口贸易单据的整理工作。

在编写过程中，本教材参考了大量的著作和文章。在此，特别向本书中引用和参考的著作、文章的编者和作者表示诚挚的谢意。

由于编者能力所限，本书难免有不足之处，敬请各位专家和读者批评指正。

魏雪莲

2025 年 1 月

目　录

1

第一章　绪论

1. 理解国际贸易的特点。
2. 了解进出口贸易的基本业务程序、相关的法律法规和国际惯例。

第一节　国际贸易概述

自中华人民共和国成立以来，我国对外贸易作为连接国内经济和世界经济的纽带，发生了翻天覆地的变化，取得了举世瞩目的成就。同时，我国对外贸易实现了历史性跨越，把"引进来"和"走出去"更好地结合起来，区域经贸合作持续深化，形成了全方位、多层次、宽领域的全面开放新格局。党的十八大以来，我国稳步推进贸易强国建设，着力优化营商环境，加快实施自由贸易区战略，积极促进"一带一路"国际合作，正以更加开放的心态、更加自信的步伐融入世界经济。

一、国际贸易实务的研究对象

本课程主要研究国际贸易实务的内容，着重介绍国际贸易的具体操作，主要包括进出口贸易的业务流程、国际货物买卖合同各项条款的约定、国际货物买卖合同的主要交易条件、进出口贸易中常用的单据及其制作以及进出口贸易的相关案例等。

通过学习，我们可以了解和熟悉国际货物买卖交易的具体环节，掌握国际货物买卖合同的各项交易条件，了解国际货物买卖必须遵循的原则，熟知对外贸易工作者从事国际货物买卖需要具备的基本技能与方法，企业根据我国对外贸易的政策及企业经营目标，进行货物买卖。

二、国际货物买卖合同

国际货物买卖合同是指营业地处于不同国家或地区的当事人之间所订立的，由一方提供货物并转移所有权，另一方支付价款的协议。国际货物买卖合同是国际贸易交易中最基本的合同，买卖双方必须围绕国际货物买卖合同开展相关业务。

国际货物买卖合同包括以下5个方面：

(1)合同标的。例如，商品的名称、数量、包装等。

(2)货物价格。例如，货物的单价、总价，货物的价格可以根据实际情况调整等。

(3)卖方义务。在国际贸易中，卖方最基本的义务是发货，同时向买方提供运输和货物单据。

(4)买方义务。买方最基本的义务是付款和收取货物。

(5)关于争议的预防和处理。

三、国际贸易的特点

与国内贸易相比，国际贸易具有复杂性、风险性和合作性的特点。

(一)复杂性

买卖双方分别位于两个不同的国家或地区，其所处的政治、经济环境均有所不同，所以进行国际货物买卖不仅会涉及双方国家或地区的政策、法律法规等问题，还会涉及外汇管制等问题。其复杂性主要体现为以下 3 个方面。

1. 语言环境更复杂

国内交易行为发生在一个国家之内，交易双方使用的是同一种语言，没有语言障碍。但是国际贸易发生在不同的国家或地区，语言差异成为交易双方首要面临的沟通障碍。

2. 法律环境更复杂

国内交易双方在同一个国家，适用相同的法律准则。在国际贸易中，不同的国家或地区都有自己的法律体系和准则，交易双方都要遵守本国的法律，因此国际贸易面临法律方面的障碍。

3. 度量衡制度更复杂

在国际贸易中，通用的度量衡制度有美制、英制、公制和国际单位制，交易双方通常会根据自身的习惯，选择其中一种作为本国的度量衡制度。比如，中国将国际单位制作为交易的度量衡制度，英联邦国家则采用英制。因此，在交易中，买卖双方有时会因度量衡制度不同而产生纠纷。

(二)风险性

在国际贸易中，自买卖双方建立业务关系开始，便须遵循一系列的标准流程，包括询盘、发盘、还盘、接受、签订合同及履行合同等。在整个交易过程中，买卖双方可能会遇到各种风险，主要风险有以下几种。

1. 信用风险

买卖双方分处不同的国家或地区，进行面对面交流沟通的机会相对较少，因此，通常采用传真、电子邮件等方式来进行沟通。在这种情况下，就会出现信用问题，这就是信用风险。

2. 运输风险

国际货物买卖需要进行很长时间的运输，运输方式一般采用海运。在运输过程中货物可能会遭受自然灾害(如暴风雨、地震、海啸等)，或发生意外事故(如火灾、碰撞等)，或遇到战争、罢工等情况，从而造成货物损失，这就是运输风险。

3. 汇率风险

汇率的变动会影响其投资收益的增减变化，因此国际贸易交易中采用的结算方式通常不是即期，而是远期。如果结算时的汇率下降，那么卖方收益就会受损，这就是汇率风险。

4. 价格风险

国际市场的行情变幻莫测，买卖双方签订合同之后，市场价格可能会因各种因素而波动，这就是买卖双方面临的价格风险。

(三)合作性

国际贸易具有很强的合作性，涉及的当事人除了买卖双方，还包括运输、保险、商检、海关、税务、银行等部门。一笔交易的成功完成，需要所有参与方的共同努力。任何环节出现问题，都可能导致交易失败。

第二节 国际贸易适用的法律和惯例

在国际贸易中，买卖双方分别位于不同国家或地区，而不同所在地的法律法规和贸易惯例存在显著差异。这些差异在实际交易过程中可能会导致买卖双方产生争议，有时甚至会升级为涉及双方所在国家或地区的贸易摩擦。因此，选择约定双方都适合的国际贸易法律法规和惯例是至关重要的。

目前，国际贸易适用的法律法规和惯例主要有以下三种。

一、国内法

国内法是由一个国家的政府制定或认可，并且在本国管辖范围内生效的法律。在国际贸易中，虽然买卖双方所处的国家或地区不同，但是他们都要遵守各自所在国家或地区的法律。

二、国际贸易惯例

国际贸易惯例(International Trade Practice)是在长期的国际贸易实践中形成的贸易习惯和一般的做法，它是在国际上被普遍接受和广泛使用的原则、准则与规则。

具体的国际贸易惯例主要包括国际商会（International Chamber of Commerce，ICC）制定的《国际贸易术语解释通则》（*International Commercial Terms*，INCOTERMS）、国际法协会（International Law Association，ILA）于1932年制定的《1932年华沙—牛津规则》（*Warsaw-Oxford Rules* 1932）以及国际商会制定的《跟单信用证统一惯例》（*Uniform Customs and Practice for Documentary Credits*，UCP）和《托收统一规则》（*The Uniform Rules for Collection*，URC）。

三、国际公约和协定

国际公约是由两个或两个以上的主权国家为确定彼此的经济关系，特别是因贸易关系而达成的书面协议。两个国家签订的协议是双边协定，两个以上国家签订的协议是多边协定。

(一)《联合国国际货物销售合同公约》

《联合国国际货物销售合同公约》（*The United Nations Convention on Contracts for the International Sale of Goods*，CISG），简称《公约》，是关于国际贸易领域的国际公约，于1980年4月讨论通过。我国也加入了该公约，但在加入时提出了两项保留。第一项保留是关于公约的适用范围。我国只承认在双方国家都加入该公约时，该公约才生效，此规定与公约的普遍适用原则是不一致的。第二项保留是关于合同的形式。我国法律明确规定，合同必须采用书面形式，即我国不承认口头合同的法律效力。

(二)《区域全面经济伙伴关系协定》

《区域全面经济伙伴关系协定》（*Regional Comprehensive Economic Partnership*，RCEP），是由东盟10国发起，邀请中国、日本、韩国、澳大利亚、新西兰共同参加（"10＋5"），通过削减关税及非关税壁垒，建立15国统一市场的自由贸易协定。RCEP通过采用区域累积的原产地规则，深化区域内产业链、价值链；通过利用新技术推动海关便利化，促进新型跨境物流发展；通过采用负面清单推进投资自由化，提升投资政策透明度。

第三节　进出口贸易的基本业务程序

在国际贸易中，不同的交易方式有不同的业务程序。总体而言，国际贸易的基本业务程序包括交易前的准备阶段、交易磋商阶段、合同签订阶段和履行合同阶段。

一、出口贸易的程序

(一)交易前的准备阶段

1. 市场调研

在交易前要先做好前期国际市场调研工作,包括适销品种、市场供求关系、市场价格等,并通过收集的资料来分析市场动向。

2. 产品知识

(1)产品的常用中文名称和别名。

(2)产品的常用英文名称和别名。

(3)产品所属行业。

(4)产品的海关编码。

(5)产品的型号和常用技术参数。

(6)产品的包装款式及其英文表达。

(7)产品的生产流程图和关键环节的英文描述。

(8)产品的销售对象、产品优势及其与同类产品的区别。

3. 客户

在交易前,我们可以通过银行、工商团体及驻外机构等渠道,深入了解目标客户的背景、资信情况、经营范围和经营能力。

(二)交易磋商和合同签订阶段

1. 询盘

询盘(Inquiry),又称询价,包括价格、装运、支付等与交易相关的条款。

2. 发盘

发盘(Offer),可以理解为发价,但是它包括很多交易条款,不只是价格。

3. 还盘

还盘(Counter Offer),又称还价,是指受盘人收到发盘后,对发盘中的内容不同意或不完全同意,为了进一步协商,对发盘提出修改或变更。

4. 接受

接受(Acceptance),即受盘方无条件接受发盘内容。当接受达成时,表示合同已经成立。买卖双方签订合同。

对于贸易磋商过程来讲,以上 4 个步骤中有 2 个步骤是必不可少的,即发盘、接受。双方在自愿的基础上达成合同,必须将自己的意思表示出来。磋商的内容包括一般交易条款和主要交易条款。

(三)履行合同阶段

(1)备货。出口商须准备货物以及出口文件,如出口许可证、出口配额等。

(2)完成货物出口的商检、报关,办理货物的保险手续。

(3)交单。完成交货后,卖方向买方提交有关单据,证明已经履行合同,同时要求买方付款。办理完出口手续之后,卖方还要办理有关的国内手续,如外汇核销、出口退税等。如果交易顺利,那么这笔交易终止;如果交易不顺利,那么卖方可能还要解决一些有争议的问题,如买方收到货物以后,发现货物的品质有问题而提出索赔。

二、进口交易的程序

(一)交易前准备阶段

(1)对采购商品的供应国和国外生产者、出口商进行调查,调查涉及产品性能、国外出口商资信情况等。

(2)对拟进口国的国内市场需求进行分析,包括商品细分市场的需求量、价格、消费者消费行为和竞争对手分析等。

(3)对客户进行调查。

(4)了解产品知识。进口商也要具备产品知识。

根据《中华人民共和国货物进出口管理条例》第 19 条第 1 款的规定,实行许可证管理的限制进口货物,进口经营者应当向国务院外经贸主管部门或者国务院有关部门(以下统称进口许可证管理部门)提出申请。

(二)交易磋商和合同签订阶段

进口交易磋商和出口交易磋商一样,也有 4 个步骤,即询盘、发盘、还盘和接受。若受盘方接受发盘内容,则合同成立。磋商的内容包括一般交易条款和主要交易条款。

(三)履行合同阶段

首先,进口商要催装,并做好接货的准备,包括申请进口许可证、进口配额;其次,完成商检、报关和验货工作,并从出口商处获取相关货物运输单据,同时把货款付给出口商;最后,如果货物有问题,可以向出口商提出索赔,以解决争议。目前,我国进口合同大多以离岸价格、货交承运人的条件成交,以信用证方式结算货款。履行此类进口合同的一般程序是签订贸易合同、开立信用证、租船订舱、装运、办理保险、审单付款、接货报关、检验、索赔等。进口商应与各有关部门密切配合，逐项完成此程序。

【本章小结】

本章主要介绍了国际贸易的基本概念及其特点，进出口贸易的基本业务程序以及在交易中适用的法律法规、国际贸易惯例等。国际贸易与国内贸易相比，更加复杂，风险也更大，了解国际贸易的特点是我们学习本课程的前提条件。

【技能实训】

一、简答题

1. 简要说明国际贸易和国内贸易的区别。
2. 简要说明进出口贸易的基本业务程序。
3. 国际贸易适用的法律法规和国际惯例有哪些？
4. 国际贸易在交易中会遇到哪些风险？

二、案例分析题

某年，我国某出口公司对外成交一批食用柠檬酸，在交货时，误将工业用柠檬酸装运出口。轮船开航数天后，出口公司才发现所装货物不符。为了避免造成严重事故，出口公司紧急通知轮船代理公司，请该公司转告中国香港地区代理，于该船抵达中国香港地区时将货截留。之后，虽然避免了一次严重事故，但出口公司损失严重。请结合此案例谈谈卖方在交货时应该注意的问题。

第二章　合同标的

【学习重点及目标】
1. 掌握商品品质的表示方法、品质机动幅度条款及数量机动幅度条款。
2. 理解品质条款、数量条款和包装条款。

第一节　商品名称

一、商品名称的含义

商品名称(Name of Commodity)是指能使某种商品区别于其他商品的一种称呼或概念。商品名称在一定程度上体现了商品的自然属性、用途及主要的性能特征。

二、商品的命名方法

商品的命名方法主要有以下几种。

(1)根据商品的用途来命名，如自行车、杀虫剂等。

(2)根据商品的原材料来命名，如羊毛衫等。

(3)根据商品的主要成分来命名，如人参珍珠霜等。

(4)根据商品外观的造型来命名，如宝塔纸、喇叭裤等。

(5)根据商品的褒义来命名，如青春宝等。

(6)根据人物的姓名来命名，如孔府家酒等。

(7)根据商品的产地来命名，如北京二锅头、安溪铁观音等。

三、品名条款的规定

(一)品名条款的主要内容

合同中的品名条款一般都规定得很简单，多数只是在"商品名称"或"品名"下，标明交易的商品名称。比如：

Name of Commodity：Canned Mushrooms Pieces & Stems

品名：蘑菇罐头

有的合同中不加标题，只标明买卖双方同意买卖某种商品的文句。比如：

买卖双方订立本合同，同意按下述条件买卖以下商品。

还有一些商品比较特殊，不同的品种、等级或型号之间差别很大，所以还需要具体标明所交易货物的具体情况。比如：

Name of Commodity：Frozen Shrimp Grade A

品名：A 级冻虾

(二)规定品名条款的注意事项

1. 商品名称要明确而具体

交易的商品必须具有合法性和不可争议性，而商品的命名方法又有很多种。因此，在合同中，规定的商品名称必须明确、具体，不能用笼统概括的方式描述。在采用外文命名时，要做到译名准确，与原意一致，避免产生歧义。

2. 商品名称的规定要采用国际通用标准

有的商品可能有多种名称，为了避免误解，贸易双方应尽可能使用国际上通行的名称。若使用地方性名称，贸易双方应事先就其含义达成共识。对于某些新商品的定名及其译名，应力求准确、易懂且符合国际习惯。比如，我们通常所说的"病毒唑"应该改为国际上通用的"利巴韦林"。

3. 商品名称要合适且实事求是

有些商品可能有多种名称，应该从有利于降低关税、节省运费和方便进出口的角度出发选择对我国有利的名称。

此外，产品的命名还要深入研究消费者的偏好和禁忌。尤其在出口货物时，必须深入了解进口方所在国家或地区的禁忌、宗教信仰、民俗习惯以及数字和颜色所承载的特殊含义等内容。

第二节　商品品质

在国际贸易中，商品的品种繁多、品质差异显著。因此，商品品质条款是国际货物买卖合同中的重要条款。

一、商品品质的含义

商品品质(Quality of Commodity)是指商品的外观形态和内在品质的综合。

商品的外观形态是指人们通过感觉器官可以感知到的商品的外形特征，包括商品的外形、颜色、款式和透明度等。

二、商品品质的表示方法

(一)用实物表示商品品质的方法

用实物表示商品品质的方法通常有两种：一种是基于成交商品的实际品质，即看货买卖(Sale by Actual Quality)；另一种则是基于样品品质，即凭样品买卖(Sale by Sample)。

1. 看货买卖

看货买卖是指买卖双方根据成交商品的实际品质进行交易。通常是买方或其代理人到卖方所在地验看货物，达成交易后，卖方即按照验看过的商品交付货物。买方不得对验看过的商品品质提出异议。这种方法主要适用于拍卖、寄售和展卖等业务，特别适用于那些不能批量复制的商品，如古董、字画、手工艺品等。

2. 凭样品买卖

样品(Sample)是指能够代表商品品质的少量实物。它可能是从整批商品中抽取出来，用于对外展示和产品品质检测，或是在大批量生产前，根据商品设计由生产者预先制作和加工的。凡用样品表示商品品质并以此为交货依据的，被称为凭样品买卖。

凭样品买卖根据样品的来源分为以下 3 种：

(1)凭卖方样品买卖(Sale by Seller's Sample)或"品质以卖方样品为准"(Quality as per Seller's Sample)。凭卖方样品买卖是指由卖方提供样品，作为货物交付依据的买卖合同一经成立，卖方提供的样品就成为履约时双方交接货物的品质依据。

凭卖方样品买卖时，卖方应注意：①样品的选择要有代表性；②卖方寄出样品时应留存"复样"(Duplicate Sample)，以备将来交货或处理品质纠纷时核对之用；③卖方应在原样和留存的复样上编制相同的号码，注明样品提交买方的具体日期，以便日后联系、洽谈交易时参考；④留存的复样应妥善保管，对于某些易受环境影响而改变品质的样品，还应采取适当措施，如密封、防潮、防虫害、防污染等，贮藏保存好，以保证样品品质的稳定。

【例 2-1】我国某出口公司与 A 国凭卖方样品成交一批高级瓷器，复验期为 60 天。货到国外经买方复验后，买方未提出任何异议。但时隔一年，买方来电称"瓷器全部出现釉裂"，只能削价销售，因此，要求我方按照成交价的 50％赔偿其损失。我方接到电话后立即查看留存复样，发现留存的瓷器也有裂纹。我方是否应同意买方的索赔要求？为什么？

(2)凭买方样品买卖(Sale by Buyer's Sample)或"品质以买方样品为准"(Quality as per Buyer's Sample)。凭买方样品买卖，也称"来样成交""来样制作"，是指凭买方提供的样品磋商交易或订立合同，并以买方样品为交货品质的依据的买卖。

【例 2-2】某出口公司凭买方样品成交一批金属拉手，合同规定 6 月装运，但需买方认可回样后，才能装运。5 月下旬，买方开来的信用证中也有同样的字句。我方多次试制回样均未得到买方认可，故未能如期装运。7月1日，买方以延误船期为由要求我方赔偿。我方该如何处理？

（3）凭对等样品买卖(Sale by Counter Sample)。凭对等样品买卖是指根据买方来样加工复制出一个类似的样品，或选择品质相近的样品，交由买方确认，买卖双方根据确认样品成交。经确认后的样品称"回样"(Return Sample)或称"对等样品"(Counter Sample)。这时卖方所交货物必须与对等样品一致。

（二）用文字说明表示商品品质的方法

在国际贸易中，大多数商品无法用样品来表示，这就需要采用文字说明的方法表示货物品质。这种方法被称为"凭文字说明买卖"(Sale by Description)，具体有以下6种方式。

1. 凭规格买卖

商品规格(Specification of Goods)是指一些足以反映商品品质的主要指标，如化学成分、含量、纯度、性能、容量、长短、粗细等。比如：

China Sesame Seed
Moisture(Max.)8%
Admixture(Max.)2.5%
中国芝麻
水分(最高)8%
杂质(最高)2.5%

【例2-3】我方某进出口公司向国外客户出口一批榨油花生。合同中明确指出花生的具体规格为含水分1%、含油量3%和含杂质2%。但国外客户收到货物后不久，我方便收到对方来电称：我方的货物品质与合同规定的相差较远，实际规格为含水分15%、含油量20%和含杂质5%，并要求我给予合同金额35%的损害赔偿。买方的索赔要求是否合理？对于这类商品，合同中的品质条款应如何规定？

2. 凭等级买卖

商品的等级是指在同一类商品中，按其质地的差异或尺寸、形状、重量、成分、构造、效能等不同，用文字、数字或符号进行分类。以商品的等级表示商品品质的交易称为凭等级买卖(Sale by Grade)。

【例2-4】我国某外贸公司对某国出口大蒜1 000公吨，外销合同与信用证上的品质条款都写明是二级大蒜。然而，我方在备货装运时，发现库存的二级大蒜售罄。于是，我国用一级大蒜代替二级大蒜交货，并在发票上加注"一级大蒜按二级大蒜计价"。结果买方以交货品质与合同条款不符拒收。我方这种"以好顶次"的做法是否可行？应吸取怎样的教训？

3. 凭标准买卖

凭标准买卖(Sale by Standard)是指买卖双方在交易中以商品的标准表示商品品质。商品的标准将商品的规格和等级予以标准化处理。有的商品的标准由国家或有关政府主管部门规定,有的由同业公会交易所或国际性工商组织规定。不同时间版本的同一标准对同一种商品的品质标准的规定也有所不同,因此,在交易中应确切了解所依据标准的内容,并在合同中注明援引标准的版本和年份。比如:

Rifampicin in Conformity with B. P. 1993

利福平　符合1993年版英国药典

在国际贸易中,对于某些品质变化较大且难以规定统一标准的农副产品,往往采用"良好平均品质"(Fair Average Quality,FAQ)和"上好可销品质"(Good Merchantable Quality,GMQ)来划分其等级。

"良好平均品质"是指一定时期内某地出口货物的平均品质水平。在我国实际业务中,用FAQ来说明品质,具体包括两个方面:一是指农产品的每一个生产年度的中等货;二是指某一季度或某一装船月份在装运地发运的同一种商品的"平均品质"。良好平均品质一般是针对普通商品而言的,在标明普通商品的同时,通常还约定具体规格作为品质依据。

"上好可销品质"是指卖方只需保证货物具有上好的、适合销售的品质即可。其品质一般要求"品质尚好,适合商销"。在国际上,有些商品没有公认的规格和等级,如冷冻鱼、冻虾等,因此,卖方只需保证所交商品的品质具有"商销性"即可。但是,这种表示方法含义笼统,难以应用,一般只适用于木材或冷冻鱼类等物品。我国在对外贸易中很少使用这种表示方法。

4. 凭说明书和图样买卖

凭说明书和图样买卖(Sale by Descriptions and Illustrations)是指用说明书并附以图样、照片、设计图纸、分析表及各种数据来说明货物的具体性能与结构特点,且按这种表示品质的方法进行交易的方式。

在国际贸易中,有些机器、电器和仪表等技术密集型产品,因结构复杂,对材料和设计的要求严格,用以说明性能的数据较多,很难用简单的指标来表明品质的全貌;有些产品即使名称相同,但使用的材料、设计和制造技术存在差别,也可能导致功能有差异。所以,通常用说明书和图样来说明其具体性能和结构特点。

5. 凭品牌或商标买卖

品牌(Brand Name)是指工商企业给制造或销售的商品所冠的名称,以便与其他企业的同类产品区别开来。

商标(Trade Mark)是指生产者或商家用来说明其所生产或出售的商品的标志,可由一个或几个具有特色的单词、字母、数字、图形或图片等组成。

在国际贸易中，在市场上行销已久、品质稳定且享有良好信誉的产品，其品牌名称或商标通常会受到买方或消费者的青睐。生产商或销售商可以利用品牌名或商标来说明其商品的品质，从而与买方达成交易。这种做法被称为"凭品牌或商标买卖"，如"海尔空调""美的电风扇"等。

6. 凭产地名称或地理标志买卖

在国际贸易中，某些产品由于产区的自然条件和传统加工工艺等因素，拥有其他产区的产品所不具有的独特风格和特色。对于这类产品，一般也可用产地名称来表示其品质。由此达成的交易，被称为凭产地名称或地理标志买卖（Sale by Name of Place of Origin or by Geographical Indication），如"法国香水""四川榨菜"等。

上述各种用文字表示商品品质的方法，一般是单独使用的，但有时也可酌情混合使用。

三、进出口贸易合同中的品质条款

（一）品质条款的基本内容

在国际贸易合同的品质条款中，一般要列明商品的名称和具体品质。但由于品种不同，表示品质的方法不一，故品质条款的内容及其繁简应视商品特性而定。在凭样品买卖时，要说明样品的编号，在必要的时候还要说明样品邮寄的日期。在凭文字说明买卖时，须明确说明商品的规格、等级、标准、商标和产地名称等。比如：

Feeding Broad Bean，Moisture Max. 15%，Admixture Max. 2%

饲料蚕豆，水分最高15%，杂质最高2%

（二）品质机动幅度条款

在国际贸易合同的品质条款中，卖方必须严格按照合同规定的规格交货。但是，某些商品在生产过程中易受到自然条件的影响，或者制作工艺的差别导致所交货物与合同规定不符。对于这些商品，如果将品质条款规定得过于僵化或将品质指标制订得过于绝对化，那么势必会给卖方履约造成困难。因此，在采用规格表示商品品质时，可规定一些灵活条件。卖方所交货物的品质只要在规定范围内，即可认为卖方所交的货物符合合同要求。常见的规定方法有以下3种。

1. 交货品质与样品大体相同或相似

对于凭样品成交的货物，为了避免实际所交的货物与合同不符，可以在品质条款中加订"交货品质与样品大体相同或相似"之类的条文。

2. 品质公差

公差是指国际上公认的产品品质的误差。品质公差是指允许卖方交货品质高于或者低于合同规定的品质的幅度。即使合同没有规定，只要卖方交货品质在公差范围内，也不能视作违约。凡在品质公差范围内的货物，买方不得拒收或要求调整价格。比如，机械加工的零件尺寸，内直径为2厘米±2毫米；手表品质允许合理差异，24小时内最大误差不超过10秒。

3. 品质机动幅度

对某些初级产品，由于卖方所交货物品质难以完全与合同规定的品质相符，为了便于卖方交货，往往在规定的品质指标外加订一定的允许幅度，即品质机动幅度。卖方所交货物品质只要在允许的幅度内，买方就无权拒收，但可以根据合同规定调整价格。比如，生丝回潮率为15%，允许偏差±2%，实际回潮率每超出或不足1%，合同价格相应下调或上浮1.5%。

品质机动幅度(Quality Latitude)的规定方法有以下3种：

(1)规定范围。对某项货物的品质指标规定允许有一定的差异范围。比如：

Cotton Grey Shirting Width 41/42″

棉坯布　　幅宽41/42″

(2)规定极限。对有些货物的品质规格规定上下极限，常用的有最大、最高、最多(Maximum，Max.)和最小、最低、最少(Minimum，Min.)。比如：

White Rice，Long-shaped

Broken Grains(Max.)25%

白籼米，长形

碎粒(最高)25%

(3)规定上下差异。这是使货物的品质规格具有必要灵活性的有效方式。比如：

Grey Duck Feather，18% Down，Allowing 1% More or Less

灰鸭毛，含绒量18%，允许上下差异1%

在机动幅度内的品质差异，一般均按合同单价计价，不另作调整。但如果有些品质指标的变动会给商品品质带来实质性的变化，为了体现按质论价，也可在合同中订立品质增减价条款，用价格调整来控制交货品质的变化。比如，出口大豆时，规定含油率不低于40%，以40%为基础，含油率每增加1%，价格上涨2%。

【例2-5】某出口公司曾向某外商出售一批农产品。成交前，该出口公司给外商寄送过样品。签约合同后，卖方又主动电告买方，确认"成交商品与样品相似"。货物装运前，商检机构进行了检验，并签发了品质规格合格证书。但该批货物运到目的地后，买方认为，所交货物品质比样品低，要求减价。卖方则认为，合同并未规定凭样成交，而且所交货物经检验符合约定的规格，所以不同意减价。于是买方便请当地检验机构检验，出具了交货品质比样品低7%的证明，并据此提出了索赔要求，卖方拒绝。买卖双方到底谁有理？

第三节　商品数量

商品数量（Quantity of Commodity）是国际货物买卖合同中的主要交易条件之一。商品品质决定了商品单价，而商品数量决定交易的总金额，且在一定程度上影响商品单价。买卖双方都应该准确把握成交数量，制定合理的数量条款。

一、约定商品数量的意义

根据《联合国国际货物销售合同公约》的规定，按照约定的数量交付货物是卖方的一项基本义务。如果卖方交货数量多于约定数量，买方可以拒收多交的部分，也可以收取多交部分中的一部分或全部，但是应该按合同价格付款；如果卖方交货数量少于约定数量，卖方应在规定的交货期满之前补交，但不得使买方遭受不合理的不便或承担不合理的开支。即便如此，买方也有保留要求损害赔偿的权利。

二、计量单位和计量方法

（一）计量单位

1. 计量单位的确定方法

（1）重量单位（Weight）。重量单位主要有克（Gram，g）、千克（Kilogram，kg）、公吨（Metric Ton，m/t）、长吨（Long Ton，l/t）、短吨（Short Ton，s/t）、磅（Pound，lb）、克拉（Carat，ct）和盎司（Ounce，oz）。一般天然产品、部分工业制成品，如羊毛、棉花、谷物、矿产品等，采用重量单位。

其中，克拉主要用于钻石的计量；克或盎司一般用于黄金、白银的计量。

（2）个数单位（Number）。个数单位主要有只（Piece，pc.）、件（Package，pkg.）、双（Pair）、套（Set）、打（Dozen，doz.）、卷（Roll 或 Coil）、罗（Gross，gr.）、辆（Unit）、头（Head）、袋（Bag）、箱（Case）、令（Ream）和包（Bale）等。一般日用工业制品及杂货类商品，如文具、纸张、玩具、成衣、车辆、活牲畜等，采用个数单位。

（3）长度单位（Length）。长度单位主要有码（Yard，yd）、米（Meter，m）、英尺（Foot，ft）、英寸（Inch，in）、千米（Kilometer，km）和厘米（Centimeter，cm）等。一般纺织品、绳索和电线电缆采用长度单位。

（4）面积单位（Area）。面积单位主要有平方米（Square Meter，m^2）、平方码（Square Yard，yd^2）、平方英尺（Square Foot，ft^2）和平方英寸（Square Inch，in^2）等，主要适用于皮制商品、塑料商品，如塑料篷布、塑料地板和皮革等。

（5）体积单位（Volume）。体积单位主要有立方米（Cubic Meter，m^3）、立方码

（Cubic Yard，yd^3）、立方英尺（Cubic Foot，ft^3）和立方英寸（Cubic Inch，in^3）等，主要适用于化学气体、木材等。

（6）容积单位（Capacity）。容积单位主要有蒲式耳（Bushel，bu）、公升（Liter，l）和加仑（Gallon，gal），主要适用于谷物类及部分流体、气体物品，如小麦、玉米、汽油和天然瓦斯等。

2. 国际贸易中常用的度量衡制度

（1）公制（The Metric System）。公制的基本单位为千克和米，为欧洲大陆及世界大多数国家所采用。

（2）国际单位制（International System of Units，SI）。国际单位制是国际标准计量组织在公制的基础上制定公布的。其基本单位包括千克、米、秒、摩尔、坎德拉、安培和开尔文等 7 种。国际单位制是我国的法定计量单位，可以和对外贸易国家选定的其他计量单位结合使用。

（3）英制（The British System）。英制的基本单位为磅和码，为英联邦国家所采用。

（4）美制（The U. S. System）。美制的基本单位和英制相同，为磅和码，但有个别派生单位不一致。

（二）计算重量的方法

在国际贸易中，按重量计量的商品很多。根据一般商业习惯，计算重量的方法有以下几种。

1. 按毛重计算

毛重（Gross Weight，G. W. ）是指商品本身重量加上皮重，适用于价值不高的商品，如大米、大豆和饲料等。

对于价值较低的农产品和因包装关系不便分别计算皮重、净重的商品，可采取"以毛作净"（Gross for Net）的做法，即将毛重作为计价基础。比如，大米每公吨 300 美元，以毛作净。

2. 按净重计算

净重（Net Weight）是指商品本身的重量，即毛重扣除皮重（包装的重量），是国际贸易中常用的计重方法。

在国际贸易中，皮重的计算方法主要有以下几种。

（1）实际皮重（Actual Tare 或 Real Tare）。实际皮重是指包装的实际重量，是对包装逐件衡量后所得的总和。

（2）平均皮重（Average Tare），又称标准皮重（Standard Tare）。比如，商品的包装比较统一，重量相差不大，我们可以从整批货物中抽出一定的件数，称出皮重，然后求出平均皮重，最后乘以总件数。这种做法比较常用。

（3）习惯皮重（Customary Tare）。对于一些商品，其使用的包装材料和规格已定型，皮重已被市场所公认，因此我们在计算时无须再称重，只需按习惯上公认的皮重乘以总件数即可。比如，机制麻袋的习惯皮重为每只 2.5 磅。

（4）约定皮重（Computed Tare）。约定皮重以买卖双方事先约定的包装重量为计算的基础。

3. 按公量计算

有些商品（如棉花、羊毛、生丝等）有比较强的吸湿性，所含的水分受客观环境影响较大，其重量很不稳定。为了准确计算这类商品的重量，国际上通常采用按公量计算的方法。公量（Conditioned Weight）是指用科学方法抽取商品中的水分，再加上标准含水量所得的重量。公量的计算公式为

$$公量＝商品净重－商品实际水分＋标准水分 \qquad (2\text{-}1)$$
$$公量＝商品干净重×(1＋标准回潮率) \qquad (2\text{-}2)$$
$$公量＝商品净重×\frac{1＋标准回潮率}{1＋实际回潮率} \qquad (2\text{-}3)$$
$$实际回潮率＝\frac{水分}{干净重}×100\% \qquad (2\text{-}4)$$

【例 2-6】 甲公司与乙公司签订了一份 100 公吨生丝的出口合同。合同中规定按公量计算商品的重量，商品的标准回潮率是 11％，货物到达目的港后抽样检测所得的实际回潮率是 15％。该批商品的公量是多少公吨？

4. 按理论重量计算

理论重量（Theoretical Weight）是指根据商品的规格推算出的重量。某些货物的规格比较固定和统一，其形状规则、密度均匀，每一件重量大致相同，如钢板、马口铁等。对于这类货物，我们可用单件重量乘以件数得出总重量。

5. 按法定重量

法定重量（Legal Weight）是指商品加上直接接触商品的包装物料（如销售包装等）的重量。按照一些国家海关法的规定，在征收从量税时，商品的重量是以法定重量计算的。

在国际贸易中，如果买卖双方没有明确采用何种方法计算重量，那么应按净重计量和计价。

三、进出口贸易合同中的数量条款

（一）数量条款的基本内容

合同中的数量条款主要包括成交商品的数量及其计量单位。务必确保这些条款表述完整且精确。在采用交易对方习惯的计量单位时，要注意单位换算的准确性，以确

保实际交货数量与合同中约定的数量一致。

(二)数量机动幅度条款

在国际贸易中，有些商品是可以精确计数的，如服装、电器、化妆品等。但是对于粮食、矿砂、化肥和蔗糖等大宗散装商品的交易，受商品特性、货源变化、船舱容量、装载技术和包装等因素的影响，要准确地按约定数量交货，有时存在一定的困难。因此，为了便于交易，可规定一定的数量机动幅度。

1. 溢短装条款

溢短装条款(More or Less Clause)是指买卖双方为了使交货数量具有一定范围内的灵活性，便于履行合同，在合同中合理规定可以多装或少装的机动幅度。

溢短装条款是国际货物买卖合同中最常见的规定数量机动幅度的条款，主要由三部分组成，即数量增减幅度的大小、增减幅度选择权的规定和溢短装数量的计价方法。

约定溢短装条款需要注意以下几点。

(1)数量增减幅度的大小要适当。数量增减幅度的大小，通常以百分比表示，如3%～5%，具体数值应视商品特性、行业或贸易习惯和运输方式等因素来定。

(2)增减幅度选择权的规定要合理。在合同规定有机动幅度的条件下，应明确机动幅度的选择权。在实际业务中，可以由卖方、买方或承运人决定。

(3)溢短装数量的计价方法要公平合理。溢短装数量的计价方法，如无相反规定，一般按合同价格计算，但总额不超过信用证的金额。为了防止有选择权的一方当事人利用形势变化，有意多装或少装，以获取额外好处，也可在合同中规定，多装或少装的部分按装船时或货到时的市价计算，以体现公平合理原则。

【例2-7】某年3月，广西某粮油进出口公司向南非出口食糖。合同规定：食糖，数量500公吨，每公吨120美元，可有3%增减，由卖方选择；增减部分按合同价格计算。如果在交货前食糖市场价格上涨，在不违反合同的情况下，卖方要想获利，可装多少公吨？如果市场价格下降呢？

2. 约量条款

约量(About or Circa，Approximate)是指在合同交货数量前加上"约""大约""左右""近似"等词，来说明合同交货数量只是一个约量，从而使卖方交货数量可以有一定范围的灵活性。

国际商会制定的《跟单信用证统一惯例》(第600号出版物，简称UCP 600)第39条规定，凡"约""大约"视为不超过10%的增减幅度。对于约量条款，不同行业、不同国家可能有不同的理解，在履行过程中极易引起纠纷，所以我国很少采用。

【例2-8】我方某外贸公司向国外买方出口大蒜200公吨，价格为每公吨820美元，合同规定数量可增减10%。买方按时开立信用证，信用证证中的金额为164 000美元，数量约 200 公吨。我方按 210 公吨发货装运，但持单到银行议付时遭拒付。银行拒付是否合理？为什么？我方应得到什么启示？

（三）自动适用伸缩幅度条款

在合同未明确规定数量机动幅度的情况下，卖方应严格按照合同中规定的数量履行交货义务。如果采用信用证付款方式，根据 UCP 600 的规定，除非信用证中明确指出货物数量不得增减，否则在支取金额不超过信用证金额的情况下，货物数量允许有最多 5% 的机动幅度。但此规定对交货数量以包装单位或件数计量的交货商品不适用。

【例 2-9】 某出口公司对中东出口电风扇 1 000 台，信用证规定不允许分批装运。但在装船时，发现有 40 台严重损坏，临时更换又来不及。为了保证品质，发货人员认为根据 UCP 600 的规定，即使合同未规定溢短装条款，数量上仍允许有 5% 的增减幅度，故决定少交 40 台电风扇，即少交 4%，结果持单到银行时遭银行拒付。银行为何拒付？

第四节 商品包装

包装（Packaging）是保护商品在流通过程中品质完好和数量完整的重要措施。比如，电视机、电冰箱等家电需采用瓦楞纸箱进行包装，而牛奶、饮料等产品也必须配备相应的包装。经过适当包装的商品，不仅便于运输、装卸、搬运、储存、保管、清点、陈列和携带，而且不易丢失或被盗，为各方提供了极大的便利。此外，包装美观的商品有助于宣传，吸引顾客，扩大销售范围，提高售价。在竞争日益激烈的国际市场中，包装精美、文字说明准确的商品往往比包装普通的商品更具竞争力，售价也更高。因此，商品包装不仅能保护商品、便于运输和计数，更能提高商品的国际竞争力。

一、包装的含义

包装是指在流通过程中，为了保护商品、方便储运、促进销售，依据不同情况采用的容器、材料、辅助物及所进行的操作的总称。

根据《联合国国际货物销售合同公约》的规定，卖方必须按照合同规定的方式装箱或者包装。对于卖方交付的货物，卖方如果未按合同规定的方式装箱或者包装，则构成违约。

二、包装的要求

(1)适应各种流通条件的需要。为了确保商品在流通过程中的安全，商品包装应具有一定的强度，即坚实、牢固、耐用。

（2）适应商品特性。包装必须根据商品的特性，采用相应的材料与技术，以确保其完全符合商品理化性质的要求。

（3）适应标准化要求。商品包装必须标准化，即统一规定包装容（重）量、包装材料、结构造型、规格尺寸、印刷标志、名词术语、封装方法等，逐步系列化和通用化。

（4）包装要适量、适度。对销售包装而言，包装容器大小应与内装商品的大小相宜，包装费用应与内装商品的价值相匹配。预留空间过大，或者包装费用占商品总价值比例过高，都有损消费者利益。

（5）商品包装要做到绿色环保。首先，材料、容器、技术本身对商品和消费者而言是安全且卫生的；其次，包装的技艺、材料、容器等对环境而言是安全且绿色的。

三、包装的种类

在国际贸易中，根据包装在流通过程中所起作用不同，可分为运输包装（Transport Packaging）和销售包装（Sales Packaging）两种类型。

（一）运输包装

运输包装，又称大包装或外包装，是指将货物装入特定容器，或以特定方式成件或成箱的包装。

根据包装方式、包装造型、包装材料、包装质地和包装程度的不同，运输包装有不同的分类。

1. 按包装方式划分

按包装方式的不同，运输包装可分为单件运输包装和集合运输包装。

（1）单件运输包装是指货物在运输过程中作为一个计件单位的包装。其常用的包装容器有箱、桶、袋、包、篓及罐等。

（2）集合运输包装是指将若干个单件运输包装组合成一件大包装，或装在一个大的包装容器内，又称为组化包装。其常用的包装容器有集装箱、集装袋和托盘。

2. 按包装造型划分

按包装造型的不同，运输包装可分为箱、袋、包、桶和捆等不同形状的包装。

3. 按包装材料划分

按包装材料的不同，运输包装可分为纸质包装，金属包装，木制包装，塑料包装，麻制品包装，竹、柳、草制品包装，玻璃制品包装和陶瓷包装等。

4. 按包装质地划分

按包装质地的不同，运输包装可分为软性包装、半硬性包装和硬性包装。

5. 按包装程度划分

按包装程度的不同，运输包装可分为全部包装（Full Packed）和局部包装（Part Packed）。

(二)销售包装

销售包装又称内包装（Inner Packaging）、小包装（Small Packaging）、直接包装（Direct Packaging）或陈列包装（Display Packaging），是直接接触商品并随着商品进入流通市场，最终与消费者直接见面的一种包装形式。销售包装除了保护商品，最主要的作用是宣传、美化商品，以达到促销的目的。销售包装的种类繁多，主要包括挂式包装、堆叠式包装、携带式包装、易开包装、喷雾包装、配套包装和复用包装等。

1. 销售包装的装潢和文字说明

销售包装的装潢往往包含图案和色彩。销售包装的画面要美观大方，富有艺术感，并突出商品特点。在设计包装的图案和色彩时，应结合有关国家的民族习惯和爱好，以扩大销售市场。销售包装上应有必要的文字说明，如商标、品名、产地、数量、规格、成分、用途和使用方法等。文字说明要与画面紧密结合，互相衬托，彼此补充，以达到宣传和促销的目的。文字必须简明扼要，并让顾客能看懂，必要时也可以中文、外文并用。在销售包装上使用文字说明，在制作标签时，还应考虑有关国家的标签管理规定。

2. 条形码标志

条形码（Product Code）是商品流通于国际市场的一种通用国际语言，是商品身份证的国际统一编号。它是由一组规则排列的条、空及相应字符组成的标记，表示特定的信息，专供机器识读，如图 2-1 所示。

图 2-1　条形码示意图

四、运输包装标志

运输包装标志是为了便于货物交接、防止错发错运以及便于识别、运输、仓储和海关等有关部门进行查验等工作，也便于收货人提取货物，而在进出口货物的外包装上标明的记号。运输包装标志根据作用的不同可以分为运输标志、指示性标志、警告性标志、重量体积标志和产地标志，下面仅介绍前3种。

(一)运输标志

运输标志又称唛头，是一种识别标志，是指将文字、图形和记号标在货物的包装上，以便将一批货物与另一批货物区别开来的标志。

运输标志的内容可以由买卖双方商议决定，主要包括目的地的名称或代号，收货人的代号、发货人的代号、件号(件数号码)、批号。

联合国贸易和发展会议中专门从事研究单据简化工作的简化贸易程序特别项目(Simplified Trade Procedures，STP)、联合国欧洲经济理事会负责国际贸易程序简化的工作小组，在国际标准化组织(International Organization for Standardization，ISO)和国际货物装卸协调协会(International Cargo Handing Co-ordination Association，ICHCA)的支持下，制定了一项标准化运输标志。其内容一般分为4行，每行不得超过17个字母。比如：

ABCCO…………收货人名称

SC 9750…………合同号码

LONDON…………目的港

No. 4-20…………件号

唛头又有正唛和侧唛之分。正唛(Front Mark 或 Shipping Mark)通常刷制在运输包装的正面。侧唛(Side Mark)刷制在运输包装的侧面，包括合同号、货号、颜色、数量、毛重、净重、包装尺码、生产国别或地区等内容。

【例 2-10】我方出口某商品，在与外商签订合同时，规定由我方出唛头，因此，我方在备货时就将唛头刷好了。但在装船前不久，国外开来的信用证上又要求我方用指定唛头。在这种情况下我方应如何处理？

(二)指示性标志

指示性标志是根据商品的特性，对一些容易破碎、残损、变质的商品，在搬运、装卸操作和存放保管条件方面提出要求与注意事项，并用图形或文字表示的标志。目前，我国常用的指示性标志见表 2-1。

表 2-1 指示性标志

序号	指示性标志	含义	序号	指示性标志	含义
1		易碎物品：运输包装件内装易碎品，因此搬运时应小心轻放	7		禁用手钩：搬运包装时禁用手钩
2		向上：运输包装件的正确位置是竖直向上	8		怕晒：运输包装件不能直接照射
3		怕辐射：包装物品一旦受辐射便会完全变质或损坏	9		怕雨：包装件怕雨淋
4		重心：一个单元货物的重心	10		禁止翻滚：不能翻滚运输包装
5		此面禁用手推车：搬运货物时此面禁放手推车	11		堆码层数极限：相同包装的最大堆码层数，n 表示层数极限
6		堆码重量极：该运输包装件所能承受的最大重量极限	12		禁止堆码：该包装件不能堆码，并且其上不能放置其他负载

(三)警告性标志

警告性标志又称危险品标志(Dangerous Cargo Mark)，是指在易燃品、爆炸品、有毒品、腐蚀性物品、放射性物品的运输包装上标明其危险性质的文字或图形说明。部分警告性标志，如图 2-2 所示。

（a）易燃气体标志　　　　（b）爆炸品标志　　　　（c）剧毒品标志

（d）氧化剂标志　　　　　　（e）易燃液体标志

图2-2　部分警告性标志示意图

中华人民共和国国家市场监督管理总局和中国国家标准化管理委员会于 2009 年发布了《危险货物包装标志》。国际海事组织（International Maritime Organization）编写了《国际海运危险货物规则》（*International Maritime Dangerous Goods Code*，IMDG Code），这套规定在国际上已被许多国家采用，有的国家进口危险品时，要求在运输包装上标明该组织规定的危险品标志，否则不准靠岸卸货。

因此，我国出口危险品的企业必须先掌握进口国关于警告性标志的具体规定，再设计运输包装。

五、中性包装

中性包装（Neutral Packaging）是指在商品和内外包装上不注明生产国别、地名和厂名的包装。使用中性包装主要是为了适应国外市场的特殊要求，或者为了打破某些进口国家的关税和非关税壁垒。它是出口国家厂商加强对外竞销和扩大出口的一种手段。

常用的中性包装有两种。一是无牌中性包装，俗称"白牌"。这种包装既无生产国别、地名、厂名，也无商标和牌号，主要用于一些尚待进一步加工的半制成品，主要目的是降低成本。二是定牌中性包装。这种包装不注明商品生产国别、地名、厂名，要注明买方指定的商标或牌号，同时要加注国外商家名称或表示其商号的标记。

【例 2-11】某外商欲购我国"菊花"牌手电钻，但要求改用"鲨鱼"牌商标，并且在包装上不得注明"中国制造"字样。我方是否可以接受？应注意什么问题？

六、合同中的包装条款

包装条款是买卖合同的主要条款。按照各国法律的规定，包装条款一经确定，卖方所交货物的包装必须符合合同的规定。

由于商品的品种、特性不一，运输方法及运输距离也不相同，所以包装条款的内容及繁简也不尽相同。包装条款一般包括包装材料、包装方式、包装标志、包装费用等内容。

(一)包装材料和包装方式

在合同中要明确包装材料和包装方式，一般包括用料、尺寸、每件重量、填充物料与加固条件等，不宜用含义笼统的术语，如"适合海运包装""习惯包装"，以免引起争议。比如，纸箱装，每箱装 25 件。

(二)包装标志

为了便于在运输过程中识别货物和计数，包装标志应清晰地印刷于外箱上。包装标志主要分为两种：一种为运输标志，另一种为指示性标志和警告性标志。

(三)包装费用

在出口实践中，包装费用一般包括在货价内。比如，买方要求特殊包装，除非事先明确包装费用包括在货价内，否则超出的包装费用原则上由买方负担。

【例 2-12】我国出口某化工原料，共 450 公吨，合同与信用证均规定麻袋装。但我方到装船发货时才发现，麻袋装货物只有 350 公吨，便以布袋装充抵剩下的 100 公吨。这种做法有无问题？

【本章小结】

在国际货物买卖中，商品是买卖双方签订合同的标的，是一笔交易得以进行的物质基础。买卖双方所交易的每一种具体商品，都具有一定的品名、品质，涉及一定的数量和包装。商品的品名、品质、数量和包装是买卖双方在交易中必须明确的问题。正确选择、确定商品的品名、品质、数量和包装是买卖双方在磋商与签订买卖合同过程中必须解决的重要问题之一。

【技能实训】

一、单项选择题

1. 国际贸易中以重量计量的商品大部分（   ）。

A. 按毛重计价　　　　　　　　　　B. 按净重计价

C. 按皮重计价　　　　　　　　　　D. 按"净重＋皮重"计价

2. 国际物品编码协会使用的物品标识符号为（   ）。

A. UPC 码　　　　B. EAN 码　　　　C. UPN 码　　　　D. IAN 码

3. 大包装又称为（   ）。

A. 全部包装　　　B. 运输包装　　　C. 销售包装　　　D. 中性包装

4. 运输部门计算吨位时一般按（   ）。

A. 毛重　　　　　B. 净重　　　　　C. 习惯皮重　　　D. 平均皮重

5. "龙口粉丝"中用来表明商品品质的方法是（   ）。

A. 凭商标或品牌　B. 凭标准　　　　C. 凭规格　　　　D. 凭产地名称

6. 根据 UCP 600 的规定，在以信用证支付方式进行散装货物买卖时，若合同中未明确规定机动幅度，其交货数量可有的增减幅度为（   ）。

A. 3%　　　　　　B. 5%　　　　　　C. 10%　　　　　D. 15%

二、多项选择题

1. 下列属于凭样品买卖的商品有（   ）。

A. 某些工艺品　　B. 工业制成品　　C. 服装　　　　　D. 轻工业品

E. 农产品

2. 包装条款的内容主要包括（   ）。

A. 包装材料　　　B. 包装方式　　　C. 包装规格

D. 包装标志　　　E. 包装费用

3. 一般来说，在国际货物买卖中，要构成标的物必须具备的条件是（   ）。

A. 必须是被卖方占有的　　　　　　B. 必须是被买方占有的

C. 必须是合法的　　　　　　　　　D. 必须是承运人承运的

E. 必须是双方当事人一致同意的

4. 按包装程度的不同，运输包装可分为（   ）。

A. 软包装　　　　B. 半硬包装　　　C. 硬性包装

D. 全部包装　　　E. 局部包装

5. 联合国制定的标准化运输标志主要包括(   )。

A. 目的地   B. 件数号码   C. 收货人代号

D. 原产地标志   E. 参考号

三、案例分析题

1. 在荷兰某一超级市场，有一批黄色竹制罐装的茶叶，罐的正面刻有中文"中国茶叶"，背面刻有中国古代仕女图，非常精致美观，但国外消费者少有问津。请分析原因。

2. 上海 A 出口公司与香港 B 公司成交自行车 1 000 辆。A 公司缮制合同一式两份，其中包装条款规定为"Packed in Wooden Cases"(木箱装)，并将此合同寄至 B 公司，然后由 B 公司签回。B 公司签回的合同于原包装条款后加"C. K. D."(完全拆散，Completely Knocked Down)字样，但未引起 A 公司注意。此后，B 公司按合同开立信用证、A 公司凭信用证规定制单结汇完毕。货到目的港，B 公司发现是整辆自行车木箱装。由于自行车整辆进口需多缴纳 20％ 的进口税，故拒收货物并要求退还货款。B 公司的请求是否合理？为什么？

3. 英国某公司以 CIF 伦敦的条件，从 A 公司购买 300 箱澳大利亚水果罐头。合同的包装条款规定："箱装，每箱 30 听。"卖方所交货物中有 150 箱为每箱 30 听，其余 150 箱为每箱 24 听，因此遭买方拒收。卖方争辩说，"每箱 30 听"字样并非合同的重要部分，不论是 24 听还是 30 听，其品质均与合同相符，因此，买方应接受。请分析卖方的说法是否正确。

四、技能实训题

根据以下资料制作一份唛头。

Buyer：ABC CORPORATION，OSAKA，JAPAN

Seller：GUANGDONG TEXTILES IMP. AND EXP. WOOLEN GUANGZHOU 510045，CHINA

Commodity：canned mushrooms pieces & stems

Specifications：24 tins per carton，0.5 kgs net weight each tin

Package：exported brown carton，with ROSE brand

Quantity：20 400 kgs

Container Quality：2018 new crop product

Sales Confirmation No. 201802154

第三章　国际贸易术语与国际贸易惯例

【学习重点及目标】

1. 掌握国际贸易术语的含义与作用。
2. 理解 FOB、CFR、CIF、FCA、CPT、CIP 买卖双方的责任和费用。
3. 了解其他国际贸易术语。

第一节　国际贸易术语概述

国际贸易术语又称贸易条件、价格术语。在国际贸易中，买卖双方所承担的义务会直接影响商品的价格。在长期的国际贸易实践中，逐渐形成一种将某些与价格密切相关的贸易条件直接和价格联系在一起的报价模式。每一种模式都规定了买卖双方在某些贸易条件中所承担的责任与义务，用来说明这种责任与义务的术语，被称为贸易术语。

贸易术语表示的贸易条件主要分两个方面：其一，说明商品的价格构成，是否包括成本以外的主要从属费用，即运费和保险；其二，确定交货条件，即说明买卖双方在交接货物方面彼此所承担的责任、费用和风险的划分。

国际贸易术语在国际贸易实践中产生了巨大作用，并随着国际贸易模式的改变不断调整和变化。《国际贸易术语解释通则》的变化历程也正是多年来全球贸易发展的缩影。

一、国际贸易术语的发展

（一）统一规范的国际贸易术语的产生

最早规范国际贸易术语的有关成文管理产生于 20 世纪 20 年代，主要目的是解决各国对贸易术语理解上的分歧。国际商会于 1921 年在伦敦举行的第一次大会上，授权欧美等主要国家的商业团体收集各国所理解的贸易术语摘要。《国际贸易术语解释通则》和《1932 年华沙—牛津规则》被普遍认为是规范统一的国际贸易术语诞生的重要标志。

（二）国际贸易术语的几次重大变化

1. 1990 年之前的《国际贸易术语解释通则》

国际商会在 1936 年首次公布了对国际贸易术语的统一解释，即《国际贸易术语解释通则》。该通则将贸易术语分为 11 种，每种术语都明确规定了买卖双方应尽的义务，以供交易双方自由采用。这 11 种贸易术语为 Ex Works、FOR、Free、FAS、FOB、C&F、CIF、Freight or Carriage Paid to、Free or Free Delivered、Ex Ship 和 Ex Quay。

《国际贸易术语解释通则》实施后，于 1953 年、1967 年、1976 年、1980 年、1990 年分别进行了补充和修订。1990 年修订的《国际贸易术语解释通则》将 14 种贸易术语改为 13 种，删除了仅适用于单一运输方式的铁路交货（FOR/FOT）和启运地机场交货（FOH），增加了未完税交货（DDU）。至此，该通则形成了系统化、条理化和规范化的体系。

2.《1990 年美国对外贸易定义修订本》

1941 年 7 月 30 日，美国商会、美国进口商会理事会和全世界对外贸易理事会所组成的联合委员会正式通过《1941 年美国对外贸易定义修订本》（*Revised American Foreign Trade Definitions* 1941）。1990 年，美国对该定义进行了修订，现行版本为《1990 年美国对外贸易定义修订本》。该定义对 EX、FOB、FAS、CFR、CIF 和 Ex Dock 6 种贸易术语（表 3-1）做了解释。

为了具体说明买卖双方在各种贸易术语下所承担的权利和义务，此修订本所列各种贸易术语之后一般附有注解。

表 3-1　《1990 年美国对外贸易定义修订本》中的 6 种贸易术语

贸易术语	英文全称	中文全称
EX	Ex Point of Origin	原产地交货
FOB	Free on Board	在运输工具上交货
FAS	Free Alongside Ship	在运输工具旁边交货
CFR	Cost and Freight	成本加运费
CIF	Cost Insurance and Freight	成本加保险费加运费
Ex Dock	Ex Dock	码头交货

3.《2000 年国际贸易术语解释通则》

1999 年，国际商会再次对《国际贸易术语解释通则》进行修订，并于 1999 年 7 月公布《2000 年国际贸易术语解释通则》(简称 INCOTERMS 2000,表 3-2),其于 2000 年 1 月 1 日起生效。

表 3-2　INCOTERMS 2000 中的贸易术语

分组	贸易术语	含义	适用的运输方式
E 组:卖方在自己的交货地点将货物交给买方(发货)	EXW(Ex Works)	工厂交货	适用于各种运输方式
F 组:卖方将货物交至买方指定的承运人(主要运费未付)	FCA(Free Carrier)	货交承运人	适用于各种运输方式
	FAS(Free Alongside Ship)	船边交货	只适用于海运及内河运输
	FOB(Free on Board)	装运港船上交货	只适用于海运及内河运输
C 组:卖方必须签订运输契约,但货物灭失或损坏的风险及发运后产生的费用卖方不负责(主要运费已付)	CFR(Cost and Freight)	成本加运费	只适用于海运及内河运输
	CIF(Cost Insurance and Freight)	成本加保险费、运费	只适用于海运及内河运输
	CPT(Carriage Paid To)	运费付至	适用于各种运输方式
	CIP(Carriage and Insurance Paid To)	运费、保险费付至	适用于各种运输方式
D 组:卖方必须承担货物交至目的地所需的费用和风险(到达)	DAF(Delivered at Frontier)	边境交货	适用于各种运输方式
	DES(Delivered Ex Ship)	目的港船上交货	只适用于海运及内河运输
	DEQ(Delivered Ex Quay)	目的港码头交货	只适用于海运及内河运输
	DDU(Delivered Duty Unpaid)	未完税交货	适用于各种运输方式
	DDP(Delivered Duty Paid)	完税交货	适用于各种运输方式

4.《2010 年国际贸易术语解释通则》

《2010 年国际贸易术语解释通则》(简称 INCOTERMS® 2010)中国际贸易术语的总

数由原来的 13 条减少到 11 条，删去了 DAF、DES、DEQ 和 DDU，新增了 DAT 和 DAP，即用 DAP 代替了 DAF、DES 和 DDU，用 DAT 代替了 DEQ，而且扩展至适用于一切运输方式。贸易术语的分类由原来的 E 组、F 组、C 组和 D 组变成两组，分别是适用于所有运输方式及多式联运和适用于水上运输方式，见表 3-3。

表 3-3　INCOTERMS® 2010 中的贸易术语

适用的运输方式	贸易术语	贸易术语的含义
适用于所有运输方式 及多式联运	EXW(Ex Works)	工厂交货
	FCA(Free Carrier)	货交承运人
	CPT(Carriage Paid To)	运费付至
	CIP(Carriage and Insurance Paid To)	运费/保险费付至
	DAT(Delivered at Terminal)	目的地或目的港的集散站交货
	DAP(Delivered at Place)	目的地交货
	DDP(Delivered Duty Paid)	完税后交货
适用于水上运输方式	FAS(Free Alongside Ship)	装运港船边交货
	FOB(Free on Board)	装运港船上交货
	CFR(Cost and Freight)	成本加运费
	CIF(Cost Insurance and Freight)	成本、保险费加运费

5.《2020 年国际贸易术语解释通则》

《2020 年国际贸易术语解释通则》（简称 INCOTERMS® 2020）增加了卖方必须遵守目的地运输有关的任何运输安全要求的规定。INCOTERMS® 2020 的术语分类沿袭了《2010 年国际贸易术语解释通则》的分类方式，分为适用于所有运输方式及多式联运的术语和适用于水上运输方式的术语。INCOTERMS® 2020 删除了 DAT，新增了 DPU（卸货地交货），总共有 11 种贸易术语。

与 INCOTERMS® 2010 相比，INCOTERMS® 2020 给出口商、进口商和物流供应商带来了一系列变化，主要有以下几个方面：

（1）DAT 变成 DPU。在 INCOTERMS® 2010 中，DAT 指货物在商定的目的地卸货后即视为交货。在国际商会收集的反馈中，用户要求《国际贸易术语解释通则》涵盖在其他地点交货的情形，如厂房等。这就是现在使用更通用的措辞 DPU 来替换 DAT 的原因。

（2）扩大 CIP 的保险范围。在 INCOTERMS® 2020 中，CIP 的最低保险范围延伸到第 A 条，这是涵盖了所有风险的最高保险级别。其背后的原因是，CIF 通常用于大宗商品，CIP 则更常用于制成品。

（3）FCA（货交承运人）提单。根据 INCOTERMS® 2020 的规定，如果双方同意卖方按照 FCA 要求将货物交付集装箱码头，买方可以指示承运人在卸货时，向卖方签发已装船提单。

（4）自定义运输方式的承运。INCOTERMS® 2020 假设，当适用《国际贸易术语解释通则》中的 FCA、DAP、DPU 或 DDP 时，卖方和买方之间的货物运输由第三方进行，卖方或买方自定义运输方式的承运。

（5）对担保义务进行更清晰的分配。INCOTERMS® 2020 还对买卖双方之间的相关担保要求（相关费用）进行了更清晰地分配。

第二节　INCOTERMS® 2020 中的六种主要贸易术语

在 INCOTERMS® 2020 中，删除了 DAT，新增了 DPU，分别是适用于所有运输方式及多式联运的贸易术语——EXW、FCA、CPT、CIP、DPU、DAP、DDP，适用于水上运输方式的贸易术语——FAS、FOB、CFR、CIF。国际货物买卖使用最多的两组贸易术语是 FOB、CFR、CIF 和 FCA、CPT、CIP。

一、FOB——装运港船上交货（指定装运港）

FOB 是 Free on Board(insert named port of shipment)INCOTERMS® 2020 的英文缩写，即装运港船上交货（指定装运港）INCOTERMS® 2020，是国际贸易中常用的贸易术语之一。它适用于水上运输方式，其价格由出口商品的成本和利润构成。比如，FOB Shanghai INCOTERMS® 2020，即上海港船上交货 INCOTERMS® 2020。

（一）买卖双方的基本责任

1. 卖方的基本责任

（1）按规定时间、地点，依港口惯例交货至买方指派船上，或者获得已经这样交付装运的货物，通知买方。

（2）承担货物装船前的一切风险和费用。

（3）自担费用及风险办理出口手续，缴纳有关税费。

（4）按合同规定提供有效纸面单据或电子单证。

（5）应买方请求并承担费用，提供货物安全信息和资料。

2. 买方的基本责任

(1)自负费用租赁船只派往指定港口，并通知卖方。

(2)承担货物装船后的一切风险和费用。

(3)自负费用办理货物运输保险手续。

(4)自担费用及风险办理进口手续，缴纳有关税费。

(5)支付货款并接受卖方提供的有效纸面单据或电子单证。

(6)应卖方请求并承担费用，提供运输和途经国的安全信息。

【例 3-1】我国 A 外贸公司某年以 FOB 条件签订了一批皮衣买卖合同，装船前检验时，货物的品质良好且符合合同规定。货到目的港后，买方提货检验时，发现部分皮衣有发霉现象，经调查确认，货物受潮是包装不良导致的。据此，买方向卖方提出索赔要求。但是卖方认为货物在装船前品质是合格的，发霉是在运输途中发生的，因此，拒绝承担赔偿责任。对此争议应作何处理？

(二)采用 FOB 术语时应注意的问题

1."装上船"的要求和风险转移

在 INCOTERMS® 2020 中，FOB 风险划分的界限是装运港船上交货。在实际业务中，卖方必须负责在装运港将货物安全地装入船舱，并负担货物装入船舱为止的一切灭失或损坏风险。如果是买方原因造成卖方无法按照合同规定的时间装运交货，只要该批货物已被特定化(Specialization)，即货物已经适当地划归本合同、已清楚地分开或以其他方式特定为该合同项下的货物，则风险就会提前转移，由买方自行承担自约定交货期满之日起货物灭失或损坏的风险。反之，如果货物未被特定化，则卖方的风险将会推后转移。

【例 3-2】甲国和乙国根据 FOB 术语，签署了一份出口 3 000 公吨玉米的合同。玉米在装运港装船时是混装的，共装运了 5 000 公吨，准备在目的港由船公司负责分拨 3 000 公吨给买方，但在途中玉米因高温天气而变质，共损失了 3 500 公吨。卖方声称其出售给买方的 3 000 公吨玉米在运输途中全部损失，并认为根据 FOB 合同，风险在装运港装入船舱时已经转移给买方，故卖方对损失不负责任。买方则要求卖方履行合同。双方发生争议后，将争议提交仲裁机构解决。仲裁机构将如何裁决？

2. 船货的衔接问题

在 FOB 条件下，买方负责安排船只(租船或订舱)，卖方负责装货，买卖双方应注意船货的衔接问题。在 FOB 合同中，必须对船货衔接问题作出明确规定，并在订约后加强联系、密切配合，防止船货脱节。有时买卖双方按 FOB 价格成交，而买方又委托卖方办理租船订舱，卖方也可酌情接受。但这属于代办性质，由此产生的风险和费用仍由买方承担。

【例 3-3】我方进口商以 FOB 条件从巴西进口橡胶，但是由于租船困难，我方不能在合同规定的时间内到装运港接运货物，出现了较长时间的货等船现象。于是巴西方面要求撤销合同，并向我方进口商提出赔偿损失的要求。巴西出口商的做法是否合理？

3. 装船费用问题(大宗货物程租船运输)

买卖双方在订立此类合同时，应明确规定装船费用由谁承担。一般情况下有两种规定方法：一是在合同中明确规定装船费用由谁承担，如 Loading Charges to be Covered by the Seller(Buyer)，即装船费用由卖方(买方)承担；二是采用 FOB 术语变形来规定装船费用的负担问题。

FOB 术语变形主要有以下 5 种方式：

(1)FOB Liner Terms(FOB 班轮条件)。这种变形方式是指根据班轮运输的做法来办理装船费用，即船方管装管卸，装卸费包括在班轮运费之内。而买方负责租船订舱，承担装卸费，卖方不承担装卸费。

(2)FOB Under Tackle(FOB 吊钩下交货)。在这种变形方式下，卖方所承担的费用截至买方指定船舶的吊钩所及之处，从货物起吊开始的费用由买方承担。因此，由买方承担装船费用。

(3)FOBS(FOB Stowed，FOB 理舱费在内)。理舱费主要是指包装货物入舱后，需要进行安置和整理的费用。在这种变形方式下，卖方负责将货物装入船舱，并承担包括理舱费在内的装船费用。由此可见，应由卖方承担装船费用。

(4)FOBT(FOB Trimmed，FOB 平舱费在内)。平舱费主要是指大宗散货在装入船舱后进行平整所需的费用。在这种变形方式下，卖方负责将货物装入船舱，并承担包括平舱费在内的装船费用。由此可见，应由卖方承担装船费用。

(5)FOBST(FOB Stowed and Trimmed，FOB 理舱费和平舱费在内)。在这种变形方式下，卖方负责将货物装上船，并支付包括理舱费和平舱费在内的装船费用。一般用于整批货物中既有包装货又有散装货的情况。由此可见，应由卖方承担装船费用。

要注意的是，FOB 术语的上述变形，只是为了明确装船费用由谁负担的问题，并不改变 FOB 术语的性质，即不改变交货地点和风险划分界限。

4.《1990 年美国对外贸易定义修订本》与 INCOTERMS® 2020 中对 FOB 术语的不同解释

《1990 年美国对外贸易定义修订本》将 FOB 解释为在运输工具上交货。比如，都是纽约交货，如果买方要求在装运港船上交货，则需要在 FOB 和港口之间加上"Vessel

（船）"字样，变成"FOB Vessel New York"，否则卖方可以在纽约的内陆运输工具上交货。

关于办理出口手续问题，二者也存在分歧。按照 INCOTERMS® 2020 的解释，在 FOB 条件下，卖方应"自担风险及费用，取得任何出口许可证或其他官方证件，并在需要办理海关手续时，负责办理出口货物所需的一切海关手续"。但是，按照《1990 年美国对外贸易定义修订本》的解释，卖方只是"在买方请求并由其负担费用的情况下，协助买方取得由原产地及（或）装运地国家签发的为货物出口或在目的地进口所需的各种证件"，即买方要承担一切出口捐税及各种费用。两者对 FOB 术语的具体解释如表 3-4 所示。

表 3-4 《1990 年美国对外贸易定义修订本》和 INCOTERMS® 2020 对 FOB 术语的解释

惯 例	装运港船上交货	风险划分	出口手续
《1990 年美国对外贸易定义修订本》	FOB Vessel（第五种）	船上	原则上是买方负责和管理，买方支付费用
INCOTERMS® 2020	FOB	船上	卖方

二、CFR——成本加运费付至（指定目的港）

CFR 是 Cost and Freight(insert named port of destination)INCOTERMS® 2020 的英文缩写，即成本加运费付至（指定目的港）INCOTERMS® 2020。CFR 适用于水上运输方式，包括内河运输和海洋运输，价格由出口成本、水运运费和利润构成。例如，CFR New York INCOTERMS® 2020，即成本加运费付至纽约港 INCOTERMS® 2020。

（一）买卖双方的基本责任

1. 卖方的基本责任
（1）安排运输，支付至目的港运费，货物装船后及时通知买方。
（2）承担货物装船前的一切风险和费用。
（3）自担费用及风险办理出口手续，缴纳有关税费。
（4）按合同规定，提供有效纸面单据或电子单证。
（5）应买方请求并承担费用，提供货物安全信息和资料。

2. 买方的基本责任
（1）承担货物装船后的一切风险和费用。
（2）自负费用办理货物运输保险手续。

(3)自担费用及风险办理进口手续，缴纳有关税费。

(4)支付货款并接受卖方提供的有效纸面单据或电子单证。

(5)应卖方请求并承担费用，提供运输和途经国的安全信息。

(二)使用 CFR 应注意的问题

1. 及时发出已装船通知

在 CFR 术语下，由卖方负责租船订舱，买方负责办理保险，而已装船通知是买方投保的前提。如果卖方不能及时发出已装船通知，导致买方不能及时办理保险，则货物灭失或损失的风险将由卖方承担。

【例 3-4】C 市一家进出口公司按 CFR 术语与法国 A 公司签订了一份出口合同，价值 8 万美元。货物于 1 月 8 日上午装"昌盛轮"完毕。恰逢周末，业务员 9 日上班时才想起给买方发已装船通知。法方进口商收到卖方已装船通知后，在向当地保险公司申请投保时，该保险公司获悉"昌盛轮"已于 9 日凌晨在海上遇难而拒绝承保。于是法国 A 公司立即来电表示，该批货物损失应由进出口公司承担，并同时索赔 8 000 美元，且拒不赎单。C 市的进出口公司是否应承担这批货物的损失？

2. 风险转移与费用转移的地点不同

在 CFR 术语下，风险转移界限和费用转移的地点是不同的。卖方的风险转移界限为装运港船上，也就是说，卖方只要将货物在装运港装上指定的运输工具，就算完成交货义务。要注意的是，在 CFR 术语下，并没有指定装运港。卖方承担的费用要延伸到双方约定的目的港。

3. 卸货费用的负担问题(大宗货物程租船运输)

买卖双方在订立此类合同时，应明确规定卸货费用由谁承担。一般情况下有两种规定方法：一是在合同中明确规定卸货费用由谁承担。比如，Unloading Charges to be Covered by the Seller(Buyer)，即卸货费用由卖方(买方)承担。二是采用 CFR 术语变形来规定卸货费用的负担问题。CFR 术语变形有以下 4 种：

(1)CFR Liner Terms(CFR 班轮条件)。在这种变形方式下，卸货费用按班轮运输的做法来办理，即买方不负担卸货费，由卖方或船方负担。

(2)CFR Landed(CFR 卸至岸上)。在这种变形方式下，卖方负责承担将货物卸到码头上的各项相关费用，包括驳船费和码头费。

(3)CFR Ex Ship's Hold(CFR 舱底交货)。在这种变形方式下，货物运达目的港后，自船舱底起吊，直至卸到码头的卸货费用，均由买方负担。

(4)CFR Ex Tackle(CFR 吊钩下交货)。在这种变形方式下，卖方负担将货物从舱底吊至船边卸离吊钩为止的费用。在海轮无法靠岸的情况下，驳船费用和货物从驳船卸至岸上的费用由买方负担。

要注意的是，CFR变形只是为了说明卸货费用的负担问题，并不改变其性质，即不改变交货地点和风险划分的界限。

三、CIF——成本加保险费、运费付至(指定目的港)

CIF 是 Cost Insurance and Freight(insert named port of destination)INCOTERMS® 2020 的英文缩写，即成本加保险费、运费付至(指定目的港)INCOTERMS® 2020。它适用于水上运输方式，包括海洋运输和内河运输。价格由出口成本、保险费、运费和利润构成。例如，CIF New York INCOTERMS® 2020，即成本加保险费、运费付至纽约港 INCOTERMS® 2020。

(一)买卖双方的基本责任

1. 卖方的基本责任
(1)安排运输，支付至目的港运费，货物装船后，及时通知买方。
(2)自负费用办理货物运输保险手续。
(3)承担货物装船前一切风险和费用。
(4)自担费用及风险办理出口手续，缴纳有关税费。
(5)按合同规定，提供有效纸面单据或电子单证。
(6)应买方请求并承担费用，提供货物安全信息和资料。

2. 买方的基本责任
(1)承担货物装船后的一切风险和费用。
(2)自担费用及风险办理进口手续，缴纳有关税费。
(3)支付货款并接受卖方提供的有效纸面单据或电子单证。
(4)应卖方请求并承担费用，提供运输和途经国的安全信息。

(二)采用 CIF 应注意的问题

1. 保险问题
CIF 中的"I"指的是 Insurance，即保险。从价格构成来讲，它是指保险费。卖方负责办理保险，但是必须明确保险的性质，是卖方代替买方办理保险。货物装船以后，在运输途中遭受的损失，应由买方持保险单向有关保险公司索取赔偿。

对于保险险别和保险金额，如果合同有规定的，按合同办理；如果合同没有规定，根据惯例来办理。根据 INCOTERMS® 2020 的规定，如果合同中未明确规定，卖方只需按照 CIF 价格另加 10％投保协会货物保险条款(ICC)或类似条款中最低的保险险别。

2. 租船订舱问题

除非另有约定，卖方仅需按照通常条件下的习惯航线负责租船订舱，并支付运费，非正常的额外运费由买方负担。同时，卖方有义务租用具有适航性、适货性的海轮。

3. 卸货费用的负担问题

一般情况下，有两种规定方法：一是直接在合同中明确规定哪方负责卸货费用；二是采用 CIF 术语变形(与 CFR 术语变形相同)。

4. 象征性交货问题

象征性交货是指卖方只要按期在约定地点完成装运，并向买方提交合同规定的包括物权凭证在内的有关单据，就算完成了交货义务，而无须保证到货。在 CIF 术语下，卖方只要在约定的装运港，将符合合同规定的货物装上指定船舶，向买方提交符合合同规定的单证，就算完成了交货任务。买方凭单收货，凭单付款。若是卖方所提交的单据存在不符之处，买方有权拒付货款，并拒收货物。因此，CIF 合同是一种装运合同，属于典型的象征性交货。

【例 3-5】我国某出口公司按 CIF 条件向国外客户出口一批草编制品。合同中规定由我方向中国人民保险公司投保一切险，并采用信用证方式支付。我方出口公司在规定的期限、指定的装运港装船完毕，船公司签发了提单，然后在中国银行议付了款项。第二天，我方出口公司接到客户来电称装货海轮在海上失火，草编制品全部被烧毁，并要求我方出口公司向保险公司提出索赔，否则要求我方出口公司退回全部货款。买方的要求是否合理？为什么？

四、FCA——货交承运人(指定交货地点)

FCA 是 Free Carrier(insert named place of delivery)INCOTERMS® 2020 的英文缩写，即货交承运人(指定交货地点)INCOTERMS® 2020。它适用于各种运输方式，包括公路运输、铁路运输、内河运输、海洋运输、航空运输及多式联运。其价格由出口商品成本和利润构成。例如，FCA Ji'nan Railway Station INCOTERMS® 2020，即济南火车站货交承运人 INCOTERMS® 2020。

(一)买卖双方的基本责任

1. 卖方的基本责任

(1)在合同规定的时间、地点交货至买方指定承运人，并通知买方。

(2)承担货交承运人控制前的一切风险和费用。

(3)自负风险和费用办理货物出口的一切手续。

(4)提供有效的各种单证。

(5)应买方请求并承担费用，提供货物安全信息和资料。

2. 买方的基本责任

(1)签订自指定地点起运的运输合同，承担运费，并将承运人通知卖方。

(2)承担货交承运人后的一切风险和费用。

(3)自负风险和费用办理货物进口手续。

(4)受领货物并支付货款。

(5)自负费用办理运输保险。

(6)应卖方请求并承担费用，提供运输和途经国的安全信息。

(二)使用 FCA 贸易术语应注意的问题

1. 关于交货责任与地点

根据 INCOTERMS® 2020 的规定，卖方应在约定日期内将货物交付买方指定的承运人或代理人。如果买方委托卖方签订运输合同，在买方承担风险和运费的前提下，交付买方指定的承运人或代理人。若指定地点是在卖方所在地，则当货物被装上买方指定的承运人提供的运输工具时，卖方完成交货责任。若指定地点是其他地方，则当货物在卖方的运输工具上，且在尚未卸货的情况下，交付给指定的承运人后，即视为完成交货。若买方未给出明确指示，卖方根据运输方式、货物的数量及性质等因素，将货物交给承运人后，即视为完成交货。

2. 卖方或代买方指定承运人

根据 INCOTERMS® 2020 的规定，卖方无义务签订运输合同。如果买方请求或者根据交易习惯，那么卖方可以按通常条件订立运输合同。如果卖方接受买方的请求，那么卖方必须明确应由买方承担风险与费用。

如果卖方没有条件接受买方指定承运人和订立运输合同的委托，或者不愿承担此项义务，那么应当随即通知买方。

3. 货与运输工具衔接

在 FCA 合同中，由买方指定承运人和订立运输合同，卖方负责交货。因此，货与运输工具衔接是一个非常重要的问题。

在实际业务中，常常出现货等运输工具或运输工具等货的现象，进而引起费用损失。但费用损失由买方负担还是由卖方负担往往会产生争议。为了避免此类情况发生，卖方在签订买卖合同时，可以规定：买方不及时指定承运人或其他人，或者买方指定的承运人或其他人不及时接管货物的，卖方有权在交货期截止时，代指定承运人或其他人订立运输合同，因此而产生的风险和费用由买方承担。

4. 风险转移

如果合同规定的交货地为卖方所在地(如工厂、工场、仓库等),当货物装到由买方指定的承运人的运输工具上时,卖方即完成了交货义务,风险随之转移。

《2020年国际贸易术语解释通则》规定,自规定的交付货物的约定时期或期限届满之日起,由买方承担货物灭失或损坏的一切风险,但以货物已被划归合同项下为前提条件。因此,风险并不一定是在将货物交于承运人处置时才转移的。如果是买方的原因,使卖方没能完成交货义务,那么只要货物已被特定化,风险转移时间就可前移。

在其他情况下,货物到达买方指定的交货地,在卖方的送货工具上(未卸下),被交由买方指定的承运人处置时,卖方即完成了交货义务,风险随之转移。

【例3-6】某公司按照FCA条件出口100 000码棉布,合同规定装运期为9月,但是到了9月30日,买方仍未将承运人及其运输事宜通知出口公司。10月2日,存放在码头仓库的棉布因火灾焚毁。该损失应由谁负担?

5. 费用划分

费用划分一般以货交承运人为界。买方委托卖方代办的本属于买方义务范围的事项的费用,以及由于买方原因引起的额外费用,由买方负担。

6. 已装船批注提单

如果双方同意卖方按照FCA(货交承运人)要求将货物交付集装箱码头,那么买方可以指示承运人在卸货时,向卖方签发已装船提单。这样,卖方就可以更好地防范风险。

五、CPT——运费付至(指定目的地)

CPT是Carriage Paid To(insert named place of destination)INCOTERMS® 2020的英文缩写,即运费付至(指定目的地)INCOTERMS® 2020。CPT适用于任何运输方式,包括公路运输、铁路运输、内河运输、海洋运输、航空运输及多式联运。其价格由出口商品成本、运费和利润构成。例如,CPT Chicago Railway Station INCOTERMS® 2020,即运费付至芝加哥火车站 INCOTERMS® 2020。

(一)买卖双方的基本责任

1. 卖方的基本责任

(1)签订运输合同,支付货物运至进口国目的地的运费。

(2)在合同规定的时间、地点,交货给承运人,并及时通知买方。

(3)承担货交承运人控制前的一切风险和费用。

(4)自负风险和费用办理货物出口的一切手续。

(5)提供有效的各种单证。

(6)应买方请求并承担费用,提供货物安全信息和资料。

2. 买方的基本责任

(1)承担货交承运人后的一切风险和费用。

(2)自负风险和费用办理货物运输保险事宜。

(3)自负风险和费用办理货物进口手续。

(4)受领货物并支付货款。

(5)应卖方请求并承担费用,提供运输和途经国的安全信息。

(二)使用 CPT 术语应注意的事项

(1)在 CPT 术语下,卖方要及时发出装运通知,以使买方及时办理货物运输保险和办理进口手续、报关与接货。

如果卖方未按惯例规定或未及时发出交货通知,使买方投保无依据或造成买方漏保,货物在运输过程中一旦发生灭失或损坏,那么应由卖方承担赔偿责任。

(2)卸货费用由买方支付,但卖方要注意运输合同与买卖合同的协调。如果卖方按照运输合同在指定目的地产生了卸货费用,且双方无其他特别约定,那么卖方无权要求买方偿付该费用。

六、CIP——运费、保险费付至(指定目的地)

CIP 是 Carriage and Insurance Paid To(insert named place of destination)INCOTERMS® 2020 的英文缩写,即运费、保险费付至(指定目的地)INCOTERMS® 2020。CIP 适用于任何运输方式,包括公路运输、铁路运输、内河运输、海洋运输、航空运输及多式联运。其价格由出口商品成本、运费、保险费和利润构成。例如,CIP Chicago Railway Station INCOTERMS® 2020,即运费、保险费付至芝加哥火车站 INCOTERMS® 2020。

(一)买卖双方的基本责任

1. 卖方的基本责任

(1)签订运输合同,支付货物运至目的地的运费。

(2)在合同规定的时间、地点,交货给承运人,并及时通知买方。

(3)承担货交承运人控制前的一切风险和费用。

(4)办理货物运输保险,并支付保险费。

(5)自负风险和费用办理货物出口的一切手续。

(6)提供有效的各种单证。

(7)应买方请求并承担费用,提供货物安全信息和资料。

2. 买方的基本责任

(1)承担货交承运人后的一切风险和费用。

(2)自负风险和费用办理货物进口手续。

(3)受领货物并支付货款。

(4)应卖方请求并承担费用,提供运输和途经国的安全信息。

(二)使用 CIP 术语应注意的问题

1. 办理保险

在 CIP 条件下,卖方投保的性质与 CIF 条件一样,都是卖方为买方利益投保,是卖方代替买方投保的性质。

一般情况下,买卖双方协商确定投保险别。如果双方未在合同中约定投保险别,那么卖方应按照合同价格另加 10%,即 CIP 合同价款的 110%,并以合同货币投保最高险别。

2. 订立运输合同

在 CIP 术语下,卖方订立运输合同是有条件的,只限"按照通常方式经惯常路线"订立运输合同。这里所指的"惯常路线"是指从事此类贸易的人员通常会必经的常规路线。换言之,如果惯常路线因不可抗力因素受阻,卖方在签订运输合同时可以免责,对于由此导致的延迟交货或未能交货不承担任何责任。

七、FOB、CFR、CIF 与 FCA、CPT、CIP 的比较

FOB、CFR、CIF 与 FCA、CPT、CIP 的相同点在于:进出口手续的办理及费用承担的规定相同,都属于装运合同,象征性交货。在风险转移前后的责任与费用的规定方面,FCA 与 FOB 相同,CPT 与 CFR 相同,CIP 与 CIF 相同。FOB、CFR、CIF 与 FCA、CPT、CIP 的区别,如表 3-5 所示。

表 3-5　FOB、CFR、CIF 与 FCA、CPT、CIP 的区别

区别	FOB、CFR、CIF	FCA、CPT、CIP
运输方式	水运	各种运输方式
风险转移界限	装运港装船	货交承运人处置
装卸费用	术语变形明确装卸费用	承运方
运输单据	海运提单	视运输方式而定
交货地点	装运港	内陆或沿海任何地点

第三节 INCOTERMS® 2020 中的其他术语

一、EXW——工厂交货(指定交货地点)

EXW 是 Ex Works(insert named place of delivery)INCOTERMS® 2020 的英文缩写,即工厂交货(指定交货地点)INCOTERMS® 2020。它适用于任何运输方式,包括公路运输、铁路运输、内河运输、海洋运输、航空运输及多式联运。其价格由出口商品的出厂成本和利润构成。例如,EXW Qingdao Warehouse of ABC Company, No. 308, Hong Kong Rd., Qingdao, China INCOTERMS® 2020,即 ABC 公司青岛仓库交货 INCOTERMS® 2020。

(一)买卖双方的基本责任

1. 卖方的基本责任

(1)在合同规定的时间、地点,将合同规定的货物置于买方或其代理人的处置之下。

(2)承担将货物交给买方处置之前的一切风险及费用。

(3)提交规定的有效单证(电子单证)。

(4)应买方请求,承担费用,提供货物安全信息和资料。

2. 买方的基本责任

(1)在合同规定的时间、地点,受领卖方提交的货物。

(2)承担受领货物之后的一切风险及费用。

(3)自负费用办理货物运输、保险事宜。

(4)自负费用和风险办理货物出口、进口的各种手续。

(5)按照合同规定支付货款。

(二)EXW 术语的特点

(1)按 EXW 术语成交时,卖方要在规定的时间内和约定的交货地点将合同规定的货物准备好,由买方安排运输工具到交货地点接收货物,将货物从交货地点运到目的地。买方承担一切风险、责任和费用。

(2)卖方承担的风险、责任和费用都是最小的。

(3)在交单方面,卖方只需提供商业发票或者具有同等作用的电子信息。

(4)对于出境所需的出口许可证或其他官方证件,卖方无义务承担,但在买方要求并由买方承担风险和费用的情况下，卖方也可协助买方取得上述证件。

(5)适用于各种运输方式。

(三)使用 EXW 术语应注意的问题

1. 关于货物的交接问题

(1)卖方要及时通知买方，包括时间和地点。

(2)买方如果有权规定交货的时间和地点，买方应及时通知卖方。

(3)如果买方未及时受领货物，或在有权规定交货时间时，没有及时给予适当通知，只要货物已被特定为合同项下的货物，由买方承担产生的费用和风险。

2. 关于货物的包装和装运问题

(1)签约时应明确运输所需的包装，并对相关费用的负担问题作出规定。

(2)根据 INCOTERMS® 2020 的规定，卖方不承担将货物装上运输工具的责任及费用，但如果约定卖方负责将货物装上买方提供的运输工具，并承担相关费用，应在合同中明确规定。

3. 关于办理出口手续的问题

买方应事先了解出口国政府的相关规定，如买方无法做到办理货物的出境手续，则不宜采用 EXW 术语，可以采用 FCA 术语。

二、FAS——装运港船边交货(指定装运港)

FAS 是 Free Alongside Ship(insert named port of shipment)INCOTERMS® 2020 的英文缩写，即装运港船边交货(指定装运港)INCOTERMS® 2020。它适用于水上运输方式，包括海洋运输和内河运输。其价格由出口商品成本和利润构成。例如，FAS Qingdao INCOTERMS® 2020，即青岛港船边交货 INCOTERMS® 2020。

在使用 FAS 术语时，卖方需在约定的时间内，将合同规定的货物交到指定的装运港，并运至买方指派的船只旁。一旦货物到达船边，卖方即完成交货义务。如果买方指派的船不能靠岸，那么卖方则需负责用驳船将货物运至船边，并在船边完成交货。尽管如此，装船的责任和相关费用仍由买方承担。

(一)买卖双方的基本责任

1. 卖方的基本责任

(1)在规定的时间和装运港的船边交货，并通知买方。

(2)承担货物交至装运港的船边前的风险和费用。

(3)取得出口许可证或其他官方批准证件，办理出口的海关手续，负担出口税费。

(4)提交商业发票或具有同等作用的电子信息，提供交货凭证。

(5)应买方请求并承担费用,提供货物安全信息和资料。

2. 买方的基本责任

(1)签订承运合同,租船订舱,支付运费,通知卖方。

(2)受领货物,支付货款。

(3)承担货物运至装运港船边后的一切风险和费用。

(4)自负费用办理货物运输、保险手续。

(5)取得进口许可证或其他官方批准证件,办理进口的海关手续,承担进口税费。

(6)应卖方请求并承担费用,提供运输和途经国的安全信息。

在 FAS 术语下,装船费用和卸船费用全部由买方承担。

(二)使用 FAS 术语应注意的问题

1. FAS 术语的不同解释

根据 INCOTERMS® 2020 的规定,FAS 术语只适用于包括海运在内的水上运输方式,交货地点只能是装运港。但根据《1990 美国对外贸易定义修订本》的解释,FAS 是 Free Along Side 的缩写,即交到运输工具的旁边。这里的运输工具包括铁路运输、公路运输、航空运输、海洋运输等。因此,同北美国家的交易使用 FAS 术语时,应在其后面加上"Vessel"字样,以明确表示"船边交货"。

2. 船货衔接

使用 FAS 术语时,由买方签订运输合同(买方负责派船),所以买方要及时通知卖方船的相关情况(船名、装货时间及地点等),以便卖方及时备货出运。卖方也应将货物交至船边的情况及时通知买方,便于买方办理装船事项。比如,买方派出的船只未按时到港接收货物,或比规定时间提前停止装货,或买方未及时发出派船通知;然而,只要货物已被清楚地划出,或以其他方式确定为合同项下的货物,产生的风险和损失就应由买方承担。总之,如果卖方按时交货,但是买方原因导致船等货或是货等船情况所引起的费用都由买方负担。

三、DAP——目的地交货(指定目的地)

DAP 是 Delivered at Place(insert named place of destination)INCOTERMS® 2020 的英文缩写,即目的地交货(指定目的地)INCOTERMS® 2020。它适用于任何运输方式,包括公路运输、铁路运输、内河运输、海洋运输、航空运输及多式联运。其价格由出口商品出厂成本、运费、保险费和利润构成。例如,DAP China Town, New York, USA INCOTERMS® 2020,即美国纽约中国城交货 INCOTERMS® 2020。

(一)买卖双方的基本责任

1. 卖方的基本责任

(1)签订运输合同，将货物运抵进口国指定地点，并支付运费。

(2)在合同规定的时间、地点，将货物置于买方控制之下。

(3)自负费用及风险办理货物出口手续。

(4)办理货物保险并支付保险费。

(5)向买方提供规定的有效单证。

2. 买方的基本责任

(1)承担将货物在进口国置于买方控制之后的一切风险及费用。

(2)承担卸(船)货费用。

(3)自负费用办理货物的各种进口手续。

(4)受领货物，支付货款。

(5)应卖方请求并承担费用，提供运输和途经国的安全信息。

(二)DAP 术语的特点

(1)DAP 术语下的交货属于"实际交货"，贸易合同属于"到货合同"。

(2)在 DAP 术语下，货物所有权或风险转移界限在进口国"货物交买方处置"的目的地。

(3)在 DAP 术语下，卖方租船、投保，是为自己的货物投保。

(4)DAP 术语中的"指定目的地"可以是进口国的沿海或内地的任何地方。

(5)在 DAP 术语下，卖方的责任、风险和费用远远高于买方。

四、DPU——目的地交货并卸货(指定目的地)

DPU 是 Delivered at Place Unloaded(insert named place of destination)INCOTERMS® 2020 的英文缩写，即目的地交货并卸货(指定目的地)INCOTERMS® 2020。它适用于任何运输方式，包括公路运输、铁路运输、内河运输、海洋运输、航空运输及多式联运。其价格由出口成本、运费、保险费和利润构成。例如，DPU China Town Container Yard，New York，USA INCOTERMS® 2020，即美国纽约中国城集装箱堆场交货并卸货 INCOTERMS® 2020。

(一)买卖双方的基本责任

1. 卖方的基本责任

(1)签订运输合同，将货物运抵进口国指定地点，并支付运费。

(2)在合同规定的目的地将货物卸下，并承担卸货费用。

(3)自负费用及风险办理货物出口手续。

(4)办理货物保险并支付保险费。

(5)向买方提供规定的有效单证。

2. 买方的基本责任

(1)承担将货物在进口国置于买方控制之后的一切风险及费用。

(2)自负费用办理货物各种进口手续。

(3)受领货物，支付货款。

(4)应卖方请求并承担费用，提供运输和途经国的安全信息。

(二)DPU 术语的特点

(1)DPU 术语下的交货属于"实际交货"，贸易合同属于"到货合同"。

(2)在 DPU 术语下，货物所有权或风险转移界限在进口国目的地卸下货物，并交买方处置的目的地(港)。

(3)在 DPU 术语下，卖方负担卸货费。

(4)在 DPU 术语下，卖方租船、投保，是为自己的货物投保。

(5)DPU 术语中的"指定目的地"，可以是进口国的沿海或内地的任何地方。

(6)在 DPU 术语下，卖方的责任、风险和费用远远高于买方。

五、DDP——完税(进口关税)后交货(指定目的地)

DDP 是 Delivered Duty Paid(insert named place of destination)INCOTERMS® 2020 的英文缩写，即完税(进口关税)后交货(指定目的地)INCOTERMS® 2020。它适用于任何运输方式，包括公路运输、铁路运输、内河运输、海洋运输、航空运输及多式联运。其价格由出口成本、运费、保险费、进口关税以及利润构成。例如，DDP China Town New York，USA INCOTERMS® 2020，即美国纽约中国城完税后交货 INCOTERMS® 2020。

(一)买卖双方的基本责任

1. 卖方的基本责任

(1)签订运输合同，将货物运往指定地点，并支付全部运费。

(2)在合同规定的时间、地点，将货物在目的地交由买方控制。

(3)承担在目的地指定地点将货物置于买方控制之前的一切风险及费用。

(4)自负费用及风险办理货物出口、进口所有手续。

(5)向买方提供规定的有效单证。

2. 买方的基本责任

(1)承担在目的地指定地点，将货物置于买方之后的一切风险及费用。

(2)在卖方的请求下，协助办理货物各种进口手续。

(3)受领货物，支付货款。

(4)应卖方请求并承担费用，提供运输和途经国的安全信息。

(二)DDP 术语的特点

(1)在 DDP 术语下，买卖双方的风险转移界限为目的地货交买方处置。

(2)DDP 术语下的交货属于"实际交货"，贸易合同属于"到货合同"。

(3)在 DDP 术语下，卖方是为自己的货物投保。

(4)由于 DDP 术语下进口关税由出口方缴纳，因此，在 INCOTERMS® 2020 的所有术语中，卖方的责任、风险和费用最大。

卖方在进口国设有代表处或在寄售方式下，为了卖出好价格，通常采用 DDP 术语成交。

INCOTERMS® 2020 中 11 种贸易术语的对比，见表 3-6。其风险转移界限，如图 3-1 所示。

表 3-6 《2020 年国际贸易交易术语解释通则》中 11 种贸易术语的归纳对比

术语	运输方式	交货地点	风险转移地点	出口报关	运输及运费	保险及保险费	装货费	卸货费	进口报关
EXW	所有运输方式及多式联运	工厂/仓库所在地	货交买方处置	买方	买方	买方	买方	买方	买方
FCA		出口国某一地点	货交承运人处置	卖方	买方	买方	卖方/买方	买方	买方
CPT		出口国某一地点	货交承运人处置	卖方	卖方	买方	卖方	买方	买方
CIP		出口国某一地点	货交承运人处置	卖方	卖方	卖方	卖方	买方	买方
DAP		进口国目的地	货交收货人处置	卖方	卖方	卖方	卖方	卖方	买方
DPU		进口国目的地	目的地卸货交收货人	卖方	卖方	卖方	卖方	卖方	买方
DDP		进口国目的地	完税后交收货人处置	卖方	卖方	卖方	卖方	卖方	卖方
FAS	水上运输方式	装运港船边	装运港船边	卖方	买方	买方	买方	买方	买方
FOB		装运港船上	货物装到船上	卖方	买方	买方	卖方/买方	买方	买方
CFR		装运港船上	货物装到船上	卖方	卖方	买方	卖方	买方/卖方	买方
CIF		装运港船上	货物装到船上	卖方	卖方	卖方	卖方	买方/卖方	买方

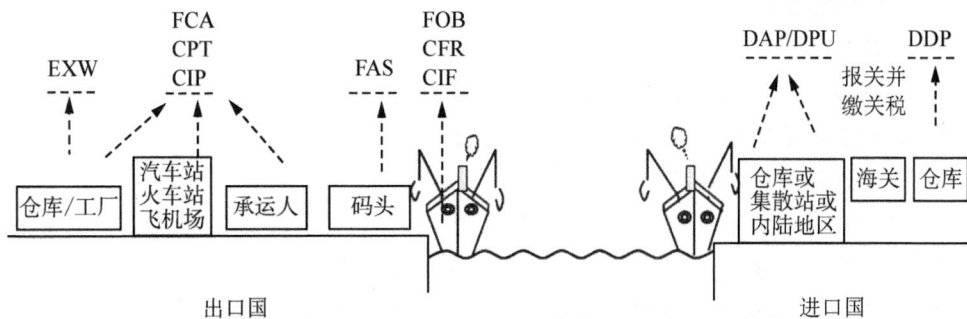

图 3-1　INCOTERMS® 2020 中 11 种贸易术语的风险转移界限

【本章小结】

　　贸易术语一方面表示了该商品的价格构成因素，另一方面确定了交货条件，明确了买卖双方在履行合同中应该承担的风险、责任和费用。

　　《2020 年国际贸易术语解释通则》共有两类 11 种贸易术语，分别是适用于水上运输方式的 FAS、FOB、CFR、CIF 和适用于所有运输方式及多式联运的 EXW、FCA、CPT、CIP、DAP、DPU、DDP。在贸易实践中，使用最多的是 FOB、CFR、CIF、FCA、CPT 和 CIP 六种贸易术语。学习贸易术语时，必须掌握买卖双方的责任、费用、风险的划分、交货地点和时间，以及运输方式等关键要素。在实际贸易操作中，应结合具体情况和贸易术语的特性，灵活运用。

【技能实训】

一、单项选择题

1.《2020 年国际贸易术语解释通则》规定，CFR 条件下卸货时可能形成的驳船费（　　）。

A. 由买方负担　　　　　　　　　　B. 由卖方负担

C. CFR Landed 条件下由买方负担　　D. CFR Ex Tackle 条件下由买方负担

2. 关于 CFR 术语的叙述，下列错误的是（　　）。

A. 全称是 Cost and Freight　　　　B. 又称运费在内价

C. 水上运输保险由卖方负责投保　　D. 卖方负责租船订舱

3. 一般情况，在 CIF 条件下不需卖方自费负担的是（　　）。

A. 水上运输保险　　　　　　　　　B. 运输单据

C. 保险单据　　　　　　　　　　　D. 进口许可证

49

二、多项选择题

1. 按 CIF 术语成交，对投保表述正确的有（　　　）。

A. 一般情况下，卖方按双方约定的险别投保

B. 卖方应加保战争、罢工、暴乱和民变险

C. 卖方投保属代办性质

D. 可采用任一货币投保

E. 保险金额一般是在合同价格的基础上加成 15% 办理

2. 采用 FCA 术语时，下列有关运输契约的叙述中正确的有（　　　）。

A. 买方自费订立　　　　　　　　　B. 买方订立，卖方负担费用

C. 卖方自费订立　　　　　　　　　D. 承运人订立

E. 买卖双方协商后，卖方订立，费用由买方承担

3. 采用 FCA 术语成交时，买方不应负的责任是（　　　）。

A. 按时接货　　　B. 办理出口手续　　　C. 提交交货凭证

D. 办理进口手续　　　E. 办理进口关税

三、案例分析题

1. 印度盂买一家电视机进口商（盂买进口商）与日本京都电器制造商（京都制造商）洽谈了买卖电视机的交易。从京都（内陆城市）至盂买，以集装箱多式运输服务，因此，京都当地货运商以订约承运人的身份可签发多式运输单据。货物在京都距制造商 5 千米的集装箱堆场被装入集装箱后，由货运商用卡车经公路运至横滨，然后装上海轮运到盂买。京都制造商不愿承担公路运输和海洋运输的风险，盂买进口商则不愿承担货物交运前的风险。试对以下问题提出你的意见，并说明理由。

（1）京都制造商是否可向盂买进口商按 FOB、CFR 或 CIF 术语报价？

（2）京都制造商是否应提供已装船运输单据？

（3）按以上情况，你认为京都制造商应采用何种贸易术语？

2. 有一份出售一级大米的合同，按 FOB 条件成交。在装船时，货物经公证人检验，符合合同规定的品质条件。卖方在装船后已及时发出装船通知。但是由于舱汗，大米部分受潮，品质受到影响，只能按三级大米的价格出售。因此，买方要求卖方赔偿损失。在上述情况下，卖方应对该项损失负责吗？

3. 有一份 CIF 合同。货物已按合同规定的期限在装运港装船，但受载船只离港一小时后，因触礁沉没。第二天，当卖方凭提单、保险单、发票等单证要求买方付款时，买方以货物全部损失为由拒绝接受单证和付款。在上述情况下，卖方有无权利凭规定的单证要求买方付款？

4. 我国某公司按 CFR 条件向英国出口一批货物。该公司于 8 月 8 日 10 时装船完毕，并立即以电传方式通知买方。买方于当日 17 时，在其所在地向保险公司投保英国 ICC 条款 A 险。货轮于当日 15 时在公海上着火，导致该批货物被焚。对于这种货物遭损失在前、投保在后的情况，保险公司是否负责？

第四章　进出口商品的价格

【学习重点及目标】
1. 了解进出口商品作价的原则和办法。
2. 了解合同中的价格条款的内容及订立。
3. 熟悉价格的基本概念与核算。
4. 掌握佣金与折扣的运用。

第一节　价格的基本概念与核算

价格条款是合同中的核心条款。我国进出口商品的作价原则：在贯彻平等互利的原则下，根据国际市场价格水平、国家或地区的政策和我方经营（购销）意图确定适当的价格。

一、正确贯彻作价原则

(一)遵照国际市场价格水平作价

国际市场价格是以商品的国际价值为基础，并在国际市场竞争中形成的价格，既是国际市场上具有代表性的价格，也是买卖双方都能接受的价格，还是我们确定进出口商品价格的客观依据。

(二)结合国家或地区政策作价

在参照国际市场价格水平的同时，应适当考虑国家或地区的政策。

(三)结合购销意图作价

进出口商品价格在国际市场价格水平的基础上，可根据购销意图灵活调整，略高或略低于国际市场价格。

二、国际商品价格的影响因素

(一)成交商品的品质和档次

在贸易中，品质是吸引客户的首要因素，也是最为直观的对比。出口商可以提供什么产品，所提供的产品在国际市场竞争中处于什么档次，是在贸易竞争中最直接的竞争力，也是报价首先考虑的问题。

(二)成交数量的多少

对于大量采购出口方一般会给予进口方一定的价格折扣，以鼓励交易。成交量较少的时候，报价则会更高些。

(三)运输距离的远近

从不同的启运地到不同的目的地的运费有很大差异。比如，2022年将一个40英尺柜运到欧洲一些主要港口只需花费3 000美元，而运到美洲一些港口则要花费8 000多美元。

(四)季节性需求的变化

在国际市场上，商品有淡季和旺季之分。旺季时，订单量很多，市场供不应求，订单的报价可以高些；淡季时，订单量减少，市场供过于求，订单的报价可以低些。

(五)交货地点和交货条件

由于交货地点和交货条件不同，买卖双方承担的责任、风险和费用也不同。在报价时，就要考虑卖方在履约时需要付出的成本和操作的难易程度，相应调整报价。

(六)支付条件和汇率变动的风险

为了避免收款风险，一般会采用即期信用证或预付部分货款的方式。另外，汇率的稳定性也是一个重要因素。特别是在当前人民币日益升值、供应商面临较大汇率风险的情况下，供应商常常需要采用一些保值措施，如与银行签订远期外汇合约，确保未来一段时间内的外汇收入或支出不会因汇率波动而遭受重大损失。

三、加强成本核算

在对外报价时，要注意加强成本核算，以提高经济效益，防止出现为了出口不计成本，单纯追求出口量或创汇不创收的情况。

(一)出口商品换汇成本

出口商品换汇成本是指出口商品净收入一单位外汇(通常为美元)所需的人民币成本。在我国，一般是指出口商品每净收入一美元所耗费的人民币成本，即用多少元人民币换回一美元。

$$出口商品换汇成本 = \frac{出口总成本（人民币）}{出口销售外汇净收入（美元，FOB）} \qquad (4\text{-}1)$$

出口商品换汇成本是衡量外贸企业进出口盈亏的重要指标，与银行外汇牌价相比，能直接反映商品出口的盈利情况。如果出口商品换汇成本高于银行外汇牌价，则说明出口亏损；如果出口商品换汇成本低于银行外汇牌价，则说明出口盈利。这里涉及以下 3 个概念。

1. 出口总成本

出口总成本是指出口企业为出口商品支付的国内总成本，包括进货成本和国内费用（出口前的一切费用和税金）。

$$出口总成本 = 出口商品进货成本 + 定额费用 - 出口退税额 \qquad (4\text{-}2)$$

2. 采购成本

采购成本是指出口商品购进价，其中包含增值税。如果企业自营出口，其进货成本即生产成本。比如，服装出口企业，生产成本涵盖布料成本及加工费用。

$$采购成本（进货成本） = 货价 + 增值税$$
$$= 货价 \times (1 + 增值税率) \qquad (4\text{-}3)$$

3. 出口退税

出口退税是指将已经报关离境的出口货物，在出口前的生产和流通各环节已经缴纳的国内增值税或者消费税等间接税的税款，退还给出口企业的一项税收制度。

$$出口退税额 = 货价 \times 出口退税率$$
$$= \frac{采购成本}{1 + 增值税率} \times 出口退税率 \qquad (4\text{-}4)$$

【例 4-1】某商品对外报价 FOB 总价 20 万美元，该商品的采购成本为 120 万元人民币（含增值税），国内费用总和为 7 万元人民币，该商品的出口退税率为 9%。请计算出口商品换汇成本。

4. 出口商品盈亏率

出口商品盈亏率是指出口盈亏额与出口总成本的比例。它是衡量出口盈亏程度的重要指标。

$$出口商品盈亏率 = \frac{出口盈亏额}{出口总成本} \times 100\%$$
$$= \frac{出口销售人民币净收入 - 出口总成本}{出口总成本} \times 100\% \qquad (4\text{-}5)$$

【例 4-2】某商品的出口总成本为每公吨 3 500 元人民币，出口 FOB 价为 400 美元，美元对人民币的汇率为 1：6.55。求出口商品换汇成本及盈亏率。

(二)出口创汇率(外汇增值率)

出口创汇率是指加工后,成品出口外汇净收入减去原料外汇成本后,与原料外汇成本的比率。

$$出口创汇率=\frac{成品出口外汇净收入-原料外汇成本}{原料外汇成本}\times 100\% \quad\quad (4-6)$$

【例 4-3】出口某加工产品 350 箱,报价为 FOB 广州 120.52 美元,其中每箱产品的原料外汇成本为 93.5 美元。计算该企业的出口创汇率。

四、贸易术语净价之间的换算

净价是指价格中不包含佣金和折扣。为了明确表示双方成交的价格是净价,在贸易术语后,可加注"净价"(Net)字样。例如,每打 4.20 美元 FOB 净价上海。

因此,凡是直接用贸易术语表示价格的都是净价,一般情况不用另行注明。净价之间换算主要是有关运费和保险费的转换。常见的净价之间的换算有以下六种。

(一)FOB 价换算为 CFR 价或 CIF 价

FOB 价通常也称成本(Cost)价;CFR 价即成本加运费(Freight);CIF 价即 CFR 价加保险费。因此,由 FOB 价换算为 CFR 价或 CIF 价的关系式为:

$$CFR=FOB+运费 \quad\quad (4-7)$$
$$CIF=FOB+运费+保险费 \quad\quad (4-8)$$
$$CIF=CFR+保险费 \quad\quad (4-9)$$
$$CIF=\frac{CFR}{1-投保加成\times 保险费率} \quad\quad (4-10)$$

【例 4-4】我方出口报价为 FOB 上海 550 000 美元,现客户要求改报 CIF 价,加 10% 投保海运一切险和战争险,其中运费为 800 美元,保险费率为 0.88%。应如何报价?

(二)CFR 价换算为 FOB 价或 CIF 价

在已知 CFR 价的情况下,求 FOB 价和 CIF 价,分别是式(4-7)的逆运算和式(4-10),如下:

$$FOB=CFR-运费 \qu\quad (4-11)$$
$$CIF=\frac{CFR}{1-投保加成\times 保险费率} \qu\quad (4-10)$$

【例 4-5】我方出口商品报价为 CFR 纽约 USD 3 500/公吨，客户要求改报 CIF 加 10%投保一切险，保险费率为 0.8%。应如何报价？

(三)CIF 价换算为 CFR 价或 FOB 价

CIF 价换算为 FOB 价或 CFR 价的计算公式分别如下：

$$FOB＝CIF×(1－投保加成×保险费率)－运费 \qquad (4-12)$$

$$CFR＝CIF×(1－投保加成×保险费率) \qquad (4-13)$$

【例 4-6】我方出口商品对外报价 CIF 伦敦 USD 4 000/MT，CIF 价加 10%投保一切险，保险费率为 0.75%，每公吨出口运费为 160 美元。客户要求改报 FOB 价，应如何报价？

(四)FCA 价换算为 CPT 价或 CIP 价

1. FCA 价换算为 CPT 价

CPT 价是在 FCA 价的基础上加上运费。因此，由 FCA 价换算为 CPT 价的计算公式如下：

$$CPT＝FCA＋运费 \qquad (4-14)$$

2. FCA 价及 CPT 价换算为 CIP 价

由于 CIP 价比 FCA 价增加了运费和保险费，其换算公式为：

$$CIP＝FCA＋运费＋保险费 \qquad (4-15)$$

$$CIP＝CPT＋保险费 \qquad (4-16)$$

$$CIP＝\frac{CPT}{1－投保加成×保险费率} \qquad (4-17)$$

(五)CPT 价、CIP 价换算为 FCA 价

在已知 CPT 价和 CIP 价的情况下，求 FCA 价，分别是式(4-14)和式(4-15)的逆运算，其计算公式分别为：

$$FCA＝CPT－运费 \qquad (4-18)$$

$$FCA＝CIP－运费－保险费 \qquad (4-19)$$

(六)CIP 价换算为 CPT 价

在已知 CIP 价的情况下求 CPT 价，是式(4-16)的逆运算，其计算公式为：

$$CPT＝CIP－保险费 \qquad (4-20)$$

【例 4-7】我某进出口公司外销某种商品，对外报价为每箱 450 美元 FOB 大连，后外商要求改报 CIF 汉堡。运费每箱 50 美元，保险费率为 0.8%，投保加成率为 10%，我方报价应改为多少？

第二节　作价办法

在国际贸易中，作价办法有很多。我们可以根据不同情况，分别采用不同的作价方法。

一、固定作价

买卖双方在合同中规定了货物的单价(或总价)，履约时需按照既定价格结算货款。这是我国进出口贸易最常见，也是国际常用的作价办法。

为了减少价格风险，在采用固定作价时，第一，必须对影响商品供需的各种因素进行细致研究，并在此基础上对价格的前景作出判断，以此作为决定合同价格的依据；第二，必须对客户的资信进行了解和研究，慎重选择订约对象。

二、非固定作价

(一)待定价格(后定价格)

待定价格只规定作价方式，而具体价格留待以后确定，即只约定将来确定价格的方法。这种作价办法又可分为以下两种：

(1)在价格条款中明确规定作价时间和作价办法。例如，在装船月份前60天，参照当地及国际市场价格水平，协商议定正式价格。

(2)只规定作价时间而不规定作价办法。例如，由双方在××××年××月××日协商确定价格，但这种作价方式未对作价办法作出规定，执行时容易产生争执，一般只适用于双方有长期交易，并已形成比较固定交易习惯的合同。

(二)暂定价格(一般不宜采用)

在合同中先订立初步价格，称为暂定价格，作为开立信用证和初步付款的依据，在交货前的一定时间再由双方按照当时的市价商定最后价格。待双方确定最后价格后进行清算，多退少补。例如，单价暂定CIF伦敦，每公吨1 000英镑。

作价办法：按装运月份前30天，以某交易所3个期货加3英镑计算，买方按本合同规定的暂定价开立信用证。

(三)部分固定价格，部分非固定价格

为了照顾双方的利益，解决作价办法可能存在的分歧，买卖双方可以采用部分固定价格、部分非固定价格的方法。尤其是分期交货的合同，可以在订约时将交货期近

的价格固定下来，其他价格在交货前一定期限内由双方议定。

三、价格调整条款（滑动价格）

滑动价格是指对成套设备、大型机械交易，先在合同中规定的一个基础价格（初步价格）；交货时或交货前按工资、原材料价格变动指数作一定调整，以确定最后价格。

在国际上，随着某些国家通货膨胀的加剧，有些商品合同特别是加工周期较长的机器设备合同，都普遍采用"价格调整条款"[Price Adjustment（Revision）Clause]，即买卖双方签订合同时只规定初步价格，并将根据原料价格和工资变化及双方约定的调整方法，确定最后价格。

在使用这类条款时，必须注意工资指数和原料价格指数的选择，并在合同中予以明确。

第三节 计价货币的选择

一、计价货币概述

计价货币（Money of Account）是指合同中规定用来计算价格的货币。如果合同中的价格是用一种双方当事人约定的货币（如美元）来表示的，没有规定用其他货币支付，则合同中规定的货币既是计价货币，又是支付货币（Money of Payment）。如果在计价货币之外还规定了其他货币（如欧元）支付，则该货币（如欧元）就是支付货币。

计价货币与支付货币可以是同一种货币，也可以是不同货币。这两种货币既可以是出口国货币和进口国货币，也可以是第三国货币，由买卖双方协商确定。

二、计价货币的选择方法

一般情况下，买卖双方都愿意选择汇率稳定的货币作为计价货币。在汇率不稳定的情况下，出口方更愿意采用硬币（Hard Currency），即从成交至收汇，汇价比较稳定且趋于上浮的货币；而进口方更愿意采用软币（Soft Currency），即从成交至付汇，汇价比较疲软且趋于下浮的货币。

三、外汇保值交易

外汇保值交易是指在出口或进口中，按订约时的外汇汇率确定远期货款支付。订约后，为了防止远期支付时汇率变动导致的损失，必须即刻在外汇市场上对出口做一笔买进支付货币的交易，对进口做一笔卖出支付货币的交易。

第四节 佣金与折扣的运用

一、佣金

(一)佣金的含义

在国际贸易中，有些交易是通过中间代理商进行的。中间商通过介绍生意或代买代卖收取一定的酬金，叫佣金(Commission)。

(二)佣金的规定方法

佣金有明佣和暗佣两种。如果在合同价格条款中明确规定佣金的百分比，叫作"明佣"。如果不在合同中表示出来，由当事人按约定另行私下交付，叫作"暗佣"。除此之外，还有双头佣，即在买卖双方双头收取佣金。在国际贸易中，一般采用暗佣的办法。

在货价中包含佣金的价格叫含佣价(Price Including Commission)。含佣价的表示方法主要有以下三种：

(1)规定佣金率。比如：

USD 1 000 per metric ton CIF New York including 3% commission.

每公吨 1 000 美元 CIF 纽约包括佣金 3%。

(2)用百分比来表示，即在贸易术语后直接加注佣金的英文缩写"C"，并注明百分比。比如：

USD 1 000 per metric ton CIFC 3% New York.

每公吨 1 000 美元 CIFC 3%纽约。

(3)以绝对数表示佣金。比如：

Commission of US $ 30 per metric ton.

每公吨支付佣金 30 美元。

(三)佣金的计算

在多数情况下，以何种价格术语成交，就以何种价格为基础计算佣金。

在国际贸易中，佣金的计算方法有多种，主要体现在以佣金率规定佣金时，如何确定计佣基数。惯常的方法是将成交金额(发票金额)作为计佣基数。例如，按 CFRC 3%成交，发票金额为 20 000 美元，则应付佣金为 20 000×3%＝600 美元。

佣金的计算公式如下：

$$佣金额＝含佣价×佣金率 \qquad (4-21)$$

$$净价＝含佣价－佣金额＝含佣价×（1－佣金率） \tag{4-22}$$

假如已知净价，则含佣价的计算公式为：

$$含佣价＝\frac{净价}{1－佣金率} \tag{4-23}$$

【例 4-8】某出口公司出口商品报价 CIFC 3% New York USD 4 000/MT，试计算 CIF 净价和佣金各为多少美元。

二、折扣

(一)折扣的含义

折扣(Discount)是指卖方按原价给予买方一定的价格减让，即在原价基础上给予适当的优惠。

在我国对外贸易中，使用折扣主要是为了照顾老客户、维护销售渠道、扩大对外销售等。

(二)折扣的规定方法

折扣的规定方法主要有以下两种：

(1)规定比率。比如：

USD 500 per metric ton CIF London including 1% discount.

CIF 伦敦每公吨 500 美元，折扣 1%。

(2)规定具体数量。比如：

Per MT less GBP 4 discount.

每公吨折扣 4 英镑。

(三)折扣的计算与支付方法

折扣通常是以成交额或发票金额为基础计算出来的。其相关计算公式如下：

$$折扣额＝原价（含折扣价）×折扣率 \tag{4-24}$$

$$卖方实际净收入＝原价（含折扣价）×（1－折扣率）$$

$$＝原价（含折扣价）－折扣额 \tag{4-25}$$

折扣一般在买方支付货款时预先扣除。

【例 4-9】某出口公司出口某商品，报价为 FCA 济南机场 3 600 英镑。买方要求 2% 折扣。为了保证净收入不变，出口公司应如何报价？

第五节　合同中的价格条款

一、价格条款的内容

在国际贸易中，进出口商一般采用固定作价的方法。因此，合同中的价格条款一般包括商品的单价(Unit Price)和总值(Total Amount)两项基本内容。

单价由四部分组成，即计量单位、单位价格金额、计价货币和贸易术语。比如：

计量单位	单位价格金额	计价货币	贸易术语
每公吨	580	美元	CIF 纽约

总值是指单价与成交商品数量的乘积，即一笔交易的货款总金额。比如：

Unit Price：USD 25 per Carton CIFC 2％ Tokyo

Total Amount：USD 25 000(SAY US DOLLARS TWENTY-FIVE THOUSAND ONLY)

单价：每箱 25 美元 CIF 东京含 2％ 佣金

总值：25 000 美元

二、规定价格条款的注意事项

进出口业务主要通过 E-mail 或外贸函电进行磋商，如果报价不规范或不完整，容易造成误解与纠纷。因此，要正确掌握合同价格条款的主要内容。在规定价格条款时，要注意以下事项：

(1)商品的单价避免偏高或偏低。单价过高会降低竞争力，不利于达成交易；单价过低会减少利润。

(2)根据经营意图和实际情况，选用合适的贸易术语。在实际业务中，普遍由客户选择贸易术语种类。

(3)争取选择对自己有利的计价货币，以免遭受币值变动带来的风险。如果采用对自己不利的计价货币，应争取订立外汇保值条款。

(4)灵活运用各种不同的作价办法，以避免价格变动的风险。在固定作价、非固定作价、价格调整条款之间选择最合适的方法。

(5)参照国际贸易的习惯做法，注意佣金和折扣的运用。

(6)如果货物品质和数量约定有一定的机动幅度，则对机动部分作价也一并规定。

(7)如果包装材料和包装费用另行计算，对其计价方法也应一并规定。

(8)单价中涉及的计价数量单位、计价货币、装卸地名称等必须书写正确、清楚，有助于合同的履行。

【本章小结】

商品价格是交易磋商的核心条款。在国际贸易中，正确把握作价原则，选择对自己有利的计价货币，做好成本核算，在对外报价中至关重要。

国际贸易商品报价中的重要事项是单价确定。单价包括四项必不可少的内容，即计价货币、单位价格金额、计量单位和贸易术语。同时，要注意不同价格术语之间价格的换算，以及净价、含佣价的计算。

合同中的价格条款一般包括商品的单价和总值两项基本内容。此外，还包括单价的作价办法和与单价有关的佣金及折扣的运用等内容。在订立价格条款时，要注意以下问题：第一，在充分的市场调查、信息分析的基础上，合理确定商品单价，防止单价偏高或偏低。第二，根据经营意图和实际情况，在权衡利弊的基础上，选用适当的贸易术语，并争取选择对自己有利的计价货币。第三，灵活运用各种作价办法，以规避价格变动的风险。第四，单价中涉及的计量单位、计价货币、装卸地名称，必须书写正确、清楚，有利于合同的履行。

【技能实训】

一、单项选择题

1. 国际货物买卖合同的核心条款是（   ）。

A. 品质条款   B. 装运条款   C. 价格条款   D. 支付条款

2. 某合同价格条款规定"每打 FOB 上海 15 英镑，总值 4 500 英镑"，则此时英镑为（   ）。

A. 计价货币   B. 支付货币   C. 硬币   D. 软币

3. 一般情况下，CIF 价比 FOB 价要多考虑（   ）。

A. 国外运费、国内费用   B. 国外运费、国外保险费

C. 国外保险费、国内费用   D. 国外保险费、净利润

4. 如果用 FOB 价成交，则成交价格就（   ）。

A. 出口总成本   B. 出口成本价格

C. 出口外汇净收入   D. 出口商品换汇成本

5. 某出口公司对外报价为 CIF 价 1 000 美元，外商要求改报 FOB 价，假设保险费率为 0.85%，运费为 60 美元，则出口公司应报价（   ）。

A. 930.65 美元   B. 990.65 美元   C. 903.65 美元   D. 935 美元

6. 某商品出口总成本为 14 000 元人民币，出口后外汇净收入为 2 000 美元，如果中国银行的外汇牌价为 100 美元换 830 元人民币，则出口商品盈亏率为（   ）。

A. 18.50%   B. 18.57%   C. 18.60%   D. 18.65%

7. 某出口公司对外报价为 CIF 价 150 美元，外商要求改报 CIFC 5% 价，我方应报价（　　）。

  A. 157.0 美元   B. 157.4 美元   C. 157.8 美元   D. 157.9 美元

二、计算题

1. 某公司以每公吨 1 000 美元 CIF 价出口商品，已知该笔业务每公吨需要支付国际运输费用 100 美元，保险费率为 0.1%，国内商品采购价格为 5 000 元人民币，其他商品管理费为 500 元。试计算该笔业务的出口商品盈亏率和出口商品换汇成本。（汇率为 1∶8.25）

2. 某公司进口原材料 FOB 价为 1 000 元，经过加工后出口 CIF 价为 1 700 元，假设进口和出口的运费均为 50 元，进口和出口的保险费率均为 0.1%。试求外汇增值率。

3. 中国 A 公司某商品对外报价为每箱 USD 100 CIFC 5% 伦敦，英方要求改报 FOBC 5% 天津新港。已知每箱货物运费为 10 美元，投保加一成，保险费率是 0.5%。A 公司应如何改报？

三、实训题

下列是某出口公司的出口报价，请判断是否有误，如有错误请予更正。

(1)每码 3.5 元 CIFC 香港。

(2)每箱 100 英镑 CFR 英国。

(3)每打 6 美元 FOB 纽约。

(4)每双 18 瑞士法郎 FOB 净价减 1% 折扣。

(5)2 000 日元 CIF 大连包括 3% 佣金。

第五章　国际货物运输

【学习重点及目标】
1. 了解国际货物运输的方式。
2. 掌握国际货物运输的实务操作。

第一节　国际货物运输的方式

一、海洋运输

海洋运输，又称国际海上货物运输，是指利用商船在国际港口之间通过一定的航区和航线进行货物运输的一种方式，是国际贸易中历史悠久且重要的运输方式。

按照船舶经营方式的不同，海洋运输可分为班轮运输（Liner Transport）和租船运输（Tramp Shipping）。

（一）班轮运输

班轮运输，又称定期船运输，是按照固定航行时间表，沿固定航线，停靠固定港口，收取相对固定运费的运输船舶。

1. **班轮运输的特点**

班轮运输是国际航运中的一种主要货物运输方式。班轮运输的特点主要有以下四点：一是"四固定"，即固定的船期表（Sailing Schedule）、固定的航线、固定的港口和固定的运费率。船方出租的舱位一般是部分舱位，因此，凡是班轮固定停靠的港口，不论货物数量是多少，一般都可承运，即承运货物的数量比较灵活。二是"一负责"，即由船方负责配载装卸，装卸费包含在运费中，货方不再另付装卸费，而且船、货双方不计算滞期费和速遣费。三是船、货双方的权利、义务与责任豁免，以船方签发的提单条款为依据。船方或其代理人签发的班轮提单是承运人与托运人之间订立的运输契约的证明，船方与货主的权利、义务是以班轮提单为依据的。四是班轮承运货物的品种灵活，货运品质较有保证，且一般在码头仓库交接货物，故为卖方提供了便利的条件。

由此可见，利用班轮运载国际贸易货物是十分灵活和方便的，尤其更适合成交数量少、分运批次多、交货港口分散的货物。

2. **班轮运费的计收依据和标准**

班轮运费按照班轮运价表（Liner's Freight Tariff）的规定计算。班轮运价表一般包括货物分级表、各航线费率表、附加费率表、冷藏货及活牲畜费率表。其将货物分为 20 个等级，等级越高，费率越高。班轮运费包括基本运费和附加运费。基本运费是指货物从装运港到卸货港所应收取的基本运费，是构成全程运费的主要部分；附加运费是指对一些需要特殊处理的货物，或者由于突然事件发生或客观情况变化需另外加收的费用。

（1）基本运费。

①按货物毛重计收，即重量吨（Weight Ton）。以 1 公吨、1 长吨还是 1 短吨为单位，视船公司采用公制、英制还是美制而定。在班轮运价表的货物名称后面用"W"表示按货物毛重计收基本运费。

②按货物的体积/容积计收，即尺码吨（Measurement Ton）。1 尺码吨一般将 1 立方米或 40 立方英尺（约 1.1327 立方米）作为计算单位。少数船公司以 50 立方英尺为 1 尺码吨。在班轮运价表的货物名称后面用"M"表示按尺码吨计收基本费用。

③按毛重或体积计收，即在重量吨或尺码吨中，由船公司选择其中收费较高的作为计费吨，在班轮运价表中以"W/M"表示。

④按商品价格计收，即按货物在装运地 FOB 货价收费的百分比收取运费，一般不超过 5%，俗称从价运费。从价运费在班轮运价表中以"A. V."或"Ad. Val"表示。通常承运黄金、白银、宝石等贵重货物时才按从价运费计收。

⑤在货物重量（毛重）、尺码（体积）或商品价格三者中选择最高的一种计收，在运价表中以"W/M or Ad. Val"表示。

⑥在货物重量（毛重）和尺码（体积）中选择高者，再加上从价运费计算，在班轮运价表中用"W/M Plus Ad. Val"表示。

⑦以每件货物为一个计费单位收费，如活牲畜按"每头"（Per Head），车辆按"每辆"（Per Unit）收费。

⑧临时议定价格，即由货主和船公司临时协商议定。通常适用于低价值货物。

（2）附加运费。

附加运费名目繁多，一般有以下 10 种：

①超重附加费（Extra Charges on Heavy Lifts）。

②超长附加费（Extra Charges on Over Lengths）。

③选卸附加费（Additional on Optional Discharging Port）。

④直航附加费（Additional on Direct）。

⑤转船附加费（Transshipment Surcharge）。

⑥港口附加费（Port Surcharge）。

⑦燃料附加费（Bunker Surcharge or Bunker Adjustment Factor，BAF）。

⑧选港附加费(Optional Fees)。

⑨变更卸货港附加费(Alternation of Destination Charge)。

⑩绕航附加费(Deviation Surcharge)。

除上述各项附加运费外,还有洗舱费(Cleaning Charges)、熏蒸费(Fumigation Charges)、货币贬值附加费(Currency Adjustment Factor,CAF)和冰冻附加费(Ice Surcharge)等。

3. 班轮运费的计算办法

(1)选择相关的船公司运价表。

(2)根据货物名称,在货物分级表中查出相应的运费计算标准(Basis)和等级(Class)。

(3)在等级费率表的基本费率部分找到相应的航线、启运港和目的港,按等级查出基本运价。

(4)从附加运费部分查出所有应收(付)的附加费项目和数额(或百分比)及货币种类。

(5)根据基本运费和附加运费算出实际运价。

(6)总运费=实际运价×运费吨。

【例 5-1】某企业出口柴油机一批,一共 15 箱,总毛重为 5.65 公吨,总体积为 10.676 立方米,由青岛装中国远洋运输公司(COSCO)的轮船,经中国香港转船运到苏丹港。计算企业应支付给船公司的运费。

(二)租船运输

租船运输又称不定期船运输,主要特点:没有预定的船期表,航线和停靠的港口不固定;具体事宜由租船双方协商,包括航线、停靠港口、运输货物的种类、航行时间、运费和租金等。

1. 租船运输的方式

(1)定程租船(Voyage Charter),又称程租船或航次租船,是指由船舶所有人负责提供船舶,在指定港口之间进行一个航次或数个航次来承运指定货物的租船运输。根据租赁方式不同,可分为单程租船(又称单航次租船)、来回航次租船、连续航次租船和包运合同。

定程租船的特点是船方根据租船合同(Charter Party)规定的船程,负责将货物运至目的港,并承担船舶的经营管理和一切开支。租船运费一般根据船级吨位和租船市场的运费行市等条件,在租船合同中做具体规定。规定计算运费的方法有按装货吨数计算,按卸货吨数计算,按包干运费、包价支付三种。

(2)定期租船(Time Charter),又称期租船,是指由船舶所有人将船舶出租给承租人，供其使用一定时间的租船运输。承租人也可将此期租船充作班轮或程租船使用。

其中，定程租船与定期租船有以下几种不同之处。一是定程租船是按航程租船，而定期租船是按期限租赁船舶。二是定程租船的船方负责船舶的经营管理，承担船舶航行、驾驶和管理的一切费用，并负责对货物的运输；而定期租船的船方只对船舶的维护、修理、机器正常运转和船员工资与给养负责，由租船方负责船舶的调度、货物运输、船舶在租期内的营运管理和日常开支，如船用燃料、港口费、税捐以及货物装卸、搬运、理舱、平舱等费用。三是定程租船的租金或运费一般按装运货物的数量计算，也有按航次包租总金额计算的；而定期租船的租金一般是按租期每月每吨若干金额计算。四是采用定程租船时要规定装卸期限和装卸率，凭此计算滞期费和速遣费；而采用定期租船时，船、租双方不规定装卸率、滞期费和速遣费。

(3)光船租船(Bareboat Charter)，是指船舶所有人将船舶出租给承租人使用一段时间，但船舶所有人所提供的船舶是一艘空船，既无船长，又未配备船员，需要承租人自己任命船长、船员，支付船员的给养和船舶劳动管理所需的一切费用。光船租船实际上属于单纯的财产租赁，与上述定期租船有所不同。这种租船方式在当前国际贸易中很少使用。

2. 定程租船的运费

(1)定程租船运费的计算。定程租船运费的计算方式与支付时间，需由租船人与船东在所签订的程租船合同中明确规定。其计算方式主要有以下两种：一种是按运费率(Rate Freight)，即规定每单位重量或单位体积的运费额，同时规定按装船时的货物重量(Intaken Quantity)或按卸船时的货物重量(Delivered Quantity)来计算总运费；另一种是整船包价(Lump Sum Freight)，即船东保证船舶能提供一定的载货重量和容积，而不管租方实际装货多少，一律照整船包价付费。

(2)定程租船的装卸费。在使用定程租船运输时，有关货物的装卸费由租船人和船东协商确定后，在定程租船合同中作出具体规定。其具体做法主要有以下四种：一是船方负担装货费和卸货费，又可称为"班轮条件"(Gross Terms、Liner Terms 或 Berth Terms)，即船、货双方以船边划分费用，多用于木材和包装货物的运输；二是船方管装不管卸(Free Out，FO)，即船方负担装货费，而不负担卸货费；三是船方管卸不管装(Free In，FI)，即船方负担卸货费，而不负担装货费；四是船方装和卸均不管(Free In and Out，FIO)，即船方既不负担装货费，也不负担卸货费，一般适用于散装货。

二、铁路运输

铁路运输(Railway Transport)是一种仅次于海洋运输的主要运输方式。海洋运输的进出口货物，也大多靠铁路运输进行货物的集中和分散。铁路运输有以下优点：一般不受气候条件的影响，可保障全年正常运输；运量较大，速度较快，具有高度的连续性；办理铁路货运手续比海洋运输简单，而且发货人和收货人可以在就近的始发站（装运站）、目的站办理托运与提货手续。铁路运输分为国际铁路货物联运和国内铁路货物运输两种。

(一)国际铁路货物联运

使用一份统一的国际联运票据，由铁路部门负责经过两国或两国以上铁路的全程运送，并由一国铁路向另一国铁路移交货物时，不需发货人和收货人参加，这种运输方式称为国际铁路货物联运。

(1)1890年，由欧洲各国在瑞士首都伯尔尼制定了《国际铁路货物运输规则》。1938年，该规则经修订，更名为《国际铁路货物运输公约》(International Convention Concerning the Carriage of Goods by Rail)。1980年，该公约经重新修订，更名为《国际铁路运输公约》(Convention Concerning International Carriage by Rail)(简称《国际货约》)。

(2)2017年4月20日，中国、白俄罗斯、德国、哈萨克斯坦、蒙古、波兰、俄罗斯七国铁路部门签署了《关于深化中欧班列合作协议》。这是中国铁路部门第一次与"一带一路"沿线国家铁路部门签署有关中欧班列开行方面的合作协议。

(二)国内铁路货物运输

国内铁路货物运输是指仅在我国按《铁路货物运输规程》(简称《货规》)办理的货物运输。我国出口货物经铁路运至港口装船，以及进口货物卸船后经铁路运往我国各地，均属国内铁路货物运输的范畴。

供应港、澳地区的物资经铁路运往香港九龙，也属于国内铁路货物运输的范畴。对港铁路货物运输是由国内段铁路货物运输和港段铁路货物运输两部分构成的。

三、航空运输

航空运输(Air Transport)，简称空运，是一种现代化运输方式，它与海洋运输、铁路运输相比，具有运输速度快、货运品质高且不受地面条件限制等优点。因此，它最适宜运送急需物资、鲜活商品、精密仪器和贵重物品。

(一)国际空运货物的运输方式

目前，在我国进出口商品中，进口采用空运的主要有计算机、成套设备中的精密部件、电子产品等；出口采用空运的货物主要有丝绸、纺织品、海产品、水果和蔬菜等。采用空运的进出口商品，按不同需要主要有以下几种运输方式。

1. 班机运输

班机运输(Scheduled Airline)是指在固定时间、固定航线、固定始发站和目的站运输。通常班机运输使用客货混合型飞机。一些大型航空公司也开辟了定期全货机航班。班机具有定时、定航线、定站等特点，因此，适用于运送急需物品、鲜活商品及节令性商品。

2. 包机运输

包机运输(Chartered Carrier)是指包租整架飞机或由几个发货人(或航空货运代理公司)联合包租一架飞机来运送货物。因此，包机运输又分为整包机和部分包机两种形式，前者适用于运送数量较大的商品，而后者适用于有多个发货人但货物到达站是同一地点的货物运输。

3. 集中托运

集中托运(Consolidation)是指航空货运公司把若干单独发运的货物(每个货主的货物要出具一份航空运单)组成一整批货物，用一份总运单(附分运单)整批发运到预定目的地，由航空公司在目的地的代理人收货、报送、分拨后交给实际收货人。

4. 航空急件传送

航空急件传送(Air Express Service)是目前国际航空运输中最快捷的运输方式，又称桌到桌运输(Desk to Desk Service)。它不同于航空邮寄和航空货运，是由一个专门经营此项业务的机构与航空公司密切合作，设专人用最快的速度在货主、机场、收件人之间传送急件，特别适用于急需的药品、医疗器械、贵重物品、图纸资料、货样及单证等的传送。

(二)航空运输的承运人

1. 航空运输公司

航空运输公司是航空货物运输业务的实际承运人，负责办理从启运机场至到达机场的运输，并对全程运输负责。

2. 航空货运代理公司

航空货运代理公司既可以是货主的代理，负责办理航空货物运输订舱，在始发机场和到达机场交货、接货与进出口报送等事宜；也可以是航空公司的代理，办理接货并以航空承运人身份签发航空运单，对运输过程负责。

中国对外贸易运输总公司既是中国民航的代理，也是我国各进出口公司的货运代理，它履行航空货运代理公司的职责。中国对外贸易运输总公司同世界许多国家和地区的货运代理公司建立了航空货运代理业务。

（三）航空运价

航空运价是指从启运机场至目的机场的运价，不包括其他额外费用（如提货、仓储费等）。运价一般是按重量（千克）或体积重量（6 000 立方厘米折合 1 千克）计算的，而且以两者中高者为准。航空运输按一般货物、特种货物和货物等级规定运价标准。

四、集装箱运输和国际多式联运

（一）集装箱运输

集装箱运输（Container Transport）是以集装箱为运输单位进行货物运输的一种现代化运输方式，它适用于海洋运输、铁路运输及国际多式联运等。

国际标准化组织为统一集装箱的规格，推荐了三个系列 13 种规格的集装箱。在国际航运上运用的主要为 20 英尺和 40 英尺两种，即 1C 型 $8' \times 8' \times 20'$ 和 1A 型 $8' \times 8' \times 40'$。为了适应运输各类货物的需要，通用的集装箱除干货集装箱外，还有罐式集装箱、冷藏集装箱、框架集装箱、平台集装箱、通风集装箱、牲畜集装箱、散装集装箱和挂式集装箱等种类。

为了便于统计集装箱运输的货运量，目前国际上都以 20 英尺集装箱作为衡量单位，用 TEU（Twenty Foot Equivalent Unit）表示，意即"相当于 20 英尺单位"。在统计不同型号的集装箱时，按集装箱的长度换算成 20 英尺单位（TEU）加以计算。

1. 集装箱运输货物的交接

集装箱运输货物，分为整箱货（Full Container Load，FCL）和拼箱货（Less Than Container Load，LCL）。

集装箱的交接方式：堆场到堆场，即发货人整箱交货，收货人整箱接货；由货运站到货运站，即发货人拼箱交货，收货人拼箱接货。此外，集装箱运输亦可实现"门到门"（Door to Door）的运输服务，即承运人在发货人工厂或仓库接货，在收货人工厂或仓库交货。

2. 集装箱海运运费

集装箱海运运费是由船舶运费和一些有关杂费组成的。目前，有下列两种计费方法：一是按件杂货基本费率加附加费，即按照传统的按件杂货计算方法，以每运费吨为计算单位，再加收一定的附加费；二是按包箱费率，即以每个集装箱为计费单位。包箱费率视船公司和航线等不同因素而有所不同。

（二）国际多式联运

国际多式联运（International Multimodal Transport 或 International Combined

Transport)在美国被称为"联合运输"(International Intermodal Transport),是指在集装箱运输的基础上产生和发展起来的一种综合性连续运输方式。

构成国际多式联运的条件有 4 个:一是必须有一个多式联运合同(Multimodal Transport Contract),且合同中明确规定多式联运经营人和托运人之间的权利、义务、责任与豁免;二是必须使用一份包括全程的多式联运单据;三是必须至少使用两种不同运输方式连贯运输;四是必须由一个多式联运经营人对全程运输负总的责任,且全程运费率统一。

开展国际多式联运是实现"门到门"运输的有效途径。它简化了手续,减少了中间环节,加快了货运速度,降低了运输成本,并提高了货运质量。货物的交接地点也可以做到门到门、门到港站、港站到港站、港站到门等。

五、大陆桥运输

大陆桥运输(Land Bridge Transport)是指将横贯大陆的铁路(公路)运输系统作为中间桥梁,把大陆两端的海洋连接起来的集装箱连贯运输方式。大陆桥运输是集装箱运输时代的产物,始于 1967 年,发展到现在已形成西伯利亚大陆桥、亚欧大陆桥和北美大陆桥运输路线。

1. 西伯利亚大陆桥

西伯利亚大陆桥以俄罗斯西伯利亚铁路为桥梁,将太平洋远东地区与波罗的海和黑海沿岸及西欧大西洋口岸连接起来。这是世界上最长的运输陆桥。

2. 亚欧大陆桥

亚欧大陆桥于 1992 年投入运营。它东起我国连云港,经陇海线、兰新线,接北疆铁路,出阿拉山口,最终抵达荷兰鹿特丹、阿姆斯特丹等西欧主要港口。

3. 北美大陆桥

北美大陆桥包括两条路线:一条是从西部太平洋口岸至东部大西洋口岸的铁路(公路)运输系统;另一条是西部太平洋口岸至南部墨西哥湾口岸的铁路(公路)运输系统。

国际贸易货物使用大陆桥运输可享受运费低廉、运输时间短、货损差率小、手续简便等优势。大陆桥运输是一种经济、迅速、高效的现代化运输方式。

六、邮政运输

邮政运输(Parcel Post Transport)是一种较简便的运输方式。各国邮政部门之间订有协定和公约,通过这些协定和公约,各国的邮件包裹可以互相传递,从而形成国际邮包运输网。

国际邮政运输具有国际多式联运和"门到门"运输的性质,托运人只需按邮局章程进行托运,一次付清足额邮资,取得邮政包裹收据(Parcel Post Receipt),交货手续即告完成。邮件在国际传递中由各国的邮政部门办理，邮件到达目的地后，收件人可凭邮局到件通知向邮局提取。因此，邮政运输适用于重量轻、体积小的货物传递。

七、其他运输方式

(一)公路运输

公路运输(Road Transportation)是一种现代化运输方式。它不仅可以直接运进或运出对外贸易货物，而且是车站、港口和机场集散进出口货物的重要手段。

公路运输具有机动灵活、速度快和方便等特点，尤其是在实现"门到门"运输中，更离不开公路运输。但公路运输也有一定的不足之处，如载货量有限、运输成本高及容易造成货损事故等。

(二)内河运输

内河运输(Inland Water Transportation)是水上运输的重要组成部分。它是连接内陆腹地与沿海地区的纽带，在运输和集散进出口货物中起着重要作用。

我国拥有四通八达的内河航运网。长江、珠江等主要河流中的一些港口已对外开放，它们同一些邻国和国际河流相通，为我国进出口货物提供了十分有利的条件。

(三)管道运输

管道运输(Pipeline Transportation)是一种特殊的运输方式。它是货物在管道内借助高压气泵的压力输往目的地的一种运输方式，主要适用于运输液体和气体货物。它具有固定投资大、建成后运输成本低的特点。

管道运输在美国、欧洲的许多国家及石油输出国组织(Organization of the Petroleum Exporting Countries，OPEC)的石油运输方面起积极的作用。我国管道运输起步较晚，但随着石油工业的发展，石油管道也迅速发展起来。迄今，我国不少油田均有管道直通海港。我国至朝鲜也早已敷设管道，向朝鲜出口的石油主要通过管道运输。

第二节　装运条款

一、装运时间

装运时间(Time of Shipment)又称装运期，是指卖方将合同规定的货物装上运输工具或交给承运人的期限。装运时间是国际货物买卖合同的主要交易条款，卖方必须严格按规定时间交付货物，不得任意提前和延迟。否则，如造成违约，则买方有权拒收货物，解除合同，并要求损害赔偿。

(一)装运时间的规定方法

1. 规定明确、具体的装运时间

(1)某个月份交货，如"7月装运"(Shipment During Jul.)。

(2)跨月交货，如"7/8/9月装运"(Shipment During Jul. Aug. Sep.)。

(3)规定最迟期限，如"装运期不迟于7月31日"(Shipment Not Later Than Jul. 31st)、"9月底或以前装运"(Shipment On or Before the End of Sep.)。此种规定方法明确、具体，使用较为广泛。

2. 规定收到信用证后若干天装运

比如，规定"收到信用证后30天内装运"。为了防止买方不按时开证，一般还规定"买方必须不迟于某月某日将信用证开到卖方"的限制性条款。

3. 规定近期装运术语(尽量避免)

比如，规定"立即装运"(Immediate Shipment)、"即期装运"(Prompt Shipment)、"尽快装运"(Shipment as Possible)等。这些术语在各国、各行业中解释不一，不宜使用。

(二)规定装运时间应注意的问题

(1)装运时间的规定要明确具体，装运期限应当适度。海运装运期限的长短，应视不同商品和租船订舱的实际情况而定。

(2)注意货源情况、商品的性质和特点以及交货的季节性等。

(3)应结合考虑交货港、目的港的特殊季节因素。

(4)在规定装运期的同时，应考虑开证日期的规定是否明确合理。

二、装运港(地)和目的港(地)

装运港(Port of Shipment)是指货物起始装运的港口。装运港(地)一般由卖方提出，经买方同意后确认。目的港(Port of Destination)是指最终卸货的港口。目的港(地)一般由买方提出，经卖方同意后确认。

(一)装运港(地)和目的港(地)的规定方法

(1)装运港和目的港分别规定各为一个。比如，"装运港：上海"(Port of Shipment：Shanghai)；"目的港：伦敦"(Port of Destination：London)。

(2)规定两个或两个以上的装运港或目的港。

比如,"装运港:大连/青岛/上海"(Port of Shipment:Dalian/Qingdao/Shanghai);"目的港:伦敦/利物浦"(Port of Destination:London/Liverpool)。

(3)采用选择港(Optional Ports),一般用于明确规定港口有困难的情况。规定选择港有两种方式:一种是在两个或两个以上港口中选择一个,如 CIF 伦敦选择港汉堡或鹿特丹(CIF London Optional Hamburg/Rotterdam);另一种是笼统规定某一航区为装运港或目的港,如欧洲主要港口(European Main Port,EMP),即最后交货时选择其中的一个主要港口为目的港。

(二)约定装运港(地)和目的港(地)的注意事项

1. 针对国外港口的注意事项

(1)对国外装运港或目的港的规定,应力求具体明确。一般不接受"欧洲主要港口"(European Main Ports,EMP)或"非洲主要港口"(African Main Ports,AMP)等笼统的规定方法。

(2)不能接受以内陆城市为装运港或目的港的条件。对于内陆国家贸易而采用 CIF 或 CFR 术语的,一般应选择距离该国最近且能够安排船舶的港口为目的港。在采用多式联运的情况下,除非联运承运人能够接受全程运输,否则一般不接受以内陆城市为目的地。

(3)必须注意装卸港的具体条件。装卸港的具体条件主要包括有无直达班轮航线、港口、装卸条件以及运费和附加费水平等。

(4)应注意国外港口有无重名问题。世界各国港口重名的很多,例如,维多利亚港在世界上有十几个。因此,为了防止误解而发生错装错运,对于重名的港口或城市应加注国名,对于同名的港口或城市,在同一国家的,还须加注其在所在国的区位。

(5)若采用选择港口规定,要注意选择港口不宜太多,一般不超过 3 个,而且必须位于同一航区、同一条航线上。在合同中应明确规定,若所选目的港导致运费、附加费增加,应由买方负担,同时,合同还要规定买方宣布最后目的港的时间。

2. 针对国内港口的注意事项

在出口业务中,对国内装运港的规定,一般以接近货源地的对外贸易港口为宜。同时,考虑港口和国内运输的条件与费用水平。在进口业务中,对国内目的港的规定,原则上应选择接近用货单位或消费地区的对外贸易港口。根据我国目前港口的条件,为了避免港口到船集中而造成堵塞现象,或者签约时目的港尚未确定,在进口合同中也可酌情规定为"中国口岸"。

三、分批装运和转运

分批装运(Partial Shipment)和转运(Transshipment)都直接关系到买卖双方的利益，因此，买卖双方应根据需要和可能在合同中作出具体规定。一般来说，合同中如果规定允许分批装运和转运，那么就对卖方交货比较友好。

(一)分批装运

分批装运又可称为分期装运(Shipment by Installments)，是指一个合同项下的货物分成若干批(期)装运。对于大宗货物交易或受货源、运输、市场销售和资金的条件限制的交易，有必要分期分批装运。

根据 UCP 600 第 40 条的规定，除非信用证另有规定，否则允许分批支款及/或分批装运。运输单据上表面注明货物是使用同一运输工具并经同一路线运输的，即使每套运输单据注明的装运日期不同及/或装运港、接受监管地、发运地不同，只要运输单据注明的目的地相同，不视为分批装运。为了避免争议，除非买方反对，否则出口合同中原则上应明确规定"允许分批装运"(Partial Shipment to be Allowed)。规定允许分批装运的方法主要有两种：一是只规定允许分批装运，对于分批的时间、批次和数量均不作规定；二是在规定分批装运条款时，具体列明分批的期限和数量。前者对卖方比较主动，可根据客观条件和业务需要灵活掌握；后者对卖方的约束较大。

信用证规定在指定不同期限内分期支款及/或分期装运，如果其中任何一期未按信用证所规定的期限支款及/或装运，那么信用证对该期及以后各期均失效，但信用证另有规定者除外。

【例 5-2】某出口公司与外商签订了销售合同，合同中规定，"6月、7月分两批平均装运"。该出口公司于 5 月 12 日收到外商开来的信用证，其规定："装运期不迟于 7 月 31 日。"该出口公司货物早已全部备好，鉴于信用证中并没有规定必须分期装运，因此便于 6 月 10 日一次装船并运出。该出口公司的这种做法是否妥当？为什么？

(二)转运

卖方在交货时，如果驶往目的港没有直达船或船期不定或航次间隔时间太长，那么为了便于装运，应在合同中订明"允许转船"(Transshipment to be Allowed)，即转运。

UCP 600 对转运作了如下规定：

(1)海运情况下的转运是指在装货港和卸货港之间的海运过程中，货物从一艘船卸下再装上另一艘船的运输行为。

(2)空运情况下的转运是指从起运机场至目的机场的运输过程中，货物从一架飞机上卸下再装上另一架飞机的运输行为。

（3）公路、铁路、内河运输情况下的转运则有所不同，是指在装运地到目的地之间用不同的运输方式运输的过程中，货物从一种运输工具上卸下再装上另一种运输工具的运输行为。

（4）除非信用证另有限制转运的规定，否则可视为允许转运。但是为了明确责任和便于安排装运，买卖双方是否同意转运，以及有关转运的办法和转运费的负担等问题，应在合同中订明。

（三）合同中的分批装运和转运条款

国际货物买卖合同中的装运条款通常包括交货时间、是否允许分批装运和转运，以及分批装运和转运的方式、方法、地点等内容。以下是常用的出口合同中的装运条款示例：

（1）10/11/12 月装运，允许分批和转运（Shipment During Oct. Nov. Dec.，with Partial Shipments and Transshipment Allowed）。

（2）3/4 月两次装运，禁止转运（During Mar. Apr. in Two Shipments，Transshipment is Prohibited）。

（3）11/12 月分两次平均装运（During Nov. Dec. in Two Equal Monthly Shipments）。

（4）2000 年 1/2 月分两批大约平均装运（Shipment During Jan. Feb. 2000 in Two about Equal Lots）。

（5）3 月装 500 公吨；4 月装 750 公吨；5 月装 1 000 公吨（During Mar. 500 Metric Tons；During Apr. 750 Metric Tons；During May. 1 000 Metric Tons）。

四、装运通知

装运通知（Advice of Shipment）是指在买卖双方交接货物的整个过程中，为了能够使车、船、货很好地衔接，办理货运保险手续等，双方进行的互相通知的行为。卖方装船后，应根据实际业务需要，在约定时间内将合同号码和所装载的货物名称、数量、发票金额、船名、装船日期等项内容通知买方，尤其是以 FOB、CFR 术语成交时，需买方办理投保手续，卖方应及时发出货物装运情况的通知，以防止买方漏保，同时，方便买方提前为接卸货物、报关做好准备。

五、滞期、速遣条款

在定程租船运输情况下，装货和卸货的速度快（慢），可减少（增加）船方的港口费用开支，提高（降低）船舶使用周转率。因此，在租船合同和货物买卖合同中都要对装货和卸货的时间及装卸率进行具体规定。超出规定的时间称"滞期"，提前装卸完毕称

"速遣"。滞期时，装船人和卸船人要受到处罚，须向船方支付"滞期费"(Demurrage)；速遣时，船方要对装船人和卸船人给予奖励，由船方向其支付"速遣费"(Dispatch Money)。

第三节 运输单据

运输单据是承运人收到承运货物后，签发给托运人的证明文件。它是交接货物、处理索赔与理赔，以及向银行结算货款或进行议付的重要单据。

一、海运提单

(一)海运提单的性质和作用

海运提单(Ocean Bill of Lading，B/L)，简称提单，是指由船长或船公司或其代理人签发的，证明已收到特定货物，允诺将货物运到特定目的地并交付给收货人的凭证。

1. **货物收据**

提单是承运人或其代理人签发给托运人的货物收据，证明承运人已收到或接管提单上所列的货物。

2. **物权凭证**

提单是代表货物所有权的凭证，在法律上具有物权证书的作用。船货抵达目的港后，提单的合法持有人可以凭提单在目的港向轮船公司提取货物。提单可以通过背书(有偿)转让。

3. **运输契约的证明**

提单是承运人与托运人之间订立运输契约的证明。提单条款明确规定了承、托双方之间的权利和义务、责任与豁免，是处理承运人与托运人之间争议的法律依据。

(二)海运提单的签发

提单一般由承运人、承运人的代理人或船长签发。签发地点可表明装运港，签发日期可表明装运时间(日期)。

提单分正本提单和副本提单。正本提单一般是一式三份，以防提单遗失、被窃、迟延到达或在传递过程中发生意外事故造成灭失。各份正本提单的效力相同，都可提货，但其中任何一份提货后，其余各份均告失效。副本提单不具备法律效力，不能用来提货，但它是装运港、中转港及目的港代理人和载货船舶的重要货运补充文件，可以补充舱单上不足的内容和项目(后文将详述)。

(三)海运提单的格式和内容

海运提单包括班轮提单和租船提单两种。班轮提单的正面列有托运人和承运人分别填写的有关货物与运费等记载事项,背面印有承运人与托运人、承运人与收货人之间的权利、义务与责任豁免条款。租船提单仅在提单正面列有简单的记载事项,并标明"一切条件、条款和免责事项按照某年某月某日的租船合同办理",而提单背面则无印就的条款。

1. 海运提单的正面条款

(1)托运人(Shipper);

(2)收货人(Consignee);

(3)被通知人(Notify Party);

(4)收货地或装货港(Place of Receipt or Port of Loading);

(5)目的地或卸货港(Destination or Port of Discharge);

(6)船名及航次(Vessel's Name & Voyage No.);

(7)唛头(Marks & Nos.);

(8)货名及件数(Name of Commodity & No. of Package);

(9)重量和体积(Weight & Measurement);

(10)运费预付或运费到付(Freight Prepaid or Freight to Collect);

(11)正本提单的份数(No. of Original B/L);

(12)船公司或其代理人的签名(Name & Signature of the Carrier);

(13)签发提单的地点及日期(Place & Date of Issue)。

2. 海运提单的背面条款

在海运提单背面通常都印就运输条款。这些条款是确定承运人与托运人之间,承运人与收货人以及提单持有人之间的权利和义务的主要依据。

(四)海运提单的种类

1. 按是否已装船划分

(1)已装船提单(On Board B/L,Shipped B/L),是指承运人已将货物装上指定船舶后所签发的提单。其特点是提单必须以文字表明货物已装在某条船上,并写有装船日期,同时还应由船长或其代理人签字。根据 UCP 600 的规定,如果信用证要求海运提单作为运输单据,银行将接受注明货物已装船或已装指名船舶的提单。在国际贸易中,一般要求卖方提供已装船提单。

(2)备运提单(Received for Shipment B/L),又称收讫待运提单,是指承运人已收到托运货物等待装运期间所签发的提单。在签发备运提单的情况下,发货人可在货物装船后凭此调换已装船提单，备运提单也可以经承运人或承运人代理人在其上批注货物已装上某具船舶及装船日期，并经签署后成为已装船提单。

2. 按提单上对货物外表状况有无不良批注划分

(1)清洁提单(Clean B/L)，是指货物在装船时"表面状况良好"，承运人在提单上未加注任何有关货物受损或包装不良等批注的提单。根据 UCP 600 的规定，除非信用证中明确规定可以接受的条款或批注，否则银行只接受清洁提单。清洁提单也是提单转让时必备的条件。

(2)不清洁提单(Unclean B/L，Foul B/L)，是指承运人在提单上对货物表面状况或包装有不良或存在缺陷等批注的提单。例如，提单上批注"×件损坏""铁条松散"等。船只公司对货物进行批注是为了交货时明确责任。

3. 按提单收货人抬头不同划分

(1)记名提单(Straight B/L)，是指提单上的收货人栏内填明特定收货人名称的提单。由于这种提单不能通过背书方式转让给第三方，不能流通，故其在国际贸易中很少使用。

(2)不记名提单(Bearer B/L)，是指提单上的收货人栏内没有任何收货人，只注明"提单持有人"(Bearer)字样或空缺的提单。使用不记名提单时，谁持有提单，谁就可以提货，承运人交货只凭单，不凭人。

(3)指示提单(Order B/L)，是指在提单上收货人栏内填写"凭指示"(To Order)或"凭某某人指示"(To Order of…)字样的提单。这种提单可经过背书转让，故在国际贸易中被广泛使用。

4. 按运输方式不同划分

(1)直达提单(Direct B/L)，是指轮船中途不经过换船，而驶往目的港所签发的提单。凡合同和信用证规定不准转船者，必须使用直达提单。

(2)转船提单(Transshipment B/L)，是指从装运港装货的轮船，不直接驶往目的港，而是将货物在中途换装另外船舶所签发的提单。在这种提单上要注明"转船"或"在××港转船"字样。

(3)联运提单(Through B/L)，是指在海运和其他运输方式联合运输时，由第一程承运人签发的包括全程运输的提单。通常由第一承运人签发联运提单，并计收全程运费、办理转运手续。各承运人只承担其负责运输的一段航程内的货损责任。

5. 按船舶营运方式不同划分

(1)班轮提单(Liner B/L)，是指由班轮公司承运货物后所签发给托运人的提单(具体内容见前文)。

(2)租船提单(Charter Party B/L)，是指承运人根据租船合同而签发的提单。如前文所述，这种提单会标明"一切条件、条款和免责事项按照某年某月某日的租船合同办理"或批注"根据××租船合同出立"字样。这种提单受租船合同条款的约束。银行或买方在接受这种提单时，通常要求卖方提供租船合同的副本。

6. 按提单内容的繁简划分

(1)全式提单(Long Form B/L)，是指既有提单正面条款又有提单背面条款的提单。提单背面条款一般详细规定了承运人与托运人的权利和义务。

(2)简式提单或略式提单(Short Form B/L)，是指仅有提单正面条款，而没有提单背面条款的提单。此种提单一般都标明有"本提单货物的收受、保管、运输和运费等项，均按本公司提单上的条款办理"字样。

7. 按提单使用效力划分

(1)正本提单(Original B/L)，是指提单上有承运人、船长或其代理人签字盖章，并注明签发日期的提单。这种提单在法律和商业上都是公认有效的单证。提单上必须标明"正本"(Original)字样。正本提单一般签发一式两份或三份，凭其中任何一份提货后，其余作废。

(2)副本提单(Copy B/L)，是指提单上没有承运人、船长或其代理人签字盖章，仅供工作参考之用的提单。在副本提单上一般都有"Copy"(副本)或"Non-negotiable"(不作流通转让)字样，以示与正本提单有别。

8. 其他种类的提单

(1)集装箱提单(Container B/L)，是指由负责集装箱运输的经营人或其代理人，在收到货物后，签发给托运人的提单。其包括集装箱联运提单(Combined Transport B/L，CTB/L)及多式联运单据(Multimodal Transport Document，MTD)等。

(2)舱面提单(On Deck B/L)，是指承运货物装在船舶甲板上签发的提单，故又称为甲板提单。根据 UCP 600 的规定，除非信用证另有约定，否则银行不接受甲板提单。

(3)过期提单(Stale B/L)，是指超过货物装船日期后一定期限的提单。其主要包括四种：一是过了装运期的提单；二是过了银行规定的交单议付日期的提单；三是晚于货物到达目的港的提单，常见于近洋运输，故在近洋国家间的贸易合同中，一般都订有"过期提单可以接受"的条款；四是超过提单签发日期后 21 天才到银行议付的提单。按 UCP 600 的规定，如信用证无特殊规定，银行将拒绝接受迟于提单装运日期 21 天才到银行议付的提单。

(4)倒签提单(Anti-dated B/L)，是指承运人应托运人的要求，签发提单的日期早于实际装船日期的提单。

(5)预借提单(Advanced B/L)，是指由于信用证规定的结汇日期已到，而货主因故未能及时备妥货物装船，或因为船期延误影响了货物装船，托运人要求承运人先行签发的以便结汇的已装船提单。

二、海运单

海运单(Sea Waybill，Ocean Waybill)是指证明海上运输合同和货物由承运人接管或装船，以及承运人保证据以将货物交付给单证所载明的收货人的一种不可流通的单证，因此又称"不可转让海运单"(Non-negotiable Sea Waybill)。

海运单不是物权凭证，故而不可转让。收货人不凭海运单提货，而是凭到货通知提货。因此，海运单的收货人一栏应填写实际收货人的名称和地址，以便货物到达目的港后，通知收货人提货。

三、铁路运输单据

(一)国际铁路联运运单

国际铁路联运运单(Rail Waybill)是国际铁路联运的主要运输单据。它是参加联运的发送铁路与发货人之间订立的运输契约，其中规定了参加联运的各国铁路和收货人、发货人的权利与义务，对收货人、发货人和铁路都具有法律约束力。

当发货人向始发站提交全部货物，并付清应由发货人支付的一切费用，经始发站在运单和运单副本上加盖始发站承运日期戳记，证明货物已被接妥承运后，即认为运输合同已经生效。运单正本随同货物到达终点站，并交给收货人。它既是铁路承运货物出具的凭证，也是铁路与货主交接货物、核收运杂费和处理索赔与理赔的依据。运单副本于运输合同缔结后交给发货人，是卖方向收货人结算货款的主要证件。

(二)承运货物收据

承运货物收据(Cargo Receipt)是在特定运输方式下使用的一种运输单据，它既是承运人出具的货物收据，也是承运人与托运人签订的运输契约。我国内地在出口中国香港、中国澳门地区时也使用承运货物收据。当出口货物装车发运后，对外贸易运输公司便签发一份承运货物收据给托运人，以作为对外办理结汇的凭证。它还是收货人提货的凭证。

承运货物收据的格式及内容和海运提单基本相同，主要区别是它只有第一联为正本，而且它不仅适用于铁路运输，也可用于其他运输方式。

四、航空运单

航空运单(Air Waybill)是承运人与托运人之间签订的运输契约，也是承运人或其代理人签发的货物收据。航空运单还可以作为承运人核收运费的依据和海关查验放行的基本单据。但航空运单不是代表货物所有权的凭证，不能通过背书转让。收货人提货不是凭航空运单，而是凭航空公司的提货通知单。在航空运单的收货人栏内，必须详细填写收货人的全称和地址，而不能写成指示性抬头。

五、邮政收据

邮政收据是邮政运输的主要单据。它是邮局收到寄件人邮包后签发的凭证，也是收件人提取邮件的凭证。当邮包发生损坏或丢失时，邮政收据还可以作为索赔和理赔的依据，但它不是物权凭证。

六、多式联运单据

多式联运单据（Multimodal Transport Documents，MTD)是指证明多式联运合同以及证明多式联运经营人接管货物，并负责按照合同条款交付货物的单据。多式联运单据既是多式联运合同的证明，也是多式联运经营人收到货物收据和交付货物的凭证。根据发货人的要求，它可以做成可转让的，也可以做成不可转让的。

【本章小结】

本章主要介绍国际货物运输方式以及各种运输方式在实务操作中的注意事项，还介绍了运输中使用的各种单据。通过本章的学习，大家会对国际货物运输基础知识有一定的了解和认识。

【技能实训】

一、单项选择题

1. 我国A公司与国外B公司签订一份CIF出口合同，以信用证方式支付。国外银行开来的信用证规定，"最晚装运期为5月1日，信用证有效期为6月2日"。A公司备货储运，于5月25日取得正本已装船清洁提单，A公司应不迟于(　　)向银行提交相关单据。

A. 5月25日　　　　B. 5月31日　　　　C. 6月1日　　　　D. 6月2日

2. 在国际海上集装箱货物运输中，承运人签发的海运提单通常不会显示(　　)。

A. 船名　　　　B. 装船日期　　　　C. 船舶受载期　　　　D. 宣载期

3. 国际航空货物的计费重量以(　　)为最小单位。

A. 0.3 kg　　　　B. 0.6 kg　　　　C. 0.5 kg　　　　D. 1.0 kg

4. 国际铁路联运单据具有(　　)功能。

A. 运输合同证明和物权凭证　　　　B. 运输合同证明和货物收据

C. 货物收据和货物凭证　　　　D. 货物收据和流通性

二、案例分析题

2019 年 12 月 22 日，国外 A 公司向我国 B 公司订购了 4 000 套液晶显示器组件，该订单下货物分 8 票运往国外。2020 年 1 月，B 公司向 C 公司订舱，委托其运输其中一票货物。C 公司收取运费并签发了抬头为 D 公司的提单，提单显示货物交接方式是 CY TO DOOR。货物从上海港通过海运方式运至美国西雅图港，再经西雅图港由铁路和陆路运至最终交货地纽约。但在 B 公司仍持有正本提单的情况下货物被 D 公司国外公司无单放行，造成 B 公司经济损失 5 万美元。

1. 本案例是不是多式联运？为什么？

2. CY TO DOOR 的含义是什么？

3. 在本案例中，A 公司、B 公司、C 公司、D 公司四个当事人分别是什么身份？试解释原因。

4. 什么是无单放货？各国际公约和《中华人民共和国海商法》是如何规定的？

5. 如果 D 公司凭 A 公司保函放货，该保函是否影响 B 公司索赔？为什么？

6. 你如何看待多式联运提单？它和提单有什么区别？

7. 发生无单放货，承运人是否有抗辩可能？试列举这些可能性。

8. 本案例的责任方能否享受赔偿责任限制？为什么？

第六章 国际货物运输保险

【学习重点及目标】

1. 了解国际货物运输保险的基本原则。

2. 理解伦敦保险协会制定的货物保险条款。

3. 掌握国际海洋运输货物保险承保的风险、损失与保障的费用，中国海洋运输货物保险的基本险的承保范围以及除外责任和责任期间，"仓至仓"条款的主要内容。

第一节 国际货物运输保险概述

一、国际货物运输保险的含义

国际货物运输保险是指发货人或被保险人(Insured)在发货前，向保险公司或承保人或保险人(Insurer)确定一定的投保金额、保险险别，然后向保险公司缴纳一定的保险费。货物发生保险公司承保的责任范围以内的损失时，保险公司根据保险合同给予赔偿。

国际货物运输途径有海洋运输、铁路运输、公路运输、航空运输及邮政运输等。按照保险标的运输工具，保险种类分为海洋运输货物保险(海运货物保险)、陆上运输货物保险、航空运输货物保险和邮政运输货物保险。

二、国际货物运输保险的基本原则

(一)保险利益原则

保险利益是指被保险人对保险标的具有的合法的利害关系。根据《中华人民共和国保险法》第12条第2款的规定，被保险人对保险标的应当具有保险利益，对保险标的不具有保险利益的保险合同无效。此原则可以使被保险人无法通过不具有保险利益的保险合同获得额外利益，以避免将保险合同变为赌博合同。保险利益可以表现为现有利益、期待利益或责任利益。

(二)最大诚信原则

最大诚信原则是指国际货物运输保险合同当事人应以诚实信用为基础，订立和履行保险合同，主要体现在订立合同时的告知义务和履行合同时的保证义务上。我国有关最大诚信原则的规定具体体现在告知义务上。在被保险人的告知义务上，《中华人民共和国海商法》(以下简称《海商法》)采用了无限告知主义与有限告知主义相结合的方法。《海商法》第 220 条第 1 款涉及的是无限告知的情况，合同订立前，被保险人应当将其知道的或者在通常业务中应当知道的有关影响保险人据以确定保险费率或者确定是否同意承保的重要情况，如实告知保险人。《海商法》第 220 条第 2 款涉及的是有限告知情况，保险人知道或者在通常业务中应当知道的情况，保险人没有询问的，被保险人无须告知。由于被保险人的故意，未将《海商法》第 222 条第 1 款规定的重要情况如实告知保险人的，保险人有权解除合同，并不退还保险费。合同解除前发生保险事故造成损失的，保险人不负赔偿责任。

(三)损失补偿原则

损失补偿原则是指在保险事故发生而被保险人遭受损失时，保险人必须在责任范围内，对被保险人遭受的实际损失进行补偿。国际货物运输保险合同属于补偿性财产保险合同，因此，在发生超额保险和重复保险的情况下，保险人只赔偿实际损失，因为保险目的是补偿，而不是让被保险人通过保险得利。

(四)近因原则

近因是引起保险标的损失的直接、有效、起决定作用的因素。在保险理赔中，近因原则的运用具有普遍的意义。

近因原则是指在处理索赔时，赔偿与给付保险金的条件是造成保险标的损失的近因，属于保险责任。也就是说，若造成保险标的损失的近因属于保险责任范围内的事故，保险人承担赔付责任；反之，若造成保险标的损失的近因属于责任免除，保险人不负赔付责任。只有当保险事故的发生与损失的形成有直接因果关系时，才构成保险人赔付的条件。

第二节　国际海洋运输货物保险承保的范围

国际海洋运输货物保险承保的范围包括海上风险、海上损失和费用，以及海上风险以外的其他外来原因造成的风险与损失。正确理解海上风险及其造成的损失和费用，对于我们在进出口业务中选择合适的保险险种，以及当发生风险时该如何索赔具有重要意义。

一、风险

海洋运输货物保险保障的风险，并非指所有发生在海上的风险，而是指海上偶然发生的自然灾害、意外事故，并不包括海上经常发生和必然发生的事件。与海上风险相对应的外来风险，包括一般外来风险和特殊外来风险，这属其保障的风险。

(一)海上风险

海上风险(Perils of the Sea)又称海难，是指船舶或货物在海上运输过程中发生的风险，包括自然灾害和意外事故。

1. 自然灾害

自然灾害(Natural Calamity)是指不以人的意志为转移、人类不可抗拒的非一般自然界力量所引起的灾害。这里的自然灾害不是指一切自然力量造成的灾害，而是指恶劣气候、雷电、地震、洪水、流冰、海啸或火山爆发等人力不可抗拒的自然力量造成的灾害。

2. 意外事故

意外事故(Fortuitous Accidents)是指由于偶然、非故意、难以预料的原因所造成的事故。这里的意外事故并非指海上所有意外事故，而是指运输工具搁浅、触礁、沉没，以及船舶与流冰或其他物体碰撞、失踪、失火、爆炸等事故。

(二)外来风险

外来风险(Extraneous Risks)是指除自然灾害和意外事故以外的其他外来原因所造成的风险。它不包括由货物自然属性或内在缺陷造成的必然损失。根据风险的性质，外来风险可分为一般外来风险和特殊外来风险两类。

1. 一般外来风险

一般外来风险(General Extraneous Risks)是指由一般外来原因所造成的风险，包括偷窃、提货不着、短量、混杂、沾污、渗漏、碰损、破碎、串味、受潮受热、包装破裂、淡水雨淋、钩损和锈损等情形。

2. 特殊外来风险

特殊外来风险(Special Extraneous Risks)是指由军事、政治、国家政策法令和行政措施以及其他特殊外来原因，如战争、罢工、交货不到、被拒绝进口或没收等造成的风险。

二、损失

海上损失是船舶从事航海时所发生的与航运有关的船舶或货物的灭失、损坏和相关费用的统称。海上保险所保障的海上损失专指由于保险事故引起的海上损失，但不包括承运人为收取运费应支付的有关费用及船舶自然磨损和正常途耗等。按照各国海运保险业务习惯，海上损失也包括与海运连接的陆上运输和内河运输过程中所遇到的自然灾害及意外事故所致的损坏或灭失，如地震、洪水、火灾、爆炸、海轮与驳船或码头碰撞所致的损失。

按货物损失的程度，海上损失可分为全部损失（Total Loss）与部分损失（Partial Loss）；按货物损失的性质，海上损失又可分为共同海损（General Average，GA）和单独海损（Particular Average），二者在保险业务中均属于部分损失的范畴。

（一）全部损失

全部损失，简称全损，是指运输中的整批货物或不可分割的一批货物的全部损失。

1. 实际全损

实际全损（Actual Total Loss）是指被保险人对于保险标的可保利益发生全部毁损的情况，即货物全部灭失或全部变质而失去原有用途，或者不能再归被保险人所有。保险标的发生实际全损时，保险公司应按照保险金额全额赔付。

【例6-1】某公司出口的一批大米在海上运输途中，由于食用水管漏水，大米变质无法食用，只能作为牲畜饲料降价出售。该损失属于何种损失？

2. 推定全损

推定全损（Constructive Total Loss）是指被保险货物受损后，完全灭失已不可避免，修复、恢复受损货物的费用将超过货值，或被保险货物遭受严重损失后，继续运抵目的地的运费将超过残损货物的价值。

【例6-2】某公司出口一批布料。在海上运输途中，海水灌入船舱，布料染色严重。若将这批布料重新漂洗、染色后运至原定目的港，所花费的费用将超过布料的保险价值。该批布料的损失属于何种损失？

当发生推定全损时，保险公司的赔偿方法有部分损失赔偿和全部损失赔偿两种。如果按全部损失赔偿，被保险人必须向保险人申请委付。委付是指被保险人将保险货物的一切权利转让给保险人，并要求保险人按全损给予赔偿的行为。委付必须经保险人同意才能有效，保险人一经接受，委付就不得撤回。

（二）部分损失

部分损失是指被保险货物的一部分毁损或灭失，未达到全损的程度。部分损失可以分为共同海损和单独海损。

1. 共同海损

共同海损是指在同一海上航程中，当船舶、货物和其他财产遭遇共同危险时，为了共同安全，有意、合理地采取措施而直接造成的特殊牺牲和支付的特殊费用。只有那些确实属于共同海损的损失才由获益各方分摊，因此，共同海损的成立应具备一定条件。

(1)共同海损成立的条件。第一，危险必须是真实存在或不可避免的，而非主观臆测的；第二，船方所采取的措施必须是合理、有意识的，是为了解除船货双方的共同危险；第三，作出的牺牲和支出费用必须是特殊的，必须是共同海损直接造成的，不是危险本身造成的；第四，牺牲和费用的支出最终必须是有效果的。

(2)共同海损的表现形式。共同海损的表现形式为共同海损牺牲和共同海损费用。共同海损牺牲包括抛弃货物、扑灭船上的火等原因造成的货损船损、割弃残损物造成的损失、机器和锅炉的损害、作为燃料而使用的货物、船用材料和物料在卸货过程中造成的损害等。共同海损费用包括救助报酬、搁浅船舶减载费用及因此遭受的损失、避难港费用、驶往和在避难港等地支付给船员的工资及其他开支、修理费用、代替费用、垫付手续费与保险费、共同海损损失的利息等。

(3)共同海损分摊(General Average Contribution)。共同海损的牺牲与费用均是为使船舶、货物和运费免于遭受损失而支出的，因此，不论损失有多大，都应由船方、货方及运费方按最后获救价值按比例分摊。这被称为共同海损分摊。共同海损分摊率和受益方应分摊的损失金额的计算公式分别如下：

$$共同海损分摊率＝共同海损损失的总金额÷共同海损分摊价值总额×100\% \qquad (6\text{-}1)$$
$$受益方应分摊的损失金额＝各受益方的分摊价值×共同海损分摊率 \qquad (6\text{-}2)$$

【例6-3】有一艘船价值500万美元，被租给一经营者使用，经营者运费收入15万美元，船上有甲、乙、丙、丁四方货物，甲货值60万美元、乙货值55万美元、丙货值43万美元、丁货值20万美元。后来船搁浅，为了使船只顺利航行，船长命令将丁的货物全部抛进海中。事后损失如何分摊？

2. 单独海损

单独海损是指货物遭受承保范围内的风险造成的非属共同海损的部分损失。它是针对共同海损而言的。这种损失只属于特殊利益方，不属于所有其他货方或船方，由受损方单独承担。

3. 共同海损和单独海损的区别

(1)损失构成不同。单独海损一般是指货物本身的损失，不包括费用损失；而共同海损既包括货物损失，又包括因采取共同海损行为而引起的费用损失。

(2)造成海损的原因不同。单独海损是承保风险直接导致的船、货损失，一般是由海上风险直接导致的；而共同海损是为了解除或减轻船方、货方、运费方的共同危险而人为造成的损失。

(3)损失的承担者不同。单独海损由受损方自行承担损失，而共同海损由船方、货方、运费方按获救财产价值大小的比例分摊。若被保险人已投保海运保险，则由保险人按合同规定承担对被保险人分摊金额的赔偿责任。

【例6-4】某货轮从上海驶往 A 国，在航行途中船舶货舱起火，大火蔓延至机舱。船长为了船货的共同安全决定采取紧急措施，往舱中灌水灭火。最终，虽然火被扑灭，但由于主机受损，船舶无法继续航行，于是船长决定雇用拖轮将货船拖回上海修理，检修后再重新驶往 A 国。其中损失与费用如下：①500 箱货被火烧毁；②400 箱货由于灌水受到损失；③主机和部分甲板被烧坏；④拖轮费用；⑤额外增加的燃料、船长和船员工资；⑥修理费。其中，哪些损失是单独海损？哪些损失是共同海损？

三、保障的费用

（一）施救费用

施救费用（Sue and Labor Changes）又称营救费用，是指被保险货物在遭遇承保的灾害事故时，被保险人或其代理人、雇员和受让人为避免、减少损失而采取各种抢救、防护措施时所支付的合理费用。保险人对施救费用的赔偿金额不得超过保险合同所载明的保险金额。

保险标的经被保险人进行施救，花了费用但仍然全损的，保险人对施救费用仍要负责。但保险人对保险标的本身的赔偿和施救费用的责任最多各为一个保额，即两者之和不能超过两个保额。

（二）救助费用

救助费用（Salvage Costs）是指保险标的遭遇保险责任范围内的灾害事故时，由保险人和被保险人以外的第三者采取救助行动而支付的费用。随着航海事业的发展，国际上普遍采用契约救助，通常采纳英国劳合社的"无效果无报酬"（No Cure，No Pay）契约格式。该契约在救助前对遇难船舶和救助人之间报酬的确定、支付办法等作了合理明确的规定。尽管如此，救助费用的确定仍非易事，事成后往往需仲裁而定。

【例6-5】某轮船装载着散装农产品，驶向目的港，在航行途中抛锚。船板随时可能断裂，引发船舶倾覆。为此，船长决定迅速采取行动。于是，该船先后 4 次动用主机，超负荷全速开船后退，终于成功脱浅。抵达目的港后，公司对船体进行全面检修时，发现主机和舵机受损严重。经过理算，要求卖方承担 5 471 英镑的费用。卖方对该项费用有异议，拒绝付款。卖方是否有权拒付？为什么？

（三）其他费用

其他费用是指在运输货物遭遇海上风险后，在中途港、避难港产生的额外费用，如港口停泊费、卸货费、仓储费和报关费等。

第三节 我国海运货物保险的险别

保险险别是指保险人对风险和损失的承保责任范围。依据"中国保险条款"（China Insurance Clauses，CIC），我国海洋运输货物保险险别按照能否单独投保，分为基本险和附加险两类。基本险可单独投保，附加险不能单独投保。

一、基本险

中国人民财产保险股份有限公司规定的基本险包括平安险（Free from Particular Average，FPA）、水渍险（With Average or with Particular Average，WA or WPA）和一切险（All Risks）。

（一）平安险

平安险的英文意思为"单独海损不赔"，是海洋运输货物保险的主要险别之一。平安险承保责任范围包括以下几个方面。

（1）恶劣气候、雷电、海啸、地震、洪水等自然灾害造成的整批被保险货物的全部损失或推定全损。若被保险货物用驳船运往或运离海轮，则每驳船所装的货物可视作一个整批。

（2）运输工具遭遇搁浅、触礁、沉没、互撞，或与流冰、其他物体碰撞，以及失火、爆炸等意外事故造成的货物全部或部分损失。

（3）在运输工具已经发生搁浅、触礁、沉没、焚毁等意外事故的情况下，货物在此前后又在海上遭受恶劣气候、雷电、海啸等自然灾害造成的部分损失。

（4）在装卸或转船时，一件或数件甚至整批货物落海造成的全部或部分损失。

（5）被保险人对遭受承保责任内的危险货物采取抢救、防止或减少货损的措施所支付的合理费用，但以不超过该批被毁货物的保险金额为限。

（6）运输工具遭遇海难后，在避难港由卸货引起的损失，以及在中途港或避难港由卸货、存仓和运送货物产生的特殊费用。

（7）共同海损的牺牲、分摊和救助费用。

（8）运输契约中如有"船舶互撞责任"条款，则根据该条款规定应由货方偿还船方的损失。

上述责任范围表明，在投保平安险的情况下，保险公司对自然灾害所造成的单独海损不负赔偿责任，而对意外事故造成的单独海损负赔偿责任。

【例6-6】某公司按CIF条件出口瓷器300箱，投保平安险。在装船时有50箱因吊钩脱扣而落海。这一损失是否可向保险公司索赔？若按FOB条件或CFR条件出口，保险公司是否需要赔偿？

(二)水渍险

水渍险又称"单独海损险"，英文意思为"单独海损负责赔偿"，是海洋运输货物保险的主要险别之一。这里的"海损"是指自然灾害及意外事故导致货物被水淹没，而引起的货物损失。

水渍险的责任范围包括平安险的各项责任，被保险货物由于恶劣气候、雷电、海啸、地震、洪水等自然灾害所造成的部分损失。

(三)一切险

一切险是海上运输保险的基本险种之一，是保险人对保险标的物遭受特殊附加险以外的其他原因造成的损失均负赔偿责任的一种保险。

一切险所负责的险别包括平安险、水渍险和一般附加险。战争、罢工、进口关税、交货不到等原因导致的货物损失，不在一切险的责任范围内。

投保一切险是投保人因附加险的种类繁多，为了避免遗漏，保障货物安全而投保的一种安全性较大的险别。通常在所发运货物容易发生碰损破碎、受潮受热、雨淋发霉、渗漏短少、串味、沾污及混杂污染等情况下，投保人会投保一切险。

(四)基本险的除外责任

基本险的除外责任是指保险人不予赔偿的损失和费用。这是为了维护保险人的权益而对承保责任范围的进一步明确和划分。一般来说，这种针对非意外的、非偶然的或比较特殊的风险，主要有以下5种责任：

(1)被保险人的故意行为或过失造成的损失。

(2)由于发货人包装不善等责任引起的损失。

(3)被保险货物在保险责任开始之前就已存在由品质不良或数量短缺造成的损失。

(4)被保险货物的自然损耗、品质特性及市价跌落、运输延迟引起的损失和费用。

(5)战争险、罢工险等特殊附加险条款所规定的责任范围和除外责任。

(五)基本险的保险责任起讫

保险责任起讫，又称保险期间或保险期限，是保险公司承担责任的起讫时限。在国际货物运输保险中采用"仓至仓"条款。该条款适用于战争险以外的各种险别，也适用于海运之外的其他运输方式。"仓至仓"（Warehouse to Warehouse，W/W）条款已经成为国际贸易中规范保险人与被保险人之间责任起讫的国际性条款。

"仓至仓"条款，即保险责任自被保险货物运离保险单所载明的起运地仓库或储存处所开始，包括正常运输中的海上运输、陆上运输、内河运输和驳船运输在内，直至该项货物运抵保险单所载明的目的地收货人的最后仓库或储存处所，或被保险人用作分配、分派或非正常运输的其他储存处所为止。但被保险货物在最后到达卸载港卸离海轮后，保险责任以 60 天为限。

除此之外，"仓至仓"条款还对以下 5 种情况作了规范：

(1)若货物运抵被保险人用作分配、分派的处所，或在非正常运输情况下运抵其他储存处所，保险责任也告终止。

(2)若货物在卸离海轮后 60 天内，被运往非保险单载明的目的地，当开始转运时保险责任也告终止。

(3)当发生被保险人无法预见或控制的延迟、绕航、被迫卸货、重装、转载或承运人终止运输契约等航程变更的情况，使被保险货物运到非保险单所载明的目的地时，在被保险人及时通知保险人并在必要时加缴保险费的条件下，保险责任的有效性分为两种情况：一是货物在当地出售，则保险责任至交货时为止，但无论如何均以全部卸离海轮后 60 天内为止；二是货物在 60 天内继续运往原保险单所载明的目的地，保险责任仍按前述期限终止。

(4)被保险人可以要求扩展保险期限。

(5)当发生非正常运输情况时，被保险人要及时通知保险人，加缴保险费时，可按扩展条款办理。

【例 6-7】上海某进出口公司采用 CIF 上海术语，从国外进口 1 000 公吨某商品，卖方在装船前已向保险公司投保"仓至仓"条款的一切险。货物顺利运抵上海港后，买方将货物转运至天津港，在从上海港到天津港的运输过程中，船舶搁浅，货物发生保险承保范围内的损失，买方根据"仓至仓"条款，要求保险公司赔偿，保险公司拒赔。保险公司是否可以拒赔？

二、附加险

附加险是指不能单独投保，只能作为对主要险别责任的扩展而加保的保险险别。被保险人在投保主要险别时，可根据需要支付附加保费，加保附加险，由保险人在保险单上批注并附上该附加险的条款。附加险包括一般附加险和特殊附加险。

(一)一般附加险

一般附加险(General Additional Risk)不能作为单独的项目投保，只能在投保平安险或水渍险的基础上，根据货物的特性加保。一般附加险主要有如下 11 种。

1. 偷窃提货不着险

偷窃提货不着险(Theft, Pilferage and Non-Delivery, TPND)是指承保被保险货物被偷窃或被保险货物运抵目的地后整件未交的损失。

2. 淡水雨淋险

淡水雨淋险(Fresh Water and Rain Damage)是指承保被保险货物在运输途中遭受雨水、淡水或雪融水浸淋造成的损失，包括船上淡水舱、水管漏水及舱汗所造成的货物损失。

3. 渗漏险

渗漏险(Risk of Leakage)是指承保被保险货物在运输途中，容器损坏导致的渗漏损失，或液体渗漏导致液体储藏的货物腐烂变质而造成的损失。

4. 短量险

短量险(Risk of Shortage)是指承保被保险货物因外包装破裂或散装货物发生数量损失和实际重量短缺的损失，但不包括正常运输途中的自然损耗。

5. 混杂、沾污险

混杂、沾污险(Risk of Contamination)是指承保被保险货物在运输过程中，混进杂质或被玷污影响货物品质所造成的损失。

6. 碰损破碎险

碰损破碎险(Risk of Clash and Breakage)是指承保被保险货物因震动、颠簸、碰撞、挤压引发被保险货物的损失，或易碎性货物在运输途中，因装卸方式不当、运输工具震动、颠簸导致货物的破裂、断碎的损失。

7. 串味险

串味险(Risk of Odour)是指承保被保险货物受其他物品影响而串味遭受的损失。

8. 受潮受热险

受潮受热险(Damage Caused by Heating and Sweating)是指承保气温突然变化或船上通风设备失灵致使船舱内水汽凝结、受潮或受热所造成的被保险货物损失。

9. 钩损险(Hook Damage)

钩损险(Hook Damage)是指承保被保险货物在运输过程中使用手钩、吊钩装卸，致使包装破裂或直接钩破货物所造成的损失，以及对包装进行修理或调换所支出的费用。

10. 包装破裂险

包装破裂险(Breakage of Packing Risk)是指承保被保险货物在运输过程中，搬运或装卸不慎造成的包装破裂损失，以及为了确保运输安全而进行的修补或调换包装所支出的费用。

11. 锈损险

锈损险(Risk of Rust)是指承保被保险货物在运输过程中生锈造成的损失。但生锈必须是在保险期内发生的，如装船时货物就已生锈，保险公司不负责赔偿。

【例 6-8】我国甲出口公司向国外乙公司出口亚麻籽 100 包。甲出口公司按合同规定加一成投保一切险。在海上运输途中，因舱内食用水管漏水，造成该批货物中的 30 包亚麻籽有水渍。对此，该损失应向保险公司索赔还是向船公司索赔？

(二)特殊附加险

特殊附加险是指承保因军事、政治、国家政策法令及行政措施等特殊外来因素所引发的风险与损失的险种。中国保险条款承保的特殊附加险包括下列险别。

1. 战争险

战争险(War Risk)是指保险人承保战争或类似战争行为导致被保险货物损失的特殊附加险。

对于敌对行为使用原子或热核武器导致的被保险货物的损失和费用，保险公司不负责赔偿。对于根据执政者、当权者或其他武装集团的扣押、拘留引起的承保航程的丧失和挫折，而提出的任何索赔，保险公司均不负责赔偿。

战争险的责任起讫采用"水面"条款，以"水上危险"为限。如果货物不卸离海轮或驳船，则从海轮到达目的港当日午夜起算，满 15 日之后责任自行终止；如果中途转船，不论货物在当地卸货与否，保险责任以海轮到达该港可卸货地点的当日午夜起算，满 15 日为止，等再装上续运海轮时，保险责任才继续有效。

2. 罢工险

罢工险(Strikes Risk)是指保险人承保被保险货物因罢工等人为活动引发损失的特殊附加险。因罢工而产生的共同海损的牺牲、分摊和救助费用，由保险公司负责赔偿。

罢工险以罢工引起的间接损失为除外责任，即在罢工期间，因劳动力短缺或不能运输导致的被保险货物的损失，或罢工引起动力或燃料缺乏使冷藏机停止工作导致冷藏货物的损失，保险公司均不予赔偿。其责任起讫采取"仓至仓"条款。

3. 进口关税险

进口关税险(Import Duty Disk)承保的是被保险货物受损后，仍须在目的港按完好货物缴纳进口关税造成相应货损部分的关税损失。但是，保险人对此承担赔偿责任的条件是货物遭受的损失必须是保险单承保责任范围内的原因造成的。

4. 舱面险

舱面险(On Deck Risk)承保的是装载于舱面(船舶甲板上)的货物被抛弃或被海浪冲击落水所致的损失。

5. 黄曲霉素险

黄曲霉素险(Aflatoxin Risk)是指承保被保险货物(主要是花生、谷物等易产生黄曲霉素的货物)在进口港或进口地经卫生当局检验证明，其所含黄曲霉素超过进口国限制标准，而被拒绝进口、没收或被迫改变用途造成的损失。

6. 拒收险

当被保险货物由于各种原因，在进口港被进口国政府或有关当局拒绝进口或没收而产生损失时，保险人依拒收险（Rejection Risk）对此承担赔偿责任。

7. 交货不到险

交货不到险（Failure to Deliver Risk）是指承保自被保险货物装上船舶时开始，在6个月内不能运到原定目的地交货而造成的损失。不论何种原因造成交货不到，保险人都按全部损失予以赔偿，但是，被保险人应将货物的全部权益转移给保险人。

8. 出口货物到中国香港（含九龙）或中国澳门存仓火险责任扩展条款

出口货物到中国香港（含九龙）或中国澳门存仓火险责任扩展条款（Fire Risk Extension Clause For Storage of Cargo at Destination Hong Kong，Including Kowloon，or Macao，F. R. E. C. ）是一种扩展存仓火险责任的特别附加险。它对于被保险货物自内地出口运抵中国香港（含九龙）或中国澳门，卸离运输工具，直接存放于保险单载明的过户银行所指定的仓库期间发生火灾所受的损失，承担赔偿责任。

该附加险的保险期限，自被保险货物运入过户银行指定的仓库时起，至过户银行解除货物权益，或者运输责任终止时起满30天时止。

【例6-9】我方出口了100公吨花生及100公吨冷冻鸭肉，共计15 000包。货物所有人根据合同约定，投保了一切险、战争险及罢工险。花生在目的港卸载后，遇到了当地码头工人的罢工。在混乱中，该批花生散落地上，总计损失近一半。后来，工人持续罢工，货轮无法补给燃料，导致冷冻设备停止运行。罢工结束后，100公吨冷冻鸭肉已经全部变质。针对上述两种损失，保险公司是否应承担赔偿责任？

第四节　协会货物保险条款

在国际保险市场上，英国伦敦保险协会制定的"协会货物保险条款"（Institute Cargo Clause，ICC）对世界各国有着广泛影响。目前，世界上约有2/3的国家在海运保险业务中直接采用该条款。

我国CIF条件出口，通常参照中国人民保险公司的保险条款，但如国外客户要求以英国伦敦保险协会制定的协会货物保险条款为依据，也可酌情接受。

协会货物保险条款主要有以下6种保险：

(1)协会货物保险条款（A）：ICC(A)[Institute Cargo Clauses(A)，ICC(A)]；

(2)协会货物保险条款（B）：ICC(B)[Institute Cargo Clauses(B)，ICC(B)]；

（3）协会货物保险条款(C)：ICC(C)［Institute Cargo Clauses(C)，ICC(C)］；

（4）协会战争险条款（货物）(Institute War Clauses-Cargo)；

（5）协会罢工险条款（货物）(Institute Strikes Clauses-Cargo)；

（6）恶意损害险条款(Malicious Damage Clauses)。

以上6种险别中，A险、B险、C险是基本险，战争险、罢工险及恶意损害险是附加险。其中，除恶意损害险外，前5种险别都可以单独投保。另外，A险包括恶意损害险，但在投保B险或C险时，应另行投保恶意损害险。

一、协会货物保险条款的承保范围与除外责任

（一）ICC(A)险的承保范围与除外责任

1. 承保范围

ICC(A)险采用"一切风险减除外责任"的概括式规定方法，即除"除外责任"项下所列的风险保险人不予负责外，其他风险均予负责。海盗风险在ICC(A)中属于承保风险，而在中国海洋货物运输保险中属于战争险的范围。

2. 除外责任

（1）一般除外责任。其包括因被保险人故意实施的非法行为而导致的损失或费用；自然渗漏、重量或容量的自然损耗或自然磨损；包装或准备不足或不当造成的损失或费用；保险标的内在缺陷或特性造成的损失或费用；直接由迟延引起的损失或费用；船舶所有人、经理人、租船人或经营破产或不履行债务造成的损失或费用；使用任何原子或热核武器造成的损失或费用。

（2）不适航、不适货除外责任。其主要是指被保险人在被保险货物装船时，已知道船舶不适航，以及船舶、运输工具、集装箱等不适货造成的损失或费用。

（3）战争除外责任。其包括战争、内战、敌对行为等造成的损失或费用；捕获、拘留、扣留等（海盗除外）造成的损失或费用；漂流水雷、鱼雷等造成的损失或费用。

（4）罢工除外责任。其包括罢工者、被迫停工工人等造成的损失或费用；任何恐怖主义者或出于政治动机而行动的人造成的损失或费用。

（二）ICC(B)险的承保范围与除外责任

1. 承保范围

ICC(B)险采用承保"除外责任"之外列明风险的办法。其承保范围主要包括以下两类。

（1）火灾、爆炸，或船舶、驳船发生触礁、搁浅、沉没及倾覆事故，陆上运输工具倾覆或出轨，船舶、驳船或运输工具同水以外的外界物体碰撞，在避难港卸货，以及

地震、火山爆发、雷电等造成的损失或费用。

(2)共同海损牺牲，抛货，浪击落海，海水、湖水或河水进入船舶、驳船、运输工具、集装箱、大型海运箱或贮存处所，货物在装卸时落海或摔落等造成的损失或费用。

2. **除外责任**

ICC(B)险和 ICC(A)险的除外责任主要有以下两点不同。

(1)在 ICC(A)险中，明确规定，仅当损失或费用源于被保险人的故意非法行为时，保险人不负赔偿责任；而在 ICC(B)险中，则规定保险人对被保险人以外的其他人的故意非法行为所致的风险不负保险责任。

(2)在 ICC(A)险中，标明海盗行为不属除外责任；而在 ICC(B)险中，保险人对此项风险不负保险责任。

(三)ICC(C)险的承保范围与除外责任

1. **承保范围**

ICC(C)险仅承保"重大意外事故"的风险，而不承保自然灾害及非重大意外事故的风险。其承保范围主要包括以下 2 类。

(1)火灾、爆炸，船舶或驳船触礁、搁浅、沉没或倾覆，陆上运输工具倾覆或出轨，在避难港卸货等造成的损失或费用。

(2)共同海损牺牲和抛货造成的损失或费用。

2. **除外责任**

ICC(C)险的除外责任与 ICC(B)险的除外责任完全相同。

ICC(A)险、ICC(B)险、ICC(C)险的范围分别类似于 CIC(中国保险条款)的一切险、水渍险和平安险，不同之处主要有以下 3 个方面。

(1)海盗行为所造成的损失是 ICC(A)险的承保范围，而在一切险中是除外责任。

(2)ICC(A)险包括恶意损害险，而一切险中不包括此险种。

(3)ICC(B)险、ICC(C)险消除了水渍险与平安险对承保范围中某些风险不明确的弊端，采取列明风险的办法，即把承保风险和损失一一列明。

(四)战争险的承保范围与除外责任

1. **承保范围**

(1)直接由战争、内战、革命、造反、叛乱，或由此引起的内乱，以及任何交战方之间的敌对行为所造成的运输货物损失。

(2)由上述原因引起的捕获、扣押、扣留、拘禁或羁押等造成的运输货物的损失。

(3)各种常规武器造成的运输货物的损失。例如，被遗弃的鱼雷、漂流水雷、炸弹或其他战争武器造成的损失或费用。

2. 除外责任

战争险的除外责任包括 ICC(A)险的一般除外责任和以下两个方面的责任。

(1)基于航程或航海中的损失或受阻的任何索赔不负赔偿。

(2)由于敌对行为而使用原子或热核制造武器造成的损失不予赔偿。责任起讫适用于"水面"条款，以"水上危险"为限。

(五)罢工险的承保范围与除外责任

1. 承保范围

(1)罢工工人、被迫停工工人或参与工潮、暴动或民变的人员造成的损失或损害。

(2)罢工、被迫停工、工潮、暴动或民变造成的损失和费用。

(3)由恐怖主义行为或与恐怖主义行为相联系的行为，以及由任何人出于政治、信仰或宗教目的所实施的行为造成的损失或损害。

2. 除外责任

罢工险的除外责任包括 ICC(A)险的一般除外责任和以下三个方面的责任。

(1)罢工、关厂、工潮、暴动或民变造成的各种劳力流失、短缺或抵制引起的损失、损害或费用不予赔偿。

(2)基于航程或航海中的损失或受理的任何索赔不予赔偿。

(3)战争、内战、革命、造反、叛乱，或由此引起的内乱或交战方之间的敌对行为造成的损失、损害或费用不予赔偿。

协会罢工险的责任起讫采用"仓至仓"条款。

(六)恶意损害险的承保范围

恶意损害险承保被保险人以外的其他人故意破坏行为导致的保险货物的损害或灭失，但排除故意破坏行为是出于政治动机。若要对恶意损害造成的损失取得保障，可以投保 ICC(A)险，或在投保 ICC(B)险或 ICC(C)险时加保恶意损害险。

二、协会货物保险条款的保险期限

协会货物保险条款(A)险、(B)险、(C)险的责任起讫采用"仓至仓"条款。协会海运货物战争险的期限为"仅限于水上危险"。

协会货物保险条款(A)险、(B)险、(C)险有关保险期限是在"运输条款"(Transit Clause)、"运输契约终止条款"(Termination of Contract of Carriage Clause)和"航程变更条款"(Change of Voyage Clause)三个条款中规定的。

第五节 我国陆运货物、空运货物与邮包运输保险

一、陆运货物保险

陆运货物保险分为陆运险（Overland Transportation Risks）和陆运一切险（Overland Transportation All Risks）。

(一)陆运险的承保范围

陆运险的承保范围是指保险公司负责赔偿被保险货物在运输途中遭受暴风、雷电、洪水、地震等自然灾害，或由于运输遭受碰撞、倾覆、出轨，或在驳运过程中因驳运工具遭受搁浅、触礁、沉没、碰撞，或隧道坍塌、崖崩或失火、爆炸等意外事故造成的全部或部分损失。由此可见，陆运险的承保范围与海洋运输货物保险条款中的水渍险相似。

(二)陆运一切险的承保范围

陆运一切险的承保范围除上述陆运险的责任外，还包括运输途中由外来原因造成的短少、短量、偷窃、渗漏、碰损、破碎、钩损、雨淋、生锈、受潮、受热、发霉、串味、沾污等全部或部分损失。这与海洋运输货物保险条款中的一切险相似。

以上陆运险与陆运一切险的承保范围均适用于火车运输和汽车运输。

(三)陆运货物保险的除外责任

陆运货物保险的除外责任与海洋运输货物保险的除外责任相同。

(四)陆运货物保险责任起讫期限

陆运货物保险也采用"仓至仓"条款。如果没有运抵保险单所载明的收货人的仓库或储存处所，则以到达最后卸载车站后 60 天为限。如果在中途转车，则不论货物在当地卸车与否，保险责任从火车到达中途站的当日午夜起满 10 天为止。如果被保险货物在 10 天内重新装车续运，则保险责任继续生效。

二、空运货物保险

根据《航空运输货物保险条款》的规定，航空运输货物保险（空运货物保险）分为空运险（Air Transportation Risks）和空运一切险（Air Transportation All Risks）两种基本险别。

(一)空运险的承保范围

空运险的承保范围与海洋运输货物保险条款中的水渍险相似,包括被保险货物在运输中遭受雷电、火灾、爆炸或飞机遭受恶劣气候或其他危难事故而被抛弃,或由于飞机遭受碰撞、倾覆、坠落或失踪等自然灾害和意外事故造成的全部或部分损失。

(二)空运一切险的承保范围

空运一切险的承保范围与海洋运输货物保险条款中的一切险相似,除包括上述空运险的各项责任外,还包括被保险货物一般外来原因造成的全部或部分损失。

(三)空运货物保险的除外责任

空运货物保险的除外责任与海洋运输货物保险条款中的基本险的除外责任基本相同。

(四)空运货物保险责任起讫期限

空运保险责任起讫期限也采用"仓至仓"条款。保险货物运抵目的地后,如果收货人未及时提货,则保险责任的终止期以收货人接到到货通知单后的 15 天为限。如果货物运达保险单所载明的目的地未运抵保险单所载明收货人仓库或储存处所,则被保险货物在最后卸载地卸离飞机后满 30 天保险责任即告终止。如果 30 天内被保险货物须转送至保险单未载明的目的地,保险责任以该项货物开始转运时终止。

三、邮包运输保险

(一)邮包运输风险与损失

寄件人要转嫁邮包在运送当中的风险损失,必须办理邮包运输保险,以便在发生损失时能从保险公司得到承保范围内的经济补偿。

(二)邮包运输保险的险别

邮包运输保险分为邮包险(Parcel Post Risks)和邮包一切险(Parcel Post All Risks)。其责任起讫是,自被保险邮包离开保险单所载起运地点寄件人的处所运往邮局时开始生效,直至被保险邮包运达保险单所载明的目的地邮局,自邮局发出通知书给收件人当日午夜起算满 15 天为止。但在此期限内,邮包一经递交到收件人处所时,保险责任即告终止。

在投保邮包运输基本险之一的基础上,经投保人与保险公司协商可以加保邮包战争险等附加险。邮包战争险承保责任起讫是自被保险邮包经邮政机构收讫后，自储存处所开始运送时生效，直至该邮包运达保险单所载明的目的地邮政机构送交收件人为止。

第六节　进出口货物运输的保险实务

在出口业务中，按照 CIF 条件或 CIP 条件成交时，由卖方在装船前向当地保险公司逐笔办理保险手续。

一、确定保险金额

保险金额(Insured Amount)是指投保人与保险公司之间实际投保和承保的金额，是保险费的计收依据，是投保人或其受让人索赔和保险人理赔的最高限额。

出口保险金额一般以 CIF 或 CIP 为基础计算，加成 110%，其计算公式为

$$保险金额＝CIF(CIP)价×投保加成 \tag{6-3}$$

二、计算保险费

保险费(Insurance Premium)是指投保人参加保险时，根据其投保时所商定的保险费率，向保险人交付的费用。其计算公式为

$$保险费＝保险金额×保险费率$$
$$＝CIF(CIP)价×投保加成×保险费率 \tag{6-4}$$

【例 6-10】出口商品对外报价 CIF 欧洲某港价为 180 000 美元，卖方以发票金额的 110% 为基数投保一切险和战争险。该商品至该目的港的一切险费率为 0.8%，战争险费率为 0.08%。保险金额和保险费用分别是多少美元？

三、投保险别的选择

投保人在选择保险险别时，既要顾及所选择的险别能为被保险货物提供充分的保险保障，又要注意保险费用的节省。一般来说，应结合货物的性质、特点、包装、运输路线、停靠港口、运输季节与货物的残存规律来选择合适的险别。

四、填写保险单

保险单(Insurance Policy)亦称要保单或投保申请书，是投保人申请保险的一种书面形式。保险单需要填写的主要内容如下：①被保险人的名称；②保险标的名称及存放地点(如果投保运输工具或运输货物，还须注明运输工具名称、货物数量及目的地

等）；③投保的险别；④保险期限；⑤保险价值及保险金额；等等。填写投保单必须情况真实，否则将影响保险合同的效力。保险单一经保险人正式接受，保险责任即开始。

五、保险索赔

保险索赔（Insurance Claim）是指当被保险人的货物遭受承保责任范围内的风险损失时，被保险人向保险人提出的索赔要求。

在出口业务中，如由卖方办理投保，卖方在交货后即将保险单背书转让给买方或其收货代理人。当货物抵达目的港（地），发现残损时，买方或其收货代理人作为保险单的合法受让人，应就此向保险人或其代理人要求赔偿。

六、保险单据

（一）保险单

保险单，俗称大保单，是一种正规的保险合同，除载明被保险人（投保人）的名称、被保险货物（标的物）的名称及数量或重量、唛头、运输工具、保险的起讫地点、承保险别、保险金额、出单日期等项目外，还要在保险单的背面列明保险人的责任范围，以及保险人与被保险人各自的权利、义务等方面的详细条款。它是最完整的保险单据。保险单可由被保险人背书，随物权的转移而转让，是一份独立的保险单据。

（二）保险凭证

保险凭证（Insurance Certificate），俗称小保单。它有保险单正面的基本内容，但没有保险单背面的保险条款，是一种简化的保险合同。

（三）联合保险凭证

联合保险凭证（Combined Insurance Certificate），俗称承保证明（Risk Note），是我国保险公司特别使用的一种更为简化的保险单据，由保险公司在出口公司提交的发票上加上保险编号、承保险别、保险金额、装载船只、开船日期等内容，并加盖保险公司印章。这种单据不能转让。

（四）批单

批单（Endorsement）是指投保人须补充或更改保险单内容时出具的一种凭证。批单必须粘贴在原保险单上，并加盖骑缝章。

（五）预约保险单

预约保险单（Open Policy）是指保险公司与被保险人双方签订的预约保险合同，是一种长期性货物保险合同。预约保险单上要载明保险货物的保险范围、保险期限、保险种类、总保险限额、航程区域、运输工具、保险条件、保险费率和保险费结算办法等内容。在这个范围内的被保险货物，一经起运，保险公司自动承保。但被保险人在获悉每批货物装运时，应及时将装运通知书（包括货物的名称及数量、保险金额、船名、运输工具、起讫地点、起运日期等）送交保险公司，并按约定支付保险费，以完成投保流程。

目前，预约保险单在我国一般适用于以 FOB 条件或 CIF 条件成交的进口货物以及出口展览品或小卖品。

七、国际货物买卖合同中的保险条款

（一）国际货物买卖合同中保险条款的基本内容

（1）在以 EXW、FAS、FOB、FCA、CFR、CPT、DAP、DPU、DDP 贸易术语签订合同时，保险条款须明确规定投保人。

（2）在以 CIF 或 CIP 贸易术语签订合同时，保险条款须明确规定投保人、投保险别以及确定保险金额的方法和保险条款，并注明该条款的生效时间。

（二）国际货物买卖合同中的保险条款举例

1. 以 EXW、FAS、FOB、FCA、CFR、CPT 贸易术语成交的合同

保险条款：保险由买方负责安排。

Insurance：To be Covered by the Buyer.

2. 以 CIF 或 CIP 贸易术语成交的合同

保险条款：由卖方按发票金额的 110％投保一切险和战争险，按 1981 年 1 月 1 日中国人民保险公司海洋运输货物保险条款执行。

Insurance：by the seller for 110％ of the invoice value against all risks and war risk, according to the January 1,1981 ocean marine cargo clauses of the People's Insurance Company of China.

3. 以 DAP、DPU、DDP 贸易术语成交的合同

保险条款：保险由卖方办理。

Insurance：To be Covered by the Seller.

【本章小结】

国际货物运输保险是进出口贸易中一个非常重要的环节。在办理保险时应该遵循保险利益原则、最大诚信原则、近因原则和损失补偿原则。

海洋运输货物保险承保的范围包括风险、损失和费用。其中，风险包括海上风险和外来风险，而风险造成的损失包括海上损失与外来损失。海上损失根据损失程度可分为全部损失（实际全损和推定全损）和部分损失（单独海损和共同海损）。外来损失根据风险来源不同，可分为一般外来损失和特殊外来损失。费用包括施救费用、救助费用和其他费用。

中国海洋运输货物保险条款包括基本险和附加险。基本险包括平安险、水渍险和一切险，可单独投保。附加险包括一般附加险和特殊附加险，须在投保基本险的基础上加保。协会货物运输保险条款主要包括 ICC（A）条款、ICC（B）条款、ICC（C）条款、战争险条款、罢工险条款，以及恶意损害险条款。

【技能实训】

一、单项选择题

1. 在保险人所承保的海上风险中，恶劣气候、地震属于（　　）。

A. 自然灾害　　　　B. 意外事故　　　　C. 一般外来风险　　D. 特殊外来风险

2. 根据我国海洋运输货物保险条款的规定，承保范围最小的基本险别是（　　）。

A. 平安险　　　　　B. 水渍险　　　　　C. 一切险　　　　　D. 罢工险

3. 只承保重大意外事故，而不承保自然灾害及非重大意外事故的险别条款是（　　）。

A. 协会货物保险条款（A）　　　　　B. 协会货物保险条款（B）

C. 协会货物保险条款（C）　　　　　D. 协会战争险条款（货物）

4. 陆运一切险的承保责任范围不包括（　　）。

A. 载货火车倾覆或出轨造成的损失

B. 载货汽车由于遭受隧道坍塌、爆炸造成的损失

C. 茶叶在运输途中由于外来因素全部受潮

D. 运输延迟所造成的损失

5. 战争险、罢工险属于（　　）。

A. 自然灾害　　　　B. 意外事故　　　　C. 一般外来风险　　D. 特殊外来风险

6. 为使搁浅或触礁的船舶脱离险境，而求救于第三者，由此支付额外费用的损失属于（　　）。

A. 实际全损　　　　B. 推定全损　　　　C. 共同海损　　　　D. 单独海损

二、计算题

某出口公司对外报价为 FOB 价每公吨 580 美元，外商来电要求改报 CIF 纽约，含佣金 5%，保险费率合计为 1.4%，投保加成率为 10%，国外运费每公吨 55 美元，则该出口公司应报价多少？（保留三位小数）

三、案例分析题

1. 某载货船舶在航行过程中突然触礁，致使部分货物遭到损失，船体个别部位的船板产生裂缝，亟须补漏。为了船、货的共同安全，船长决定修船，为此将部分货物卸到岸上并存仓。在卸货过程中，部分货物受损。事后统计，这次事件造成的损失如下：①部分货物因船触礁而损失；②卸货费、存仓费及货物损失。以上两项损失分别属于哪些性质的海上损失？

2. 我国某公司以 CIF 条件出口一批化肥，装运前按合同规定已向保险公司投保水渍险，货物装完后顺利开航。载货船舶起航后不久，在海上遭遇暴风雨，海水涌入舱内，致使部分化肥遭到水渍，损失价值达 1 000 美元。数日后，又发现部分化肥袋包装破裂，估计损失达 1 500 美元。该损失应由谁承担？

四、实训题

按 CIF 条件对外发盘时，若以下列险别作为保险条款提出是否妥当？如有不妥，请更正并说明理由。

(1)一切险、偷窃提货不着险、串味险；

(2)平安险、一切险、受潮受热险、战争险、罢工险；

(3)水渍险、碰损破坏险；

(4)偷窃提货不着险、钩损险、战争险、罢工险。

第七章　国际货款结算

【学习重点及目标】

1. 了解国际结算的支付工具和结算方式。
2. 掌握电汇和托收的定义与业务流程。
3. 掌握信用证的定义、流程、分类及操作实务。

在国际贸易中，买卖双方往往无法实现面对面的交货和付款。卖方发货交单，买方凭单付款，以银行为中介，以票据为工具进行结算，是当代国际结算的基本特征。在结算过程中，卖方希望尽早、安全收款，买方则希望延期付款，这就使双方在结算方式上有不同的偏好。此外，买卖双方所承受的手续费用、风险和资金负担也是双方选择结算方式时所要考虑的主要因素。

第一节　支付工具

在国际贸易中，支付工具包括货币和金融票据。由于货币的使用具有局限性，无法普遍使用，因此，在国际结算中主要使用的支付工具是金融票据。目前，在国际结算中主要使用的票据有汇票、本票和支票，其中汇票使用最为广泛。

各国都对票据进行了立法。在判例法国家，票据法的内容通常保持基本一致。很多大陆法国家都是《统一汇票本票法公约》(*Geneva Uniform Law on Bills of Exchange and Promissory Notes*)参约国。该公约又称《1930 年关于统一汇票和本票的日内瓦公约》。我国于 1995 年 5 月 10 日通过了《中华人民共和国票据法》(以下简称《票据法》)。该法自 1996 年 1 月 1 日起实施，并于 2004 年 8 月 28 日进行了修正。

一、汇票

(一)汇票的含义

汇票(Bill of Exchange)是由出票人签发的，要求付款人在见票时或在一定期限内，向收款人或持票人无条件支付一定款项的票据。

(二)汇票当事人

1. 基本当事人

(1)出票人(Drawer)，是指开立票据并将其交付给他人的法人、其他组织或者个人。出票人对持票人及正当持票人承担票据在提示付款或承兑时必须付款或者承兑的保证责任。

(2)受票人(Drawee/Payer)，又叫付款人，是指受出票人委托支付票据金额的人、接受支付命令的人。在进出口业务中，受票人通常为进口人或银行。

(3)收款人(Payee)，是指凭汇票向付款人请求支付票据金额的人。

2. **其他当事人**

(1)背书人(Endorser)。收款人或持票人在汇票背面签字，将收款权利转让给他人，即成为背书人。

(2)承兑人(Acceptor)。远期汇票付款人办理了承兑手续，即成为承兑人。在实际业务中，承兑人通常是开证申请人、开证行或其指定的付款银行。

(3)持票人(Holder)，是指持有汇票、有权收款的人，也是汇票的合法持有者。

(三)汇票的基本内容

根据《票据法》第 22 条的规定，汇票必须记载下列事项：①表明"汇票"的字样；②无条件支付的委托；③确定的金额；④付款人名称(在国际贸易中，通常是进口方或其指定银行)；收款人名称(在国际贸易中，通常是出口方或其指定银行)；出票日期；⑤出票人签章。汇票上未记载前款规定事项之一的，汇票无效。在实际业务中，汇票尚须列明付款日期、付款地点和出票地点。若未列明，可根据《票据法》的相关规定予以确定。

(四)汇票的种类

1. **按付款人的不同划分**

(1)银行汇票(Banker Draft)是指签发人为银行，付款人为其他银行的汇票。银行汇票要求企业在银行有全款时才能申请开出相应金额的汇票。

(2)商业汇票(Commercial Draft)是指签发人为工商企业或者个人，付款人为其他工商企业、个人或银行的汇票。

2. **按有无附属单据划分**

(1)光票汇票(Clean Draft)是指本身不附带货运单据的汇票。银行汇票多为光票汇票。

(2)跟单汇票(Documentary Draft)，又称信用汇票、押汇汇票，是附带提单、仓单、保险单、装箱单、商业发票等单据才能进行付款的汇票。商业汇票多为跟单汇票。

3. **按付款时间划分**

(1)即期汇票(Sight Draft)是指持票人向付款人提示后，对方立即付款的汇票，又称见票即付汇票。

(2)远期汇票(Time Draft)是在出票一定期限后或特定日期付款的汇票。远期汇票的付款时间,有以下4种规定办法:①见票后若干天付款(At××Days After Sight),即注期汇票;②出票后若干天付款(At××Days After Date),即计期汇票;③提单签发日后若干天付款(At××Days After Date of Bill of Lading),即计期汇票;④指定日期付款(Fixed Date),即定期汇票。

4. 按承兑人划分

(1)商业承兑汇票(Commercial Acceptance Draft)是银行以外任何工商企业或个人为承兑人的远期汇票。

(2)银行承兑汇票(Banker Acceptance Draft)是承兑人为银行的远期汇票。

5. 按流通地域划分

(1)国内汇票(Inland Draft)是指在本国签发并在本国支付的汇票,即在本国范围内流通的汇票,是不具有涉外因素的汇票。

(2)国际汇票(International Draft),简称汇票,是指在国际结算中使用的汇票。大多数国际汇票,均附带单据。

(五)票据行为

汇票使用过程中的各种行为,都由《票据法》加以规范,主要有出票、提示、承兑和付款。如需转让,通常经过背书行为。如果汇票遭拒付,还需做成拒绝证书并行使追索权。

1. 出票

出票(Draw/Issue)是指出票人签发汇票并将其交付给收款人的法律行为。出票后,出票人即承担保证汇票得到承兑和付款的责任。如果汇票遭到拒付,出票人应接受持票人的追索,清偿汇票金额、利息和有关费用。

出票时,通常有以下3种方式规定收款人:

(1)限制性抬头(Restrictive Payee),即注明仅付给某人,或注明不得流通转让。这种汇票通常会标注"Pay ABC Co. Ltd. Only"或"Pay ABC Co. Ltd., Not Negotiable"。这种汇票不得流通转让。

(2)指示性抬头(To Order)。汇票常标有"Pay ABC Co. Ltd. or Order"或者"Pay to the Order of ABC Co. Ltd."。这种汇票能够通过背书转让给第三者。

(3)持票人或者来人抬头(To Bearer)。常标注有"Pay to Bearer"或者"Pay to ABC Co. Ltd. or Bearer"。这种汇票无须持票人背书即可转让。

2. 提示

提示(Presentation)是指持票人将汇票提交付款人要求承兑或付款的行为。提示又分为付款提示和承兑提示。

3. 承兑

承兑(Acceptance)是指付款人在持票人向其提示远期汇票时，在汇票上签名，承诺于汇票到期时付款的行为。具体做法是付款人在汇票正面写明"承兑"字样，注明承兑日期，在签章后交还持票人。付款人一旦对汇票作出承兑，即成为承兑人，且以主债务人的地位承担汇票到期时付款的法律责任。

4. 付款

付款(Payment)是指付款人在汇票到期日，向提示汇票的合法持票人足额付款的行为。持票人将汇票注销后交给付款人作为收款证明，汇票所代表的债权债务关系即告终止。

5. 背书

背书(Endorsement)是指汇票的收款人或持票人在票据背面记载有关事项并签字的行为。背书是把票据的权利转让给他人的行为，是记名汇票转让时的必要手续。

背书有以下 3 种形式：

(1)空白背书，又称为不记名背书，背书人只在汇票背面签字，不写明被背书人。这是最常见的背书方式。

(2)特别背书包括记名背书、正式背书和完全背书。背书人除在票据背面载明背书人的姓名及签章外，还应记载被背书人的名称。

(3)限制性背书是指背书人在票据背面对支付给被背书人的指示中，带有限制性词语。此背书方式没有流通性，因此，在国际贸易结算中较少使用。

6. 贴现

贴现(Discounting)是指远期汇票经承兑后尚未到期，持票人背书后，由银行或贴现公司作为受让人，从票面金额中扣减按贴现率结算的贴息后，将余款付给持票人的行为。

7. 拒付和追索

持票人向付款人提示，付款人拒绝付款或拒绝承兑的行为，均称拒付(Dishonour)。另外，付款人逃匿、死亡或宣告破产，以致持票人无法实现提示的行为，也称拒付。

当汇票发生拒付时，持票人有追索权，即向其前手(背书人、出票人)要求偿付汇票金额、利息和其他费用的权利。在追索前，必须按规定做成拒绝证书和发出拒付通知。

8. 保证

保证(Guarantee)是指汇票责任当事人以外的第三者，对汇票部分或全部金额保证付款的行为。一张汇票经过保证就提高了汇票的信用。

【例7-1】甲交给乙一张已经由付款银行承兑的远期汇票，作为向乙进口货物的预付款。乙在收到汇票后，通过背书方式将其转让给丙，以此偿还对丙的借款债务。当汇票到期时，丙持票向承兑银行请求付款。但遗憾的是，该行当天被法院宣告破产，导致丙未能成功兑现，并因此被退票。面对这一情况，丙立即向甲提出追索请求。甲以乙交付的货物不符合合同要求为由，拒绝承担付款责任，并声称已在10天前通知银行停止支付，同时将该止付通知及止付理由传达给了乙。随后，丙再向乙提出追索请求，乙以汇票系以甲开立为由，拒绝承担责任。最终，丙将甲、乙与银行三方作为被告，向法院提起诉讼。你认为法院将如何依法判决？其判决依据是什么？

二、本票

（一）本票的含义

本票（Promissory Notes）是一项书面的、无条件的支付承诺，由一个人做成，并交给另一个人，经制票人签名承诺，即期或定期或在可以确定的将来时间，支付一定金额给一个特定的人或其指定人。

根据《票据法》第73条第2款的规定，本票是指银行本票，不包括商业本票。

（二）本票的基本当事人

（1）出票人，即付款人，一般为债务人或进出口贸易中的进口商。
（2）收款人，即持票人，一般为债权人或进出口贸易中的出口商。

（三）本票的内容

本票必须记载的事项有标明"本票"的字样、无条件支付的承诺、确定的金额、收款人名称、出票日期、出票人签章。

三、支票

（一）支票的含义

支票（Cheque）是出票人签发的，委托办理支票存款业务的银行或者其他金融机构，在见票时无条件支付确定的金额给收款人或者持票人的票据。

（二）支票记载事项

支票记载事项包括绝对记载事项、相对记载事项和非法定记载事项。我国《票据法》和《支付结算办法》规定两项绝对记载事项可以通过出票人以授权补记的方式记载，其中包括支票的金额和收款人名称，注意未补记前不得使用。

绝对记载事项如下：①标明"支票"的字样；②无条件支付的委托；③确定的金额；④付款人名称；⑤出票日期；⑥出票人签章。绝对记载事项是《票据法》规定必填的记载事项，如果欠缺某一项记载事项，则该票据无效。

相对记载事项是指《票据法》规定应当记载而没有记载的事项，具体如下：①付款地（支票上未记载付款地的，付款地为付款人的营业场所）；②出票地（支票上未记载出票地的，出票人的营业场所、住所或经常居住的地方为出票地）。相对记载事项如未记载可以通过法律规定进行推定，不会导致票据无效。

非法定记载事项如下：①支票的用途；②合同编号；③约定的违约金；④管辖法院。非法定记载事项并不发生支票上的效力。

一般来说，支票种类主要包括记名支票、不记名支票、划线支票、保付支票、现金支票和银行支票。

第二节　电汇

电汇是国际贸易中经常采用的支付方式。从资金流向与支付工具的传递方向来说，国际货款的收付可以分为顺汇和逆汇两种方法。顺汇是指资金流动方向与支付工具的传递方向相同。电汇方式采用的是顺汇方法。逆汇是指资金流动方向与支付工具的传递方向相反。托收和信用证方式收取货款采用的是逆汇。

一、电汇的含义和当事人

（一）电汇的含义

电汇（Telegraphic Transfer，T/T）是汇出行应汇款人的申请，拍发加押电报、电传或 SWIFT（环球银行金融电信协会）给在另一国家的分行或代理行（汇入行），指示解付一定金额给收款人的一种汇款方式。汇付是目前使用最普遍的汇款方式，可分为前 T/T 和后 T/T 两种。

电汇具有速度快、费用高、不可转让收款权、须银行通知收款人取款的特点。

（二）电汇的当事人

（1）汇款人（Remitter），即合同中的买方或其他经贸往来中的债务人。

（2）汇出行（Remitting Bank），即汇出款项的银行，也就是买方所在地银行。

（3）汇入行（Paying Bank），即解付汇款的银行，也就是汇出行的代理行、卖方所在地银行。

（4）收款人（Payee or Beneficiary），即合同中的卖方或其他经贸往来中的债权人。

电汇的业务流程如图 7-1 所示。

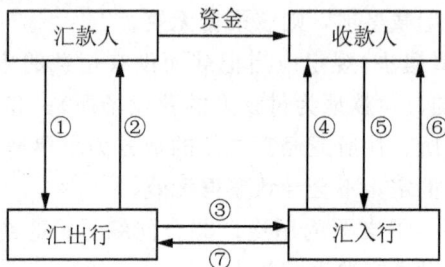

图 7-1　电汇的业务流程

图 7-1 列出了电汇业务流程的 7 个步骤，分别如下：

①汇款人填写电汇申请书，向汇出行交款、付费。

②汇出行向汇款人出具电汇回执。

③汇出行通过邮寄支付授权书、电传或 SWIFT（电汇），向汇入行发出汇款委托。

④汇入行核对签字/密押后，向收款人发出电汇通知书。

⑤收款人收到电汇通知书后，在收款联上盖章，交汇入行。

⑥汇入行借记汇出行账户，解付汇款给收款人。

⑦汇入行将付讫借记通知书寄给汇出行，解付完成。

【例 7-2】国内一家公司与国外客户商定，采用电汇方式结算货款。在货物发出 10 天后，这家公司收到了客户通过传真发送的电汇付款的银行收据。基于这份收据，该公司当即以书面形式通知船运公司将货物电子放行给提单上指定的通知人。货物被提走后，该公司却迟迟未收到货款。经查，客户在银行完成电汇付款手续，取得银行收据后，马上传真给该公司，并要求其立即进行货物的电子放行。在收到该公司给船运公司的电子放行指示后，客户却去银行撤销了这笔电汇付款，导致该公司损失了 8 万美元。从本案例中我们应吸取哪些教训？

二、电汇方式在国际贸易中的应用

1. 货到付款

货到付款（Payment after Arrival of Goods）是指出口方在没有收到货款以前，先交出单据或货物，然后由进口方主动汇付货款的方法。这种方法实际上是一种赊账业务

(Open Account Transaction)。

2. 预付货款

预付货款(Payment in Advance)是指在订货时汇付货款或交货前汇付货款的办法。订货时汇付货款多应用于一些客户提出特殊加工要求或专门为客户加工的特殊商品。

3. 凭单付汇

凭单付汇(Remittance against Documents)是指当采用预付货款时，进口商为避免货款两空，要求解付行解付货款时，收款人必须提供某些指定单据。

三、合同电汇条款

在国际买卖合同中规定电汇条款时，应明确电汇时间、电汇方法和金额。合同中的电汇条款举例如下：

(1)买方应于 2018 年 1 月 10 日前将全部货款用电汇方式汇付给卖方。

The buyer shall remit the full amount of the purchase price to the seller by T/T before January 10,2018.

(2)合同签署后 30 天，买方应以电汇方式付给卖方合同价格的 10%。

The buyer shall pay 10% of the contract price to the seller by T/T 30 days after the contract is signed.

第三节　托收

一、托收的含义

托收(Collection)是委托收款的简称，是出口人在货物装运后，出具债权凭证(如汇票、本票、支票等)委托银行向进口人收取货款的一种支付方式。

二、托收的当事人

(1)委托人(Principal)，即委托银行办理托收业务的客户，通常是出口人。

(2)托收行(Remitting Bank)，即接受委托人的委托，办理托收业务的银行，通常是出口地银行。

(3)代收行(Collecting Bank)，即接受托收行的委托，向付款人收取票款的进口地银行，通常是托收行的国外分行或代理行。

(4)提示行(Presenting Bank)，即向付款人作出提示汇票和单据的银行。提示行可以是代收行委托的与付款人有往来账户关系的银行，也可以由代收行兼任提示银行。

(5)付款人(Drawee)，根据托收指示，向其作出提示的人，通常是进口人，即债务人。如果使用汇票，即汇票的受票人就是付款人。

在托收业务中，如发生拒付，委托人可指定付款地的代理人代为办理货物存仓、转售、运回等事宜，这个代理人叫作"需要时的代理人"(Customer's Representative in Case-of-need)。委托人如果指定需要时的代理人，必须在托收委托书上写明此代理人的权限。

三、托收的种类

按照是否随附商业单据，托收分为光票托收和跟单托收。

(一)光票托收

光票托收(Clean Collection)是指金融单据不附有商业单据的托收，即提交金融单据委托银行代为收款。在国际贸易中，光票托收主要用于货款的尾数、样品费用、佣金、代垫费用、贸易从属费用、索赔及非贸易的款项。

(二)跟单托收

跟单托收(Documentary Collection)是指出口商根据合同备货出运后，将跟单汇票或不带汇票的货运单据签送托收行，由其代收货款的一种托收结算方式。跟单托收，如以汇票作为收款凭证，则使用跟单汇票。

国际贸易中采用托收方式收回货款时，大多采用跟单托收。在采用跟单托收时，按照向进口人交单的条件不同，又分为付款交单和承兑交单。

1. 付款交单

付款交单(Documents against Payment)是指出口人的交单是以进口人的付款为条件的，即出口人发货后，取得装运单据，委托银行办理托收，并指示银行只有在进口人付货款后，才能把商业单据交给进口人。根据付款时间不同，付款交单又分为即期付款交单和远期付款交单。

(1)即期付款交单(D/P at sight)，是指出口人发货后开具即期汇票，连同商业单据，通过银行向进口人展示相关单据，进口人见票后立即付款，并在付清货款后向银行领取商业单据的支付程序。其业务流程如图7-2所示。

①进出口人在贸易合同中规定采用即期付款交单方式支付货款。

②出口人按照合同规定装货，取得提单。

③出口人填写托收委托书，开出即期汇票，连同全套货运单据送交托收行代收货款。

④托收行向出口人交回执。

⑤托收行将汇票连同货运单据，并说明托收委托书各项指示，寄交进口地代理银行(代收行)，即提示行。

⑥代收行收到汇票及货运单据，即向进口人作出付款提示。

⑦进口人审核单据并付清货款。

⑧代收行向付款人提交全套货运单据。

⑨代收行电告(或邮告)托收行，款已收妥并转账。

⑩付款人向船公司交单提货。

⑪托收行将货款交给出口人。

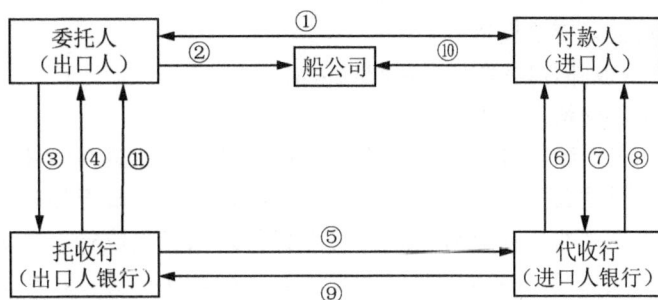

图 7-2 即期付款交单的业务流程

(2)远期付款交单(D/P after sight)，是指出口人发货后开具远期汇票，连同商业单据，通过银行向进口人提示，进口人审核无误后即在汇票上进行承兑，于汇票到期日付清货款后，再领取全套货运单据。其业务流程如图 7-3 所示。

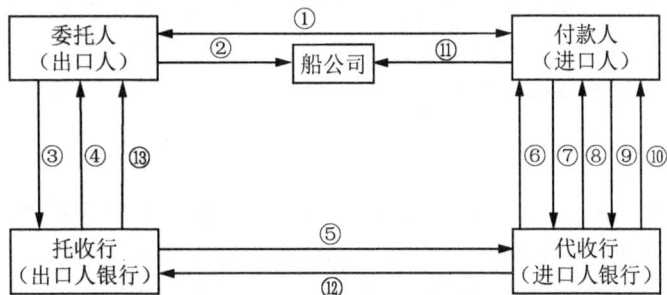

图 7-3 远期付款交单的业务流程

①进出口人在贸易合同中,规定采用远期付款交单方式支付货款。

②出口人按照合同规定装货,取得提单。

③出口人填写托收委托书,开出远期汇票,连同全套货运单据送交托收行代收货款。

④托收行向出口人交回执。

⑤托收行将汇票连同货运单据并说明托收委托书上各项指示,寄交进口地代理银行(代收行),即提示行。

⑥代收行收到汇票及货运单据,即向进口人作出承兑提示。

⑦进口人审核单据并承兑汇票。

⑧汇票到期时,代收行向进口人提示汇票要求付款。

⑨付款人付款。

⑩代收行向付款人提交全套货运单据。

⑪付款人向船公司交单提货。

⑫代收行电告(或邮告)托收行,款已收妥并转账。

⑬托收行将货款交给出口人。

如果付款日期晚于到货日期,进口人为了抓住有利时机转售货物,可以采取以下两种做法:一是在付款到期日之前付款赎单,扣除提前付款日至原付款到期日之间的利息,作为进口人享受的一种提前付款的现金折扣;二是代收行对于资信较好的进口人,允许其凭信托收据(Trust Receipt)借取货运单据,先行提货,在汇票到期时再付清货款。

信托收据就是进口人借单时提供的一种书面信用担保文件,用来表示愿意以代收行的委托人身份代为提货、报关、存仓、保险或出售,并承认货物所有权仍属于银行。货物售出后所得的货款,应于汇票到期时交银行。这是代收行向进口人提供的信用便利,与出口人无关。因此,如果代收行借出单据后,到期不能收回货款,则应由代收行负责。但如果出口人指示代收行借单,就是由出口人主动授权银行凭信托收据借单给进口人,即远期付款交单凭信托收据借单(D/P·T/R)方式,则由出口方承担一切风险,与银行无关。这种做法的性质与承兑交单相差无几,因此,其在使用时必须特别慎重。

2. 承兑交单

承兑交单(Documents against Acceptance,D/A)是指代收行在进口商承兑远期汇票后,向其交付单据的一种方式,指出口方发运货物后开具远期汇票,连同货运单据委托银行办理托收,并明确指示银行,进口人在汇票上承兑后,即可领取全套货运单据,待汇票到期日再付清货款。承兑交单方式只适用于远期汇票的托收。

承兑交单的业务流程如图 7-4 所示。

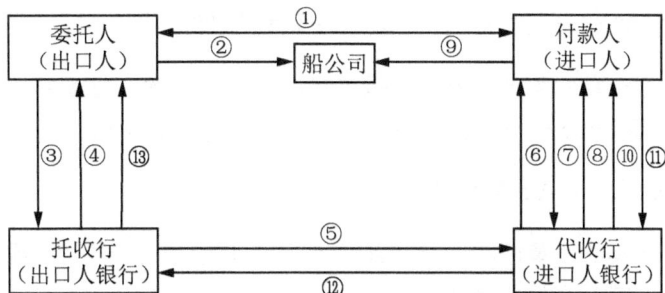

图 7-4　承兑交单的业务流程

①进出口人在贸易合同中规定采用承兑交单方式支付货款。

②出口人按照合同规定装货，取得提单。

③出口人填写托收委托书，开出远期汇票，连同全套货运单据送交托收行代收货款。

④托收行向出口人交回执。

⑤托收行将汇票连同货运单据，并说明托收委托书上各项指示，寄交进口地代理银行(代收行)，即提示行。

⑥代收行收到汇票及货运单据，即向进口人作出承兑提示。

⑦进口人审核单据并承兑汇票。

⑧代收行向付款人提交全套货运单据，代收行保留汇票。

⑨付款人向船公司交单提货。

⑩汇票到期时，代收行向进口人提示汇票要求付款。

⑪付款人付款。

⑫代收行电告(或邮告)托收行，款已收妥并转账。

⑬托收行将货款交给出口人。

【例 7-3】某出口公司出口三批货物，分别规定 D/P 即期、D/P 30 天、D/A 30 天方式收款。假设邮件单程寄送时间为 10 天，托收日为 9 月 1 日。提示日、承兑日、付款日、交单日分别是哪一天？

四、合同中的托收条款

(一)即期付款交单(D/P at sight)条款举例

买方应凭卖方开具的即期跟单汇票于见票时立即付款，付款后交单。

The Buyers shall pay to the Sellers by D/P at sight.

(二)远期付款交单(D/P after sight)条款举例

买方应凭卖方开具的跟单汇票,于提单日后××天付款,付款后交单。

The Buyer shall pay to the Seller by D/P at … days after the date of Bill of lading.

(三)承兑交单(D/A)条款举例

买方对卖方开具的跟单汇票,于提示时承兑,并应于提单日后(或出票日后)××天付款,承兑后,应提交相关单据。

The Buyer shall accept the documentary draft drawn by the Seller upon presentation and shall make payment … days after the date of Bill of lading or date of issue. Documents shall be presented after acceptance.

【例7-4】我国某外贸企业与某国A商达成一项出口合同,付款条件为D/P见票后45天付款。当汇票及所附单据通过托收行寄抵进口地代收行后,A商及时在汇票上履行了承兑手续。货抵目的港时,由于用货心切,A商出具信托收据向代收行借得单据,先行提货转售。汇票到期时,A商因经营不善,失去偿付能力。代收行以汇票付款人拒付为由通知托收行,并建议由我国某外贸企业直接向A商索取货款。我国某外贸企业应如何处理?

第四节 信用证

由于国际贸易属于跨国交易,买卖双方在第一次交易时彼此还未建立信任关系,卖方担心发出货后不能收款,而买方担心付出货款后收不到货。这在一定程度上阻碍了国际贸易的顺利开展,因此,在托收基础上就产生了信用证(Letter of Credit,L/C)结算,由银行作为第三方充当付款人和担保人,将托收的商业信用转化为银行信用,从而保证了买卖双方合同顺利履行。

一、信用证的含义和特点

(一)信用证的含义

信用证是指银行根据进口人(买方)的请求,开给出口人(卖方)的一种保证承担支付货款责任的书面凭证。在信用证中,银行授权出口人在符合信用证规定的条件下,以该行或其指定的银行为付款人,开具不得超过规定金额的汇票,并按规定随附装运单据，按期在指定地点收取货款。也就是说，信用证是一种银行开立的有条件的承诺付款的书面文件。

(二)信用证的特点

1. L/C 属于银行信用

信用证是一种银行信用，是银行的一种担保文件，开证行对其支付有首要付款的责任。一旦受益人满足了信用证的条件，就可以直接向银行要求付款，而无须向开证申请人要求付款。

【例 7-5】中国 A 公司与外国 B 公司按照 L/C 出口商品，A 公司按 L/C 规定将货物装出，在准备交单议付时，突然接到开证行通知，称开证申请人已经倒闭，开证行不再承担付款责任。A 公司应如何处理？

2. L/C 是独立于合同之外的一种自足的文件

信用证的开立以买卖合同为依据，但信用证一经开出，就成为独立于买卖合同之外的另一种契约，不受其约束。即使信用证中提及买卖合同，银行也与买卖合同无关，且不受其约束，即开证行和参加信用证业务的其他银行只按信用证的规定办事。

【例 7-6】我国某公司从国外进口一批大米，货物分三批装运，每批分别由中国银行开立一份 L/C。第一批货物装运后，卖方在有效期内向银行交单议付，后中国银行审单后对议付行出偿付。我方收到第一批货后，发现货物品质与合同不符，因此，要求开证行对第二份 L/C、第三份 L/C 项下的单据拒绝付款，但遭到开证行拒绝。开证行的这种做法是否合理？

3. L/C 是一种纯单据的买卖

信用证业务是一种纯粹的单据业务(Pure Document Transaction)。开证行只根据表面上符合信用证条款的单据付款，不负责审核货物质量好坏、数量是否短缺等。在信用证条件下，实行严格符合的原则，不仅要做到"单证一致"，还要做到"单单一致"。

【例 7-7】我国某公司向国外出口红色面料 100 000 码，国外信用证上的品名误为"蓝色"。出口公司为保持单证一致，顺势将品名更改为"蓝色"，所有单据品名均按"蓝色"制作。这样做开证行是否会付款？

二、信用证的当事人

(一)开证申请人

开证申请人(Applicant)，又称开证人(Opener)，是向开证行申请开立信用证的人，一般是进口人。

（二）开证行

开证行（Opening Bank，Issuing Bank）是接受开证申请人的委托，开立信用证的银行。它承担按信用证规定条件保证付款的责任。开证行一般是申请人的开户行。

（三）通知行

通知行（Advising Bank）是受开证行委托，将信用证转交出口人的银行。它只证明信用证的真实性，不承担其他义务，是出口人所在地银行。

（四）受益人

受益人（Beneficiary）是信用证上所指定的有权使用该证的人，一般为出口人。

（五）议付行

议付行（Negotiating Bank），又称购票行、押汇行、贴现行，是愿意买入或贴现受益人交来的跟单汇票和单据的银行。议付行根据信用证开证行的付款保证和受益人的请求，按信用证规定对受益人交付跟单汇票垫款或贴现，并向信用证规定的付款行索偿，如遭拒付，可向受益人追回垫款。

（六）付款行

付款行（Paying Bank），又称代付行，一般为开证行，也是开证行所指定的银行。无论汇票的付款人是谁，开证行都必须对提交了符合信用证要求的单据的出口人履行付款责任。付款行付款后没有追索权。

（七）保兑行

保兑行（Confirming Bank）是应开证行或受益人的申请，在信用证上加批保证兑付的银行。它和开证行处于相同的地位，即对汇票（有时无汇票）承担不可撤销的付款责任。付款后只能向开证行索偿，若开证行拒付或倒闭，则无权向受益人和议付行追索。

（八）承兑行

承兑行（Accepting Bank）是对受益人提交汇票进行承兑的银行，也是付款行。

（九）偿付行

偿付行（Reimbursement Bank），又称清算行（Clearing Bank），是接受开证行在信用证中委托代开证行偿还垫款的第三国银行。当开证行审核单据发现不符而拒绝付款时，仍可向议付行追索。

(十)受让人

受让人(Transferee)，又称第二受益人(Second Beneficiary)，是指接受第一受益人转让有权使用信用证的人，大多是出口人。

三、信用证的种类

(一)跟单信用证和光票信用证

按信用证下的汇票是否随附货运单据划分，信用证可分为跟单信用证和光票信用证。

1. 跟单信用证

跟单信用证(Documentary L/C)是指凭跟单汇票或仅凭单据付款的信用证。此处的单据指代表货物所有权的单据(如海运提单等)，或证明货物已交运的单据(如铁路运单、航空运单、邮包收据等)。在国际贸易的货款结算中，绝大部分使用跟单信用证。

2. 光票信用证

光票信用证(Clean L/C)是指开证行仅凭不附单据的汇票付款的信用证。有的信用证要求汇票附有非货运单据，如发票、垫款清单等，也属于光票信用证。在采用信用证方式预付货款时，通常使用光票信用证。

(二)不可撤销信用证和可撤销信用证

按开证行所负的责任划分，信用证可分为不可撤销信用证和可撤销信用证。

1. 不可撤销信用证

不可撤销信用证(Irrevocable L/C)是指信用证一经开出，在有效期内，未经受益人及有关当事人的同意，开证行不得片面修改和撤销。只要受益人提供的单据符合信用证规定，开证行就必须履行付款义务的信用证。

2. 可撤销信用证

可撤销信用证(Revocable L/C)是指开证行对所开信用证不必征得受益人或有关当事人的同意，有权随时撤销的信用证。

(三)保兑信用证和不保兑信用证

按有无另一家银行加以保兑划分，信用证可分为保兑信用证和不保兑信用证。

1. 保兑信用证

保兑信用证(Confirmed L/C)是指开证行开出的由另一家银行保证对符合信用证规

定的单据履行付款义务的信用证。对信用证加保兑的银行，被称为保兑行（Confirming Bank）。

2. 不保兑信用证

不保兑信用证（Unconfirmed L/C）是指开证行开出的未经另一家银行保兑的信用证。当开证行资信好和成交金额不大时，一般都使用不保兑信用证。

(四)即期付款信用证、远期付款信用证和假远期付款信用证

按 UCP 600 的规定，任何一份信用证均须明确表示其适用何种兑现方式。凡注明"付款兑现"（Available by Payment）的信用证称为付款信用证，按付款期限不同，可分为以下 3 种。

1. 即期付款信用证

注明"即期付款兑现"（Available by Payment at sight）的信用证称为即期付款信用证（Sight Payment L/C）。此种信用证一般不需要汇票，也不需要领款收据，付款行或开证行只凭货运单据付款。证中一般列有"当受益人提交规定单据时，即行付款"的保证文句。

2. 远期付款信用证

远期付款信用证（Usance L/C）是指开证行或者付款行收到结算单据时，不立即付款，而是在规定的时间内履行付款义务的信用证。在远期付款信用证结算方式下，卖方先交单后收款，为买方提供了融资便利。

3. 假远期付款信用证

假远期付款信用证（Usance L/C Payable at sight）规定受益人开立远期汇票，由付款行负责贴现，并规定一切利息和费用由开证人承担。这种信用证对受益人来讲实际上仍属即期收款，在信用证中有"假远期"条款。

(五)承兑信用证

承兑信用证（Acceptance L/C）是指由某一银行承兑的信用证，即当受益人向指定银行开具远期汇票并提示时，指定银行即行承兑，并于汇票到期日再进行付款。

(六)议付信用证

议付信用证（Negotiation L/C），是指开证行在信用证中，邀请其他银行买入汇票/单据的信用证，即允许受益人向某一指定银行或任何银行交单议付的信用证。通常在单据符合信用证条款的条件下，议付行扣除利息和手续费后将票款付给受益人。议付信用证可分为公开议付信用证（Open Negotiation L/C）和限制议付信用证。

(七)可转让信用证和不可转让信用证

按受益人对信用证的权利是否可转让，信用证分为可转让信用证和不可转让信用证。

1. 可转让信用证

可转让信用证(Transferable L/C)是指信用证的受益人(第一受益人)可以要求授予权付款、承担延期付款责任、承兑或议付的银行(统称转让行)，或当信用证是自由议付时，可以要求信用证中特别授权的转让行，将信用证全部或部分转让给一个或数个受益人(第二受益人)使用的信用证。信用证须明确证明"可转让"(Transferable)，且只能转让一次。

2. 不可转让信用证

不可转让信用证(Non-Transferable L/C)是指受益人不能将信用证的权利转让给他人的信用证。凡信用证中未注明"可转让"的，就是不可转让信用证。

(八)循环信用证

循环信用证(Revolving L/C)是指信用证全部或部分使用后，其金额又恢复到原金额，可再次使用，直至达到规定次数或规定总金额为止的信用证。循环信用证可分为按时间循环信用证和按金额循环信用证。

1. 按时间循环信用证

按时间循环信用证是指在规定时间内，受益人可多次使用的信用证。

2. 按金额循环信用证

按金额循环信用证是指在信用证金额议付后，在原金额基础上再次循环使用，直至用完规定总额的信用证。根据恢复到原金额的方式不同，其可分为以下 3 种。

(1)自动式循环使用。受益人按规定时间装运货物交单议付一定金额后，信用证即自动恢复到原金额，可再次按原金额使用。

(2)非自动式循环使用。受益人按规定时间装运货物交单议付一定金额后，必须等待开证行的通知到达后，才能使信用证恢复到原金额，再次使用。

(3)半自动式循环使用。受益人每次装货交单议付后，在若干天内开证行未提出中止循环的通知，信用证即自动恢复至原金额，并可再次使用。循环信用证通常在分批均匀交货的情况下采用。

(九)对开信用证

对开信用证(Reciprocal L/C)是指两张信用证的开证申请人互为对方信用证受益人而开立的信用证。对开信用证的特点是第一张信用证的受益人(出口人)和开证申请人

（进口人）分别是第二张信用证的开证申请人和受益人，第一张信用证的通知行通常就是第二张信用证的开证行。两张信用证的金额相等或大致相等，两证可同时互开，也可先后开立。对开信用证多用于易货贸易或来料加工和补偿贸易业务。

(十)背对背信用证

背对背信用证(Back to Back L/C)，又称转开信用证，是指受益人要求原证的通知行或其他银行以原证为基础，另开一张内容相似的新信用证。背对背信用证由原证的不可撤销信用证支持。通常是中间商转售他人货物，或两国不能直接办理进出口贸易时，通过第三者采用背对背信用证来沟通贸易。原信用证的金额（单价）应高于背对背信用证的金额（单价），背对背信用证的装运期应早于原信用证的规定。

(十一)预支信用证

预支信用证(Anticipatory L/C)是指允许受益人在货物装运交单前预支货款的信用证，有全部预支和部分预支两种。货未装运，由开证行负责偿还议付行的垫款和利息。为了引人注目，这种预支货款的条款常用红字，故称"红条款信用证"(Red Clause L/C)。在国际贸易实务中，信用证的预支条款并非都用红色表示，但其效力相同。

四、信用证的主要内容及开立形式

(一)信用证的主要内容

各国银行所使用的信用证并无统一的格式，其内容因信用证种类的不同而有所区别，但信用证的基本内容都包括以下几个方面。

(1)对信用证本身的说明。对信用证的说明包括信用证的种类、性质、信用证号码、开证日期、有效期、到期地点和交单期限等。

(2)在信用证项下，如使用汇票，要明确汇票人、受票人、受款人、汇票金额、汇票期限和主要条款等内容。

(3)对装运货物的说明。在信用证中，应列明货物名称、规格、数量、单价等，且这些内容应与买卖合同规定相一致。

(4)对运输事项的说明。在信用证中，应列明装运港(地)、目的港(地)、装运期限以及可否分批、转运等内容。

(5)对货运单据的说明。在信用证中，应列明所需的各种货运单据，如商业发票、运输单据、保险单及其他单据。

(6)其他事项包括开证行对议付行的指示条款；开证行保证付款的文句；开证行的名称及地址；其他特殊条款，如限制由××银行议付、限制船舶国籍和船舶年龄、限制航线和港口等。这些特殊条款根据进口国政治经济情况的变动可以有所不同。

(二)信用证的开立形式

1. 信开本

信开本(To Open by Airmail)是指开证行采用印就的信函格式的信用证,开证后以空邮寄送通知行。

2. 电开本

电开本(To Open by Cable)是指开证行使用电报、电传、传真、SWIFT 等各种电讯方法将信用证条款传达给通知行。电开本可分为以下几种。

(1)简电本(Brief Cable),即开证行只是通知已经开证,将信用证主要内容,如信用证号码、受益人名称和地址、开证申请人名称、金额、货物名称、数量、价格、装运期及信用证有效期等预先通告通知行,详细条款将另航寄通知行。

由于简电本内容简单,在法律上是无效的,不足以作为交单议付的依据。

简电本有时注明"详情后告"等类似词语。如果有这种措辞,该简电本通知只能作为参考,不是有效的信用证文件,开证行应立即寄送有效的信用证文件。

(2)全电本(Full Cable),即开证行以电讯方式开证,把信用证全部条款传达给通知银行。全电本是一份内容完整的信用证,因此是交单议付的依据。

(3)SWIFT 信用证。环球银行金融电信协会(Society for Worldwide Interbank Financial Telecommunications,SWIFT)。通过 SWIFT 开立或通知的信用证,均称为 SWIFT 信用证。目前,开立 SWIFT 信用证的格式代号为 MT 700 和 MT 701,如对开立的 SWIFT 信用证进行修改,则采用 MT 707 标准格式传递信息。

五、信用证付款的基本程序

信用证付款(结算)的一般流程如图 7-5 所示。

(1)进出口双方当事人应在买卖合同中明确规定采用信用证方式付款。

(2)进口人向其所在地银行提出开证申请,填具开证申请书,并缴纳一定的开证押金或提供其他保证,请银行(开证行)向出口人开出信用证。

(3)开证行按申请书内容开立以出口人为受益人的信用证,并通过其在出口人所在地的代理行或往来行(统称通知行)将信用证通知出口人。

(4)通知行核对印鉴或者密押无误后,将信用证交与出口人。

(5)出口人审核信用证与合同相符后,按照合同要求将货物付运出去,并取得各项货运单据,开出汇票。在信用证有效期内,送请开证行授权的银行(议付行)议付。

(6)议付行按信用证条款审核无误后,按照汇票金额扣除利息,把货款垫付给出口方。

(7)议付行将汇票和货运单据寄给开证行(其指定的付款行)索偿，往往是在扣除已交保证金的基础上少补多退。

(8)开证行(其指定的付款行)核对单据无误后，付款给议付行。

(9)开证行通知进口人付款赎单。

(10)进口人付款并取得货运单据后，凭此向承运人提货。

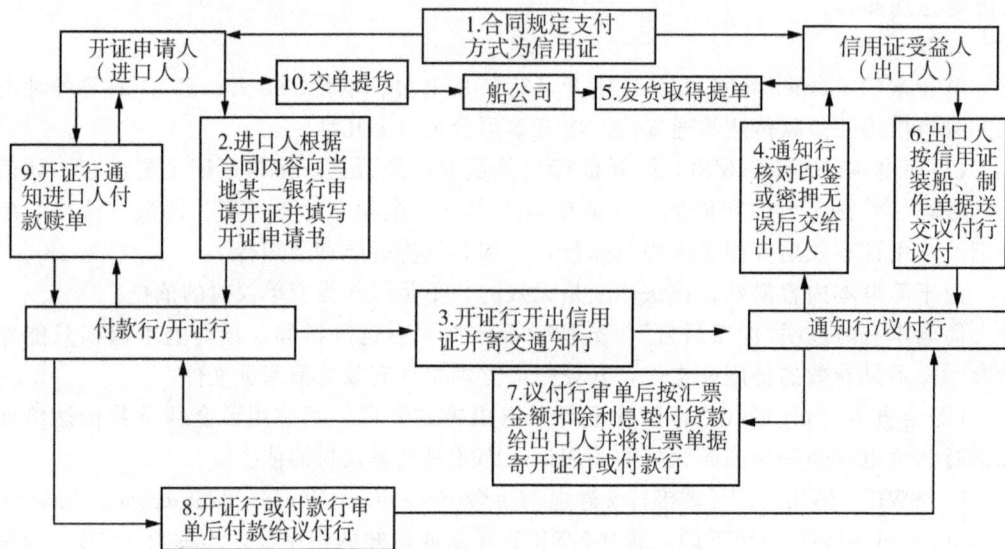

图 7-5　信用证付款(结算)的一般流程

六、合同中的信用证支付条款

在进出口合同中，如果约定信用证付款，买卖双方应将开证日期、信用证类别、付款时间、信用证金额、信用证有效期和到期地点等事项作出明确、具体的规定。现将我国出口合同中信用证支付条款列举如下。

(一)即期信用证支付条款

买方应通过卖方所接受的银行于装运月份前开立，并送达卖方不可撤销即期信用证，其有效期至装运月份后第 15 天在中国议付。

The buyer shall open and deliver to the seller an irrevocable sight L/C through a bank acceptable to the seller, before the month of shipment, valid for negotiation in China until the 15th day after the month of shipment.

(二)远期信用证支付条款

买方应于××××年××月××日前(或接到卖方通知后×天内或签约后×天内)通过××银行开立以卖方为受益人的不可撤销的(可转让的)见票后×天(或装船日后×天)付款的银行承兑信用证。信用证议付有效期延至上述装运期后 15 天在中国到期。

The buyer shall,before××××××××(or within ×× days after receiving the seller's notice or signing the contract),open an irrevocable (transferable) banker's acceptance L/C payable in favor of the seller at ×× days after ×× the date of shipment. The L/C shall remain valid for negotiation in China until 15 days after the aforesaid time of shipment.

(三)循环信用证支付条款

买方应通过为卖方所接受银行于第一批装运月份前×天开立并送达卖方不可撤销即期循环信用证,该证在 19××年期间,每月自动可供××(金额),并保持有效至 20××年 1 月 15 日,在北京议付。

The buyer shall open and deliver to the seller an irrevocable sight revolving L/C,to be accepted by the bank for the seller,×× days before the month of the first shipment. The credit will be available automatically for the amount of … per month for the period of 19×× and remain valid for negotiation in Beijing until Jan.15,20××.

第五节　其他结算方式

一、银行保函

(一)银行保函的含义及性质

保函(Letter of Guarantee,L/G)又称"银行保证书""银行信用保证书",简称"保证书",是指银行、保险公司、担保公司或个人(保证人)应申请人的请求,向受益人开立的一种书面信用担保凭证。银行保函保证在申请人未能按双方协议履行其责任或义务时,由担保人代其履行一定金额、一定期限范围内的某种支付责任或经济赔偿责任。

(二)银行保函的种类

1. 根据保函与基础交易合同的关系不同划分

(1)从属性保函。其是指作为一项附属性契约而依附基础交易合同的银行保函。传统的银行保函大都属于从属性保函。

(2)独立性保函。其是指一经开出，未经受益人同意，不能修改或解除其所承担的保函项下的义务的保函，保函项下的赔付只取决于保函本身，而不取决于保函以外的交易事项，所以银行收到受益人的索赔要求后应立即予以赔付规定的金额。

2. 根据保函索赔条件的不同划分

(1)无条件保函。其是指担保人凭在保函有效期内提交的符合保函条件的书面要求书及保函规定的任何其他单据支付某一规定的或某一最大限额的付款承诺。

(2)有条件保函。其是指保证人向受益人付款是有条件的，只有在符合保函规定的条件下，保证人才予付款。

3. 根据保函的使用范围不同划分

(1)进口履约保函。其是指担保人应申请人(进口人)的申请开给受益人(出口人)的保证承诺。保函规定，如来出口人按期交货后，进口人未按合同规定付款，则由担保人负责赔偿出口人的损失。

(2)出口履约保函。其是指担保人应申请人(出口人)的申请开给受益人(进口人)的保证承诺。保函规定，如出口人未能按合同规定交货，担保人负责赔偿进口人的损失。

(三)银行保函的当事人及其主要责任

1. 主要当事人

(1)申请人(Applicant)，又称委托人(Principal)，即向银行提出申请，要求银行开立保函的一方。其主要责任是履行合同有关义务，并在担保人履行担保责任后向担保人补偿其所作的任何支付。

(2)受益人(Beneficiary)，即收到保函并有权按保函规定的条款凭以向银行提出索赔的一方。受益人的责任是履行其有关合同的义务。在投标保函项下，通常为招标人；在承包工程的履约保函和预付款保函项下，通常为工程的业主。

(3)担保人(Guarantor)，又称保证人，即开立保函的银行。担保人的责任是在收到索赔书和保函中规定的其他文件后，确认这些文件表面上与保函条件一致时，即支付保函中规定数额的经济赔偿。

2. 其他当事人

银行保函除上述三个主要当事人外，根据具体情况还可能涉及以下几个当事人。

(1)通知行(Advising Bank)，又称转递行(Transmitting Bank)，即根据开立保函的银行的要求和委托，将保函通知给受益人的银行。通常为受益人所在地的银行。

(2)保兑行(Confirming Bank)，又称第二担保人，即根据担保人的要求在保函上加以保兑的银行。保兑行通常为受益人所在地信誉良好的银行。

(3)转开行(Reissuing Bank)，即接受担保银行的要求，向受益人开出保函的银行。

发生符合保证书规定条件的事情时，受益人向转开行要求付款或赔偿。转开行通常是受益人所在地银行。

（四）银行保函的主要内容

保函内容应清楚、准确，避免列入过多细节。其主要内容包括以下几项。

1. 有关当事人

保函中应详列主要当事人，即申请人、受益人、担保人的名称和地址。保函如涉及通知行或转开行，还应列明通知行或转开行的名称和地址。

2. 开立保函的依据

开立保函的依据是基础合同，应列明合同或标书等协议的号码和日期。

3. 担保金额

担保金额是保函内容的核心，每份保函都必须明确规定金额。担保人仅依据保函规定的金额向受益人负责，其责任不超过保函规定的金额。

4. 要求付款的条件

担保人在收到索赔书或保函中规定的其他文件（如工艺师或工程师出具的证明书，法院判决书或仲裁裁决书）后，认为这些文件表面上与保函条款一致时，即支付保函中规定的款项。

5. 保函失效日期

在保函中应规定保函失效日期。如未规定，当保函退还担保人或受益人书面声明解除担保人的责任时，即认为该保函已失效。

6. 保函适用的法律

保函适用的法律是担保人营业所在地的法律。如果担保人有多处营业场所，其适用法律为开出保函的分支机构所在地的法律。

二、备用信用证

（一）备用信用证的含义

备用信用证（Standby L/C）是开证人（一般是银行）应支付人的请求开给受益人，保证受益人出示特定单据或文件时，开证人在单证相符的条件下必须付给受益人一笔规定的款项或承兑汇票的一种书面凭证。

备用信用证具有不可撤销性、独立性、跟单性及强制性的特点，开证行保证在开证申请人未履约时，受益人只要凭备用信用证的规定向开证行开立汇票（不开立汇票）并提交开证申请人未履约的声明或证明文件，开证行就必须偿付。

（二）备用信用证的种类

备用信用证的种类很多，根据在基础交易中备用信用证的不同作用主要分为以下6类。

1. 履约保证备用信用证

履约保证备用信用证是指用于担保履约而非担保付款，支持一项除支付货款以外的义务的履行，包括对申请人在基础交易中违约所致损失的赔偿的备用信用证。

2. 预付款保证备用信用证

预付款保证备用信用证是指用于担保申请人对受益人的预付款所应承担的义务和责任的备用信用证。

3. 反担保备用信用证

反担保备用信用证，又称对开备用信用证，它支持反担保备用信用证受益人所开立的另外的备用信用证或其他承诺。

4. 投标备用信用证

投标备用信用证是指用于担保申请人中标后执行合同义务和责任的备用信用证。若投标人未能履行合同，开证人必须按备用信用证的规定向受益人履行赔款义务。

5. 直接付款备用信用证

直接付款备用信用证是指用于担保到期付款，到期没有任何违约时支付本金和利息的备用信用证。它主要用于担保企业发行债券或订立债务契约时的到期支付本息义务。

6. 商业备用信用证

商业备用信用证是指如不能以其他方式付款，为申请人对货物或服务的付款义务进行保证的备用信用证。

第六节　支付方式的选用

为了保证安全、迅速收取外汇，加速资金周转，促进贸易发展，进出口双方可以选择对自己有利的支付方式。在实际业务中，除采用某一种支付方式外，有时也可以将各种不同的支付方式结合起来使用，如将信用证与汇付、托收及备用信用证、银行保证书等结合使用。在成交金额大、交货时间长的成套设备及飞机、船舶等运输工具的交易中，还可以结合使用分期付款、延期付款的支付方法。

一、信用证与汇付结合

信用证与汇付结合是指部分货款用信用证支付，余数通过汇付方式结算。

比如，对于矿砂等初级产品的交易，双方约定，信用证规定凭装运单据先付发票金额若干成，余数待货到目的地后，根据检验结果，按实际品质或重量计算出确切金额，另用汇付方式支付。

二、信用证与托收结合

信用证与托收结合是指部分货款用信用证支付，余数用托收方式结算。一般做法是，信用证规定出口人须开立两张汇票，属于信用证部分的货款凭光票付款，而全套单据附在托收部分汇票项下，按即期付款或远期付款交单方式托收。使用这种方法结算，合同中通常要订明支付条款。

三、跟单托收与备用信用证或银行保证书结合

跟单托收对出口人来说有一定的风险。如果在使用跟单托收时，结合使用备用信用证或银行保证书，由开证行进行保证，则出口人的收款就基本能得到保障。具体做法是，出口人在收到符合合同规定的备用信用证或银行保证书后，就可凭光票与声明书向银行收回货款。采用这种方式时，通常应在出口合同中订入相应的支付条款。

四、汇付、托收和信用证结合

在成套设备、大型机械产品和交通工具的交易中，因成交金额较大，产品生产周期较长，一般采取按工程进度和交货进度分若干期付清货款，即分期付款（Pay by Installments）和延期付款（Deferred Payment）的方法，一般采用汇付、托收和信用证相结合的方式。

（一）分期付款

买卖双方在合同中规定，在产品投产前，买方可采用汇付方式，先交部分货款作为订金，而在买方付出订金前，卖方应向买方提供出口许可证影印本和银行开具的保函。除订金外，其余货款可按不同阶段分期支付，由买方开立不可撤销的信用证，即期付款，但最后一笔货款一般是在交货或品质保证期届满时付清。

（二）延期付款

在成套设备和大宗交易的情况下，由于成交金额较大，买方一时难以付清全部货款，可采用延期付款的办法。其做法是，买卖双方签订合同后，买方一般要预付一小部分货款作为订金。有的合同还规定，按工程进度和交货进度分期支付货款，但大部分货款是在交货后若干年内分期摊付，即采用远期信用证支付。

【本章小结】

本章主要介绍国际结算的支付工具和方式。国际结算支付的工具主要有汇票、本票和支票。国际结算中常用的结算方式有汇付、托收和信用证三种。其中，汇付属于顺汇，托收和银行属于递汇；汇付和托收属于商业信用，信用证属于银行信用。

【技能实训】

一、单项选择题

1. 下列各项中，不是汇付方式当事人的是（　　　）。

A. 汇款人　　　　　B. 汇出行　　　　　C. 解付行　　　　　D. 提示行

2. D/P·T/R 意指（　　　）。

A. 付款交单　　　　　　　　　　B. 承兑交单

C. 付款交单凭信托收据借单　　　D. 承兑交单凭信托收据借单

3. 属于顺汇的支付方式是（　　　）。

A. 汇付　　　　　B. 托收　　　　　C. 信用证　　　　　D. 银行保函

4. 可转让信用证须由开证行在信用证中明确注明（　　　）。

A. 可转让　　　　　B. 可分割　　　　　C. 可让渡　　　　　D. 可转移

5. 属于汇票必要项目的是（　　　）。

A. "付一不付二"的注明　　　　B. 付款时间

C. 对价条款　　　　　　　　　　D. 禁止转让的文字

二、案例分析题

1. 卖方向买方销售某种商品 10 000 吨，在合同中规定了 6 月至 10 月分 5 批装运，每月各装运 2 000 吨，不可撤销即期信用证付款。买方按约于 5 月 15 日按合同开立信用证。卖方在前 3 个月每月装运 2 000 吨，银行已分批凭单付款。但是 9 月卖方因故未能按时装运，并延迟至 10 月初才装运。当卖方持有相关单据向银行议付本批货款时，却遭到银行拒付，银行同时声称最后一批货物的装运失效。银行拒收单据、拒付货款及宣布最后一批货物装运失效有无道理？

2. 我国某外贸公司与外商于 2004 年 7 月 10 日以 CIF 条件签订了一份向对方出口价值 150 000 美元商品的销售合同，不可撤销信用证付款。合同中规定，外贸公司应在 8 月份运出货物。7 月 28 日，中国银行通知外贸公司，收到外商通过国外银行开来的信用证。经审核信用证条款与合同条款相符。但在外贸公司装船前，又收到外商通过银行转递的信用证修改通知，要求我方在 8 月 15 日之前装运货物。由于外贸公司已预订了 8 月 25 日开航的班轮，若临时变更，手续较为烦琐，因此，对该修改通知未予理睬，之后按原信用证的规定发货，并交单议付，议付行随后将全套单据递交开证行。

但是开证行以装运日期与信用证修改通知书不符为由拒付货款。请分析开证行是否有理由拒付货款。

3. 我国 A 公司向加拿大 B 公司以 CIF 条件出口一批货物，合同规定 4 月装运。B 公司于 4 月 10 日开立不可撤销信用证。此证根据 UCP 600 的规定办理。证内规定：装运期不得晚于 4 月 15 日。此时我方已来不及办理租船订舱，立即要求 B 公司将装运期延至 5 月 15 日。随后 B 公司来电称：同意展延船期，有效期也顺延一个月。A 公司于 5 月 10 日装船，提单签发日为 5 月 10 日，并于 5 月 14 日将全套符合信用证规定的单据交银行办理议付。我国 A 公司能否顺利结汇？为什么？

4. 我国某公司向 C 国出口一批土特产品，合同价值 300 万美元，采用 D/P 6 个月远期付款。签约后，根据 C 国政府公布的统计数字显示，C 国前一季度的财政赤字规模大幅度上升，国际收支逆差明显加大，而且通货膨胀显著加剧。为了减少外汇风险，出口公司应如何争取调整货款的收取时间？为什么？

5. 国外一家贸易公司与我国某进出口公司订立合同，购买小麦 500 公吨。合同规定，2002 年 1 月 20 日前开立信用证，2 月 5 日前装船。1 月 28 日买方开来信用证，有效期至 2 月 10 日。由于卖方按期装船有困难，故电请买方将装船期延至 2 月 17 日，并将信用证有效期延长至 2 月 20 日，买方回电表示同意，但未通知开证行。2 月 17 日货物装船后，卖方到银行议付时，遭到拒绝。银行是否有权拒付货款？为什么？作为卖方，应当如何处理此事？

第八章　进出口商品检验、索赔、不可抗力和仲裁

【学习重点及目标】

1. 了解进出口商品检验的含义和意义，以及检验机构、检验证书、出口商品检验的时间和地点。

2. 了解索赔的含义、异议与索赔条款。

3. 掌握不可抗力条款的含义、范围及合同条款。

4. 掌握解决国际贸易争议中的仲裁方式。

第一节　进出口商品检验概述

自 2018 年 4 月 20 日起，原中国出入境检验检疫部门正式并入中国海关。2018 年 6 月 1 日起，海关总署全面取消通关单。根据现行《中华人民共和国进出口商品检验法实施条例》和其他相关法规的规定，列入法定检验范围的进出口商品必须按规定由海关总署施行强制性检验。只有经检验合格并取得证书的商品，才能办理通关提货。对不属于法定检验的进出口商品，检验机构可以抽样检验并实施监督管理。

一、进出口商品检验的含义

进出口商品检验（Import/Export Commodity Inspection），简称商检或商品检验，是指检验机构对进出口商品的品质、规格、重量、数量、包装、安全性能、卫生方面的指标及装运技术和装运条件等项目实施检验、鉴定，以确定其是否与贸易合同、有关标准规定相一致，是否符合进出口方有关法律、行政法规的规定。

二、商品检验的意义

商品检验是国际贸易发展的产物，是买卖双方在货物交接过程中不可缺少的重要环节。商品检验的意义主要体现在以下两个方面。

（一）保证买卖双方顺利履行合同

商品检验直接关系到买卖双方在货物交接方面的权利与义务。

联合国国际贸易法委员会主持制定的《联合国国际货物销售合同公约》对货物的检验问题进行了规定，买方必须在按实际情况可行的最短时间，检验货物或由他人检验

货物。如果合同涉及货物运输，检验可推迟到货物到达目的地后进行。同时还规定：卖方对货物风险转移到买方时所存在的任何与合同不符的情形，均负有责任，即使这种不符在风险转移后才开始明显，也不例外。

(二)把好进口商品和出口商品品质关

根据《中华人民共和国进出口商品检验法》第5条的规定，列入目录的进出口商品，由商检机构实施检验。前款规定的进口商品未经检验的，不准销售、使用；前款规定的出口商品未经检验合格的，不准出口。本条第1款规定的进出口商品，其中符合国家规定的免予检验条件的，由收货人或者发货人申请，经国家商检部门审查批准，可以免予检验。

三、检验地点

(一)在出口国检验

产地(工厂)检验包含两种情况：一种是产地(工厂)检验，另一种是装运港(地)检验。

产地(工厂)检验是指货物在产地出运或工厂出厂前，由产地或工厂的检验部门或买方的验收人员进行检验和验收，并由买卖合同中规定的检验机构出具检验证书，作为卖方所交货物的品质、重量(数量)等项检验内容的最后依据。卖方只承担货物离开产地或工厂前的责任，对于货物在运输途中发生的一切变化概不负责。

装运港(地)检验又称"离岸品质、离岸重量"(Shipping Quality and Weight)，是指货物在装运港或装运地交货前，由合同规定的检验机构对货物的品质、重量(数量)等内容进行检验，并以该机构出具的检验证书为最后依据。卖方对交货后的货物所发生的变化不承担责任。

(二)在进口国检验

在进口国检验包含两种情况：一种是在目的港(地)卸货后检验，另一种是在买方处所或最终用户所在地检验。

在目的港(地)卸货后检验是指货物在目的港(地)卸货后，由双方约定的商检机构检验，并出具检验证书，作为确认交货品质和数量的依据。

在买方处所或最终用户所在地检验是指由双方认可的检验机构在用户所在地检验并出具检验证书。

(三)出口国装运港检验、进口国目的港复验

货物在装船前进行检验，并以所取得的检验证书作为议付货款的凭证。货到目的港后，由双方认可的检验机构进行复验，并以复验结果为交货品质依据。这种方法对双方都方便且公平，普遍适用。

除以上三种做法之外，还有一种新做法是买方派员或委托检验机构在出口国装运前预检、在进口国最终检验。

四、检验机构和检验证书

(一)检验机构

国际商品检验机构名称各异，如公正行（Surveyor）、宣誓衡量人（Sworn Measurer）、实验室（Laboratory）等。常见的检验机构主要包括以下 3 类。

1. 官方检验机构

官方检验机构是指由国家或地方政府设立，按国家有关法律、法规对出入境商品实施强制性检验、检疫和监督管理的机构，如美国食品药物管理局（FDA）、美国动植物检疫署和美国粮谷检验署等。

2. 半官方检验机构

半官方检验机构是指有一定权威、由国家政府正式授权、代表政府执行特定商品检验或某类检验管理工作的非官方组织，如美国担保人实验室（UL）。

3. 非官方检验机构

非官方检验机构是指由私人或同业公会、协会等创办，具有专业的检验、鉴定技术能力，如英国劳埃氏公正行等检验机构。

(二)检验证书

检验证书（Inspection Certificate）是各种进出口商品检验证书、鉴定证书和其他证书的统称，是国际贸易有关各方履行契约义务、处理索赔争议与仲裁、诉讼举证的重要依据，具有法律依据，也是海关验放、征收关税及享受优惠减免关税的必要证明。

在国际货物买卖合同中，检验检疫条款主要包括检验检疫机构、检验检疫权、检验检疫的时间与地点、检验检疫内容和方法、检验检疫证书，以及复验时间与地点等。其中，检验检疫的时间和地点最为重要，它不仅关系到买卖双方的权利与义务，还涉及有关法律、国际惯例。在实际业务操作中，一般采用在出口国检验、进口国复验的惯例，即以出口国的检验证书为卖方办理议付结汇的凭证，货到进口国后允许买方有复验权，而且复验结果可作为买方对货物品质、数量、包装等是否有索赔权的依据。

【例 8-1】我国 A 出口公司以 FOB 条件向甲国 B 公司出口一批产品，B 公司又将该批货物转卖给乙国 C 公司。货到甲国目的港后，B 公司发现货物与合同不符，但 B 公司仍将原货转销至 C 公司。其后，B 公司在合同规定的索赔期限内，凭乙国商检机构签发的检验证书，向 A 公司提出索赔。A 公司是否需要赔偿？为什么？

第二节 索赔

一、争议的含义

争议(Dispute)是指交易的一方认为另一方未能全部或部分履行合同规定的责任而引起的业务纠纷。争议的内容主要是合同是否成立、是否构成违约、违约的责任及后果等。

在国际贸易业务中，这种纠纷屡见不鲜。其主要原因有以下 4 个。

(1)卖方不交货，或未按合同规定的时间、品质、数量、包装条款交货，或单证不符等。

(2)买方不开立或缓开立信用证，不付款或不按时付款赎单，无理拒收货物，在 FOB 条件下不按时派船接货等。

(3)合同条款的规定不明确。买卖双方国家的法律或对国际贸易惯例的解释不一致，甚至对合同是否成立有不同的看法。

(4)在履行合同的过程中，遇到了买卖双方不能预见或无法控制的情况，如某种不可抗力、双方有不一致的解释等。

二、索赔的含义

索赔(Claim)是受到损失的一方当事人向违约的一方当事人提出损害赔偿的要求。相对而言，违约的一方受理另一方的索赔要求，即理赔(Settlement of Claim)。

买卖双方在合同中一般都会订立索赔条款。索赔条款有两种规定方式：一种是异议与索赔条款(Discrepancy and Claim Clause)，另一种是罚金条款(Penalty Clause)。

三、异议与索赔条款

异议与索赔条款旨在解决交货数量、品质或包装不相符的合同纠纷，包含索赔依据、索赔期限、索赔金额和索赔办法等处理程序。

(一)索赔依据

索赔条款包含两个索赔依据，即事实依据和法律依据。事实依据是指当事人在提出索赔请求时，须提供对方违约的证据，此证据须是确凿有效的。法律依据是指受害方提出索赔的时间、举证、要求补救的方法或要求赔偿的金额，这些都必须符合责任方国家法律的规定、国际公约的规定和国际惯例。

(二)索赔期限

索赔期限的约定应根据进出口商品的特点、运输、检验检疫条件等情况而定，一般商品为40天、60天、90天。针对数量较多、技术较复杂、检测时间较长的商品，索赔期限可适当延长，可定为120天、160天、180天。明确索赔期限涉及的另一个重要问题是索赔期限开始计算的时间。根据国际贸易惯例，开始计算的时间分为装货日期、进口日期、抵岸日期和卸毕日期。以卸毕日期最为合理，对买方也最为有利。

【例8-2】我国A公司按FOB条件向欧洲B公司订购一批货物。当我方派船前往欧洲指定港口接货时，恰遇苏伊士运河发生大堵塞。我方所派船只能绕道好望角航行，最后船延迟10天到达装货港口。B公司要求我方赔偿因接货船迟到而引发的仓租和利息，我方拒绝了对方要求，因此引起争议。我方是否应该赔偿对方损失？

(三)索赔金额

合同可规定索赔金额及其计算方法。如果合同未规定，那么确定原则如下：①赔偿金额要和损失额相等；②要以订立合同时可预料的合理损失为限；③要扣除受损害方未采取合理措施导致的可避免但未避免的损失。

(四)索赔办法

异议与索赔条款对合同双方当事人都有约束力，不论何方违约，受损害方都有权提出索赔。处理索赔时应厘清事实，分清责任，并区别不同情况，有理有据地提出索赔。

可供选用的索赔办法有损害赔偿、降低价格、支付替代物和宣告合同无效等。

第三节　不可抗力

一、不可抗力的含义

在货物买卖合同签订以后，不是由于订约者任何一方当事人的过失或疏忽，而是由于发生了当事人既不能预见又无法事先采取预防措施的意外事故，才不能履行或不能如期履行合同时，遭受意外事故的一方可以免除履行合同的责任或延期履行合同。因此，不可抗力是一项免责条款。

不可抗力既是合同中的一项条款，也是一项法律原则。不可抗力事件的构成应满足以下条件：①意外事故必须发生在合同签订以后；②不是因为合同当事人的过失或疏忽导致的；③意外事故是当事人双方无法预见、无法控制、无法避免和不可克服的。

二、不可抗力的范围

不可抗力的范围较广，通常分为两种情况：一种是由自然力量引起的，如水灾、火灾、暴风雨、大雪和地震等；另一种是由社会力量引起的，如战争、罢工和政府禁令等。

由于不可抗力是一项免责条款，买卖双方（主要是卖方）通常会援引它来解释自身所承担的合同义务，以减轻自身的合同责任，而这种援引在多数情况下扩大了不可抗力的范围。有的卖方除将各种自然灾害列入外，还把生产制作过程中的意外事故、战争预兆、罢工、怠工、货物集运中的事故、原材料匮乏、能源危机、原配件供应不及时等生产过程中的事故以及空运与陆运机构怠慢、未按预定日期出航等，统统列入不可抗力的范围。

三、不可抗力的合同条款

(一)不可抗力的性质与范围

不可抗力的性质与范围，通常有下列 3 种规定办法。

1. 概括式规定

概括式规定是指在合同中不具体规定哪些事故属于不可抗力，只是笼统地规定"由于不可抗力的原因"，至于具体内容和范围并未说明。这种方法含义模糊，解释伸缩性大，难以作为解释问题的依据，不宜采用。

2. 列举式规定

多列举式规定是在合同中详细列明不可抗力的范围。这种方法虽然具体明确，但难以罗列穷尽，且可能出现遗漏的情况。因此，仍可能产生争议，也不是最好的方法。

3. 综合式规定

综合式规定是在合同中列明可能发生的不可抗力事故（如战争、洪水、地震、火灾等）的同时，再加上"其他不可抗力的原因"的文句，这样就为双方当事人共同确定未列明的意外事故是否构成不可抗力提供了依据。因此，这种规定方法既具体明确，又有一定的灵活性，比较科学实用。在我国进出口合同中，双方当事人多采用这种方法。

(二)不可抗力的后果

不可抗力的后果有两种：一种是解除合同；另一种是延期履行合同。什么情况下解除合同，什么情况下延期履行合同，要视所发生事故的原因、性质、规模及对履行合同所产生的影响程度而定，并明确规定在合同中。

因不可抗力不能履行合同的，根据不可抗力的影响，违约方可部分或全部免除责任。但有以下例外：一是金钱债务的迟延履行不得因不可抗力而免除；二是迟延履行期间发生的不可抗力不具有免责效力。

(三)不可抗力发生后通知对方的方式和证明

买卖双方为了明确责任起见，一般在不可抗力条款中规定一方发生事故后通知对方的期限和方式。此外，当一方援引不可抗力条款要求免责时，必须向对方提交一份相关机构出具的证明文件，作为发生不可抗力的证据。在国外，该文件一般由当地的商会或合法的公证机构出具。在我国，由中国国际贸易促进委员会(简称中国贸促会)或其设在口岸的贸促分会出具。

【例 8-3】我国某进口商向巴西木材出口商订购一批木材，合同规定"如果受到政府干预，合同应当延长，甚至取消"。签约后适逢巴西热带雨林破坏加速，巴西政府对木材出口实施限制，致使巴西出口商在合同规定时间内难以履行合同义务，其以不可抗力为由要求我国进口商延迟合同执行或者解除合同。我国进口商不同意对方要求，并提出索赔。请分析我国进口商的索赔要求是否合理。

第四节　仲裁

在国际贸易中，情况复杂多变，买卖双方签订合同后，往往因各种情况而没有履行合同，从而引起争议。解决争议的途径主要有友好协商、调解、仲裁和诉讼。这 4种方法中，友好协商和调解有一定的限度，诉讼则有一定的缺陷，所以仲裁就成为解决国际贸易争议的一种行之有效的重要方式。

一、仲裁的含义

仲裁(Arbitration)是指买卖双方在纠纷发生之前或发生之后签订书面协议，自愿将纠纷提交双方都同意的第三者予以裁决。仲裁是在性质上兼具契约性、自治性、民间性和准司法性的一种争议解决方式。

二、仲裁协议的形式和作用

(一)仲裁协议的形式

仲裁协议有两种形式：一种是在争议发生之前订立的，它通常作为合同中的一项仲裁条款(Arbitration Clause)出现；另一种是在争议发生之后订立的，它是把已经发生的争议提交仲裁的一种协议。这两种形式的仲裁协议，法律效力是相同的。

(二)仲裁协议的作用

(1)约束双方当事人只能以仲裁方式解决争议，不得向法院起诉。

(2)排除法院对有关案件的管辖权。如果一方违背仲裁协议，自行向法院起诉，另一方可根据仲裁协议要求法院不予受理，并将争议案件退交仲裁庭裁断。

(3)仲裁机构取得对争议案件的管辖权。

【例8-4】我国某对外工程承包公司A于5月3日以电传请国外B公司发盘出售一批钢材。A公司在电传中声明：要求发盘是为了计算承造一幢大楼的标价和确定是否参加投标之用。由于A公司必须于5月15日向招标人送交投标书，而开标日期为5月31日，因此，意大利供应商于5月5日用电传就上述钢材向A公司发盘。A公司据以计算标价，并于5月15日向招标人递交投标书。5月20日，意大利供应商因钢材市价上涨，发来电传通知撤销其5月5日的发盘。A公司当即复电表示不同意撤销发盘。于是，双方就能否撤销发盘产生争议。5月31日，招标人开标，结果A公司中标。A公司随即电传通知意大利供应商接受5月5日的发盘。但意大利供应商坚持该发盘已于5月20日撤销，合同不能成立。A公司则认为合同已经成立。对此，双方争执不下，提交仲裁。如果你是仲裁员，将如何裁决？说明理由。

三、仲裁的基本程序

(一)受理阶段

仲裁程序以当事人向仲裁机构申请仲裁为起始。仲裁委员在收到当事人提交的仲裁申请书后，认为符合受理条件的，会在收到仲裁申请书之日起5日内向申请人发出受理通知书，同时向被申请人发出仲裁通知书及附件。

(二)组庭阶段

仲裁委员会实行仲裁员名册制度。仲裁委员会设有仲裁员名册。申请人和被申请人各自在仲裁委员会仲裁员名册中指定一名仲裁员，并由仲裁委员会主席指定一名仲裁员为首席仲裁员，共同组成仲裁庭审理案件；双方当事人也可在仲裁员名册中共同指定或委托仲裁委员会主席指定一名仲裁员为独任仲裁员，成立仲裁庭，单独审理案件。

(三)开庭审理阶段

各国仲裁机构的仲裁审理过程基本相似,包括开庭、收集证据和调查事实。仲裁开庭审理的日期由仲裁庭所在的仲裁委员会秘书局决定,并于开庭前 30 日通知双方当事人。仲裁庭对专门问题认为需要鉴定的,可以交由当事人共同约定的鉴定部门鉴定,也可以由仲裁庭指定的鉴定部门鉴定,鉴定费用由当事人预交。

(四)裁决阶段

仲裁裁决是终局性的。仲裁庭应当在组庭之日起 9 个月内作出仲裁裁决书。仲裁裁决要说明依据,仲裁裁决书应当由仲裁庭全体或者多数仲裁员署名,并写明作出仲裁裁决书的日期和地点。仲裁裁决作出后,审理案件的程序即告终结。

双方当事人在收到仲裁裁决书后,应当自觉履行裁决结果。

四、仲裁条款的规定

仲裁条款的规定,应当明确合理,不能过于简单。其具体内容一般包括仲裁地点、仲裁机构、仲裁规则、仲裁裁决的效力和仲裁费的负担等。

我国各公司一般采用下列 3 种仲裁条款格式。

(一)在我国仲裁的条款格式

凡因本合同引起的或与本合同有关的任何争议,双方应通过友好协商的办法解决;如果协商不能解决,均应提交中国国际经济贸易仲裁委员会,按照申请仲裁时该会现行有效的仲裁规则进行仲裁。仲裁裁决是终局性的,对双方都有约束力。

(二)在被申请人所在国仲裁的条款格式

凡因本合同引起的或与本合同有关的任何争议,双方应通过友好协商来解决;如果协商不能解决,应提交仲裁,仲裁在被申请人所在国进行。在中国,由中国国际经济贸易仲裁委员会根据申请仲裁时该仲裁规则进行仲裁。如果在××国(被申请人所在国名称)由××国××地仲裁机构(被申请人所在国家的仲裁机构名称),根据该组织的仲裁程序规则进行仲裁。现行有效的仲裁裁决是终局性的,对双方都有约束力。

(三)在第三国仲裁的条款格式

凡因本合同引起的或与本合同有关的任何争议,双方应通过友好协商来解决,如果协商不能解决,应由××国××地××仲裁机构根据该仲裁机构现行有效的仲裁程序规则进行仲裁。仲裁裁决是终局性的,对双方都有约束力。

五、仲裁裁决的执行

仲裁裁决对双方当事人都具有法律约束力，当事人必须执行。如果双方当事人都在本国，一方不执行裁决的，另一方可请求法院强制执行。如果一方当事人在国外，涉及一个国家的仲裁机构所作出的裁决要由另一个国家的当事人去执行的问题。在此情况下，国外当事人拒不执行裁决，就只能到国外法院去申请执行，或通过外交途径要求对方国家有关主管部门或社会团体（如商会、同业公会等）协助执行。为了解决在执行外国仲裁裁决问题上的困难，国际除通过双边协定就相互承认与执行仲裁裁决问题作出规定外，还订立了多边国际公约，如《承认及执行外国仲裁裁决公约》（*The New York Convention on the Recognition and Enforcement of Foreign Arbitral Awards*）。

【本章小结】

本章主要介绍了在进出口业务中需要办理的商品检验。商品检验是指在国际货物贸易中由权威机构对进出口商品进行品质、数量和包装等方面的检验，以确定是否和买卖合同的有关规定相一致，同时出具检验证书。在国际贸易中，由于市场环境复杂多变，买卖双方都有可能产生违约行为，这就产生了索赔和理赔。索赔是受损方向违约方提出的赔偿要求，而理赔是违约方对受损方提出的损害赔偿要求进行受理的过程。国际买卖合同中的索赔条款有两种规定方式：异议与索赔条款、罚金条款。如果在国际货物买卖中，发生了一方当事人无法预见、无法预防、无法避免和无法控制的不可抗力事件，导致合同不能履行或不能如期履行，那么该当事人可以以不可抗力为由延迟履行合同，直至解除合同。买卖双方的争议发生之前或争议发生之后可以签订书面协议，将争议提交双方都同意的第三方进行裁决，这就是仲裁。仲裁裁决是终局性的，对双方当事人都有约束力。

【技能实训】

一、单项选择题

1. 以仲裁方式解决贸易争议的必要条件是（　　）。

A. 双方当事人订有仲裁协议　　　　　B. 双方当事人订有合同

C. 双方当事人无法协商解决　　　　　D. 一方因诉讼无果而提出

2. "离岸品质、离岸重量"是指（　　）。

A. 装运港检验　　　　　　　　　　　B. 目的港检验

C. 出口国检验、进口国复验　　　　　D. 装运港检验重量、目的港检验品质

3. 在众多检验商品品质的方法中，最常用的是（　　）。

A. 装运港检验　　　　　　　　　　　B. 目的港检验

C. 出口国检验、进口国复验　　　　　　　D. 装运港检验重量、目的港检验品质

4. 在国际货物买卖合同中，买方 B 公司在合同签订后将 10 万美元定金先付给卖方 A 公司，后 A 公司没有履行合同，那么 A 公司应该返还 B 公司（　　　）万美元。

A. 10　　　　　　　　B. 20　　　　　　　　C. 5　　　　　　　　D. 25

二、多项选择题

1. 某出口商按合同规定交了货，并向进口商提交了清洁提单，进口商收到货后发现，外包装受损导致包装内商品损坏，进口商应向（　　　）索赔。

A. 船公司　　　　　　B. 保险公司　　　　　C. 卖方　　　　　　　D. 买方

2. 罚金条款一般适用于（　　　）。

A. 卖方延期交货　　　　　　　　　　　B. 买方延迟开立信用证

C. 买方延期接运货物　　　　　　　　　D. 一般商品买卖

3. 构成不可抗力事件的要件有（　　　）。

A. 事件发生在合同签订后

B. 不是由于当事人的故意或过失造成的

C. 事件的发生及其造成的后果是当事人无法预见、无法控制、无法避免或无法克服的

D. 不可抗力是免责条款

三、案例分析题

1. 进口方委托银行开出的信用证上规定："卖方须提交商品净重检验证书。"进口商在收到货物后，发现除品质不符外，卖方仅提供了重量单。买方立即委托开证行向议付行提出拒付，但货款已经押出。事后，议付行向开证行催付货款，并解释称卖方所附的重量单即为净重检验证书。重量单与净重检验证书一样吗？开证行能否拒付货款给议付行？

2. 我国某进出口公司以 CIF 鹿特丹条件出口食品 1 000 箱，并向中国人民保险公司投保一切险。货到目的港后，经进口人复验发现下列情况：①该批货物共 10 个批号，抽查 20 箱，发现其 1 个批号即 100 箱内，出现沾污现象；②收货人实收 998 箱，缺少 2 箱；③有 15 箱货物外表良好，但箱内货物共缺少 60 千克。根据以上情况，进口人应当分别向谁索赔？

3. 国内某研究所与日本客户签订一份进口合同，欲引进一精密仪器，合同规定 9 月交货。9 月 15 日，日本政府宣布该仪器为高科技产品，禁止出口。该禁令自公布之日起 15 日后生效。日商以不可抗力为由要求解除合同。日商的要求是否合理？该研究所应如何妥善处理？

4. A 国的甲公司与 B 国的乙公司签订了购销麻纺织品的合同，约定由甲公司于某年 12 月底之前，交付 200 公吨麻纺织品给乙公司。当乙公司收到 100 公吨货物后，于

当年 5 月明确通知甲公司，由于麻纺织品销路不畅，不会接收甲公司的后续供货。这时甲公司仓库仅存有麻纺织品 10 公吨。甲公司为了盈利，在收到乙公司通知后，继续按双方合同约定为乙公司收购了其余 90 公吨麻纺织品。后因乙公司拒绝接收后 100 公吨麻纺织品，双方产生纠纷。在本案例中谁违约？属于哪种违约行为？本案应如何处理？

第九章　国际贸易交易磋商及合同签订

【学习重点及目标】
1. 了解交易磋商的四个环节。
2. 掌握发盘和接受环节的注意事项及其在交易磋商中的作用。
3. 了解不同法律规定对发盘、接受的主要分歧。
4. 掌握合同成立的时间与合同生效要件。
5. 了解合同签订的原则及合同审核要点。

第一节　交易前的准备

交易前的准备主要是指买卖双方在签订交易合同之前进行的一系列准备活动的总称。在进出口贸易的各种工作环节中，交易前的准备是一项最基础的前期工作。无论是出口贸易还是进口贸易，准备工作是否充分细致，将直接影响国际贸易的进程及其效益。交易前的准备工作主要有以下 3 个方面。

一、国际市场调研

在从事交易活动之前，必须进行深入的国际市场调研，广泛收集国外市场资料，了解特定市场上消费者的消费水平与消费习惯，摸清特定商品在该市场是否适销、是否存在同类产品竞争、同类产品是否具有竞争优势以及价格变动趋势等问题。此外，还要对市场所在地的进口管制、外汇管制及海关制度等情况做认真分析，才能选择一个较为适当的销售市场，达成交易。

二、寻找贸易伙伴

在国际贸易中，企业寻找贸易伙伴的渠道有以下 3 种类型。

(1)他人介绍，即企业委托我国驻外使领馆的商务参赞、代办处或国外驻华使领馆的商务参赞、代办处，对国内外各种商会、银行及与自身有业务关系的企业介绍，以寻找客户。

(2)媒体寻找，即企业利用各国商会、工商团体、国内外出版的企业名录及国内外报刊广告、互联网提供的客户信息与资料查找客户。

(3)主动出击，即通过在国内外参加或举办各种交易会、展览会的方式寻找客户。

三、建立业务关系

企业通过各种渠道找到国外客户后，应对其资信情况进行调查，选择资信良好的客户与之建立业务联系。在实际业务中，买卖双方的函电往来通常以发传真或电子邮件的形式进行。建立业务关系的函电一般包括下列内容：

(1)信息来源，即通过他人介绍、网上信息等。比如：

We have obtained your name and address from the Internet.

(2)言明去函目的，即扩大交易或地区、建立长期业务关系等。比如：

We are writing to you to establish long-standing business relations with you.

(3)本公司概况，包括公司性质、业务范围、公司经营优势等。比如：

We are a leading export company for textiles with many years, experience.

(4)产品介绍。若明确对方需求，宜选取某类特定产品进行具体推荐；若不明确对方需求，宜对企业产品整体情况做概要介绍，或附上商品目录、报价单，或另寄样品供对方参考。比如：

To give you a general idea of our products, we are airmailing you under separate cover our catalogue for your reference.

(5)激励性结尾，即希望对方给予回应或采取行动。比如：

Looking forward to your early reply.

第二节　订立国际货物买卖合同的法律步骤

在国际货物买卖合同订立过程中，一般包括询盘、发盘、还盘和接受四个环节。其中，发盘和接受是达成交易、合同成立不可缺少的两个基本环节与必经的法律步骤。

一、询盘

(一)询盘的含义

询盘也称询价，是指准备购买或出售商品的人向潜在供货人或买主探询该商品的成交条件或交易可能性的业务行为。它不具有法律约束力。

询盘内容可以涉及某种商品的品质、规格、数量、包装、价格和装运等成交条件，也可以索取样品，其中多数是询问成交价格。如果发出询盘的一方只是想探询价格，并希望对方开出估价单(Estimate)，则对方根据询价要求所开出的估价单只是参考价格，并不是正式报价，因此不具备发盘的条件。

询盘可采用口头、书面和电子邮件等形式。

(二)询盘的种类

根据询盘方的不同,询盘可以分为买方询盘和卖方询盘。

1. 买方询盘

买方询盘是买方主动发出的向国外厂商询购所需货物的函电。在实际业务中,询盘一般多由买方向卖方发出。比如:

Please cable offer soybean oil most favorable price.(请报豆油最惠价。)

2. 卖方询盘

卖方询盘是卖方向买方发出的征询其购买意见的函电。比如:

Can supply soybean oil, please bid.(可供豆油,请发盘。)

二、发盘

(一)发盘的含义

发盘又称发价或报价,在法律上称为要约。根据《联合国国际货物销售合同公约》第 14 条第 1 款的规定,凡向一个或一个以上的特定的人提出的订立合同的建议,如果其内容十分确定并且表明发盘人有在其发盘一旦得到接受就受其约束的意思,即构成发盘。发盘既可由卖方提出,也可由买方提出,因此,发盘有卖方发盘和买方发盘之分。前者称为索盘(Sell Offer),后者称为递盘(Bid)。

(二)构成有效发盘的条件

1. 发盘应向一个或一个以上特定的人提出

向特定的人提出,即向名称或名字确定的公司或个人提出。

发盘的对象可以是一个,也可以是数个,但必须特定化,即发盘要注明受盘者的公司、企业或个人名称。

广告、商品目录、价目单等没有特定对象,不能构成发盘,仅视为发盘邀请。

2. 发盘内容必须十分确定

根据《公约》的规定,在提出的订约建议中至少应包括以下 3 个基本要素:品名规格、数量、价格。

我国的贸易习惯一般至少包括 6 项主要交易条件,即品质、数量、包装、价格、交货和支付条件,并表明发盘的有效期。

3. 表明经受盘人接受发盘人即受约束的意思

必须表明发盘人对其发盘一旦被受盘人接受即受约束的意思。

在合同中使用表示发盘的术语,如"发盘""不可撤销发盘""递盘""不可撤销递盘"

"订购""订货"等。若发盘中带有保留条件和限制性条件，如"仅供参考""以我方最后确认为准""以未售出为准"就都不构成发盘，而只是邀请发盘。

《中华人民共和国民法典》（以下简称《民法典》）对发盘及构成要件的规定同《联合国国际货物销售合同公约》的规定与解释基本上是一致的。

《民法典》第 472 条规定："要约是希望与他人订立合同的意思表示，该意思表示应当符合下列条件：

"（1）内容具体确定；

"（2）表明经受要约人承诺，要约人即受该意思表示约束。"

4. 发盘必须送达受盘人

根据《联合国国际货物销售合同公约》的规定，发盘于送达受盘人时生效。如果发盘在传递中遗失以致受盘人未能收到，则该发盘无效。

如果受盘人在收到发盘之前，由其他途径获悉该发盘内容，未收到发盘就主动表示接受，只能当作双方的交叉发盘（Cross Offer）。

【**例 9-1**】某年 4 月 23 日，中国甲公司应国外乙公司的请求，报出口某产品 200 公吨，每公吨 CIF 利物浦 226 英镑，11 月装运的实盘。但对方接到中方报盘，未作还盘，而是一再请求中国增加数量，降低价格，并延长还盘有效期。最终，中方将数量增至 400 公吨，价格降为每公吨 CIF 利物浦 220 英镑，发盘有效期为 5 月 17 日。乙公司于 5 月 15 日来电，接受该盘，并提出"不可撤销，即期信用证付款，即期装船，按装船量计算。除提供通常装船单据外，需提供卫生检疫证书、产地证、磅码单、良好适合海洋运输的袋装"。但中方接到该电报时发现该产品的国际市场价格猛涨，于是甲公司拒绝成交，并复电称："由于世界市场的变化，货物在收到电报前已售出。"可是乙公司认为其接受有效，坚持要按发盘的条件执行合同，否则要求中方赔偿差价损失 5 万英镑，接受仲裁裁决。合同是否成立？为什么？

（三）发盘的有效期

发盘的有效期是指发盘人受其发盘约束的期限。

在通常情况下，发盘都具体规定一个有效期，但发盘的有效期并不是构成发盘不可缺少的条件。

规定有效期的常见方式有以下两种。

（1）规定最迟接受的期限。例如：

Offer subject to reply received(here)on or before May 20，2019.

发盘于 2019 年 5 月 20 日前或当天回复到达（我方）有效。

（2）规定一段接受的期限。例如：

Offer subject to reply received in 15 days after the date of the offer.

发盘自发盘日后 15 天内回复到达有效或发盘限 15 天内复。

这个期限应从电报交发时刻或信上载明的发信日期起算。如果信上未载明发信日期，则从信封所载日期起算。采用电话、电子邮件发盘时，则从发盘送达受盘人时起算。如果时限的最后一天在发盘人营业地是正式假日或非营业日，则应顺延至下一个营业日。

此外，当发盘规定有效期时，还应考虑因买卖双方营业地点不同而产生的时差问题。

(四)发盘的撤回

发盘的撤回(Withdrawal)是指发盘人将还没有被受盘人收到的发盘予以撤销的行为，即终止了一项还没有生效的发盘。

根据《公约》的规定，一项发盘(注明不可撤销的发盘)只要在尚未生效以前，都是可以修改或撤回的。

需要注意的是：①一项发盘即使标明了不可撤销，也可以撤回(前提是撤回通知要提前送达或同时送达受盘人)；②撤回只适用于信件或电报方式，电传、传真、电子邮件等方式就不存在撤回的可能性。

(五)发盘的撤销

发盘的撤销(Revocation)是指发盘人在发盘已经到达受盘人之后，即在发盘已经生效的情况下，将发盘取消，废除发盘的效力。

根据《公约》第16条第1款的规定，在发盘已送达受盘人即发盘已经生效，但受盘人尚未表示接受之前这一段时间内，只要发盘人及时将撤销通知送达受盘人，仍可将其发盘撤销。一旦受盘人发出接受通知，则发盘人无权撤销该发盘。但是，根据《公约》第16条第2款的规定，在下列两种情况下，发盘一旦生效，即不得撤销：第一，发盘中已经载明了接受的期限，或以其他方式表示它是不可撤销的；第二，受盘人有理由信赖该发盘是不可撤销的，并已经本着对该项发盘的信赖行事。

(六)发盘失效

发盘失效是指发盘的法律效力消失，也就是发盘人不再受发盘的约束，受盘人失去接受该发盘的权利。发盘效力终止的原因一般有下列几种情况。

(1)超过发盘的有效期。

(2)发盘被发盘人依法撤销。

(3)发盘被受盘人拒绝或还盘。

(4)发盘人发之后，发生了不可抗力事件。

(5)发盘人或受盘人在发盘被接受前丧失行为能力。

(6)属于法律的适用。

三、还盘

还盘又称还价，在法律上称为反要约，是指受盘人不同意发盘中的交易条件而提出修改或变更的意见。还盘有以下 3 种情况。

1. 受盘人的答复实质上变更了发盘条件

受盘人的答复如果在实质上变更了发盘条件，其法律后果就是否定了原发盘，原发盘即告失效，而原发盘人就不再受其约束。

根据《公约》第 19 条第 3 款的规定，受托人对货物的价格、付款、品质、数量、交货时间与地点、一方当事人对另一方当事人的赔偿责任范围或解决争端的办法等条件提出添加或更改，均视为实质性变更发盘条件。比如：

你方 20 日发盘不可接受，请降价 8%。

【例 9-2】我国 A 公司向国外 B 公司发盘出售一批大宗商品，对方在发盘有效期内复电表示接受，同时指出："凡发生争议，双方应通过友好协商解决；如果协商不能解决，应将争议提交中国国际经济贸易仲裁委员会仲裁。"第三天，A 公司收到 B 公司通过银行开来的信用证。因获知该商品的国际市场价格已大幅度上涨，A 公司当天将信用证退回，但 B 公司认为其接受有效，合同成立。双方意见不一致，于是提交仲裁机构解决。如果你是仲裁员，你将如何裁决？

2. 对发盘表示有条件的接受

受盘人在答复发盘人时，附加有"待最后确认为准""未售有效"等规定或类似的附加条件，将视作还盘或邀请发盘。

3. 受盘人还盘后又接受原来的发盘

受盘人还盘导致原发盘失效，再接受原发盘则是对失效发盘的接受。这种接受是无效的，应该视为新的发盘。此时，还盘人成为新发盘人，原发盘人成为新受盘人。

【例 9-3】我国 A 公司于 5 月 20 日以电传发盘，并规定"限 5 月 25 日复到"。国外客户 B 公司于 5 月 23 日复电至 A 公司，要求将即期信用证改为远期见票后 30 天。A 公司正在研究中，5 月 24 日又接到 B 公司当天发来的电传，表示无条件接受 5 月 20 日的发盘。此笔交易能否达成？

四、接受

(一)接受的含义

接受在法律上称为"承诺"，是指受盘人在发盘的有效期内，无条件同意发盘中提出的各项交易条件，愿意按这些条件和对方达成交易的一种表示。接受一经送达发盘人，合同即告成立。双方均应履行合同所规定的义务并拥有相应的权利。

（二）有效接受的条件

1. 接受必须由特定受盘人作出

发盘是向特定的人提出的，因此，只有特定的人才能对发盘作出接受。由第三者作出的接受，不能视为有效接受，只能作为一项新的发盘。

【例 9-4】中国 A 公司某年 9 月 3 日向国外 B 公司发盘并限 9 月 10 日复到有效，9 月 7 日收到该国 C 公司按照 A 公司发盘条件开来的信用证，同时 B 公司来电说明"A 公司发盘已转 C 公司"。经查，该商品国际市场价格已上涨，于是 A 公司退回信用证，按照新价格直接向 C 公司发盘，C 公司以信用证在发盘有效期内到达为由，拒绝接受新价格，并要求 A 公司按照原价格发货。C 公司的要求是否合理？为什么？

2. 接受必须表示出来

接受的实质是对发盘表示同意。这种同意，通常应以某种方式向发盘人表示出来，即采用某种接受方式表示。接受方式是指受盘人将其接受的意思传达给发盘人的方式。对一项要约作出接受即可使合同成立，因此，以何种方式作出接受是很重要的事情。法律并不对接受必须采取的方式作规定，一般规定接受应当以明示或默示的方式作出。缄默或不行动本身不等于接受。

3. 接受必须在发盘的有效期内送达发盘人

当发盘规定了接受的有效期时，受盘人只有在发盘的有效期内作出接受，合同才能成立。如果发盘没有规定接受的时限，则受盘人应在合理时间内表示接受。对"合理时间"，各方往往有不同的理解。为了避免争议，最好在发盘中明确规定接受的具体时限。

《公约》第 18 条第 2 款明确规定，接受通知送达发盘人时生效。

如果接受通知未在发盘规定的有效期内或合理时间内送达发盘人，则该项接受视作逾期接受（Late Acceptance）。按各国法律规定，逾期接受不是有效接受。由此可见，接受时间对双方当事人都很重要。

《公约》对逾期接受作了灵活处理。该公约的第 21 条第 1 款规定：只要发盘人对逾期接受毫不迟延地用口头或书面形式通知受盘人表示同意，这种接受仍然有效，合同于接受通知送达发盘人时成立。若发盘人对逾期接受表示拒绝或缄默，则该逾期接受无效，合同不成立。如果逾期接受是邮递延误等客观原因造成的，《公约》的第 21 条第 2 款也作出了规定，即如果载有逾期接受的信件或其他书面文件表明，它在传递正常的情况下是能够及时送到受盘人的，那么这项逾期接受仍具有接受效力，除非发盘人毫不迟延地用口头形式或书面形式通知受盘人他认为该发盘已失效。

【例9-5】我方某企业在9月5日向国外客商发盘"化工原料100公吨，FOB大连500美元/公吨，5日内复到有效"。客商在9月11日回电表示接受，我方立即电告对方此接受有效，并着手备货。两天后客商来电称，11日的电传已超出了发盘的有效期，属于无效接受，合同不成立。合同是否成立？为什么？

4. 接受必须是同意发盘所提出的交易条件

根据《联合国国际货物销售合同公约》的规定，一项有效的接受必须是同意发盘所提出的交易条件，只接受发盘中的部分内容，或对发盘条件提出实质性修改，或提出有条件的接受，均不能构成接受，只能视作还盘。但是，若受盘人在表示接受时，对发盘内容提出某些非实质性添加、限制和更改意见(如要求增加重量单、装箱单、原产地证明或某些单据的份数等)，除非发盘人在不过分迟延的时间内表示反对其间的差异外，仍可构成有效接受，从而使合同得以成立。在此情况下，合同的条件就以该项发盘的条件以及接受中所提出的某些更改为准。

5. 接受通知的传递方式应符合发盘要求

发盘人发盘时，有的合同具体规定接受通知的传递方式，也有的未作规定。如果发盘没有规定传递方式，则受盘人可按发盘所采用的或比其更快的传递方式将接受通知送达发盘人。

(三)接受的撤回或修改

接受的撤回是指在接受生效之前将接受予以撤回，以阻止其生效。对于接受的撤回或修改，《公约》采取了"到达生效"的原则。《公约》第22条规定："如果撤回通知于接受原发盘应生效之前或同时送达发盘人，接受予以撤回。"由于接受在送达发盘人时才产生法律效力，故撤回或修改接受的通知只要先于原接受通知或与原发盘接受通知同时送达发盘人，则接受就可以撤回或修改。如果接受已送达发盘人，接受一旦生效，合同即告成立，就不得撤回接受或修改其内容，因为这样做无异于撤销或修改合同。

第三节 合同成立的时间与合同生效的要件

发盘一旦被接受，合同即告成立。根据《联合国国际货物销售合同公约》的规定，合同可以采用书面形式、口头形式或其他方式，但在国际贸易实践中，一般采用书面形式的合同。

一、合同成立的时间

在国际贸易中，合同成立的时间是一个十分重要的问题。根据《公约》的规定，合同成立的时间为接受生效的时间，而接受生效的时间又以接受通知到达发盘人或按交易习惯及发盘要求作出接受的行为为准。由此可见，合同成立的时间有两个判断标准：一是有效接受的通知到达发盘人时合同成立；二是受盘人作出接受行为时合同成立。此外，在实际业务中，有时双方当事人在洽商交易时约定：合同成立的时间以订约时合同上写明的日期为准，或以收到对方确认合同的日期为准。

在现实经济生活中，有些合同成立的时间有特殊规定。比如，《民法典》第491条规定："当事人采用合同书形式订立合同的，自当事人均签名、盖章或者按指印时合同成立。"签名盖章或按指印不在同一时间的，最后签名盖章或按指印时合同成立。

【例9-6】Y公司曾与某国D公司发生出口合同纠纷。经双方接触，D公司首先向Y公司发出关于某船煤炭的发盘，该发盘符合"要约"的所有要件，但该发盘文件的最后标有"最终以合同文件为准"类似字样。Y公司收到发盘后，在超过发盘时限后两天发出了接受通知（承诺），表示同意接受该船货物。D公司也及时表示该承诺有效并发来已盖好D公司签章的合同。由于特殊原因，Y公司最终没有在合同文本上盖章，故D公司手中并没有获得具有双方盖章签字的合同文件。

D公司以为双方合同关系已经成立，并安排了该船货物运往Y公司指定的港口。Y公司接到货物即将抵达的通知时，正值煤炭市场价格下跌严重。Y公司认为合同不成立，基于法律据理力争，在谈判中取得了有利地位，有效避免了数千万元的巨额损失。请分析Y公司处于有利地位的原因。

二、合同生效的要件

买卖双方就各项交易条件达成协议后，并不意味着合同一定有效。根据各国合同法的规定，一项有效的合同除买卖双方就交易条件通过发盘和接受达成协议外，还须具备一定的要件。

（一）合同双方具有行为能力

进出口双方在法律上必须具有签订合同的资格。一方面，就我国进出口商而言，只有获得外贸经营权的企业才能就其有权经营的商品对外达成买卖合同；另一方面，对方的进出口商应具备签订进出口合同的能力和资格，具体条件依据其本国法律确定。

（二）合同双方必须在自愿和真实的基础上达成协议

合同双方在经过一系列交易磋商之后，必须在自愿和真实的基础上达成协议，即这种协议按照自愿和真实的原则通过发盘与接受而达成。

（三）合同必须有对价和合法的约束

对价（Consideration）是英美法系的一种制度，是指合同当事人之间所提供的相互给付，即双方互为有偿。约因（Cause）是法国法所强调的，是指当事人签订合同所追求的直接目的。在买卖合同中，对价表现为一方所享有的权利是以另一方负有的义务为基础的，双方应互有权利和义务。买卖合同只有具备了对价和约因，才能有效，否则不受法律保障。

（四）合同的标的和内容必须合法

任何合同的订立，必须保证不违法及不违背或危害国家的公共政策，否则无效。大多数国家往往从广义上解释"合同内容必须合法"，其中包括不得违反法律、不得违反公共秩序或公共政策，以及不得违反善良风俗或道德三个方面。

（五）合同必须符合法定的形式

涉外经济合同的订立、变更或解除都必须采取书面形式，这种书面形式不仅包括正式合同或确认书，也包括信件、电报、电传和传真。凡未采用书面形式的即为无效。这也是我国核准参加《联合国国际货物销售合同公约》所作的两项保留之一。

第四节　合同的形式及基本内容

一、合同的形式

合同的形式是合同当事人内在意思的外在表现形式。在国际贸易中，买卖双方订立合同有下列 3 种形式。

（一）书面形式

书面形式是指合同书、信件和数据电文（如电话、电报、电传、传真、电子数据交换和电子邮件）等可以有形表现所载内容的形式。

常见的书面形式有正式合同（Contract）、确认书（Confirmation）、协议（书）（Agreement）、备忘录（Memorandum）、订单（Order）、委托订购单（Indent）等。目前，我国主要使用正式合同和确认书两种，它们分别适用于不同的需要。虽然在格式、条款项目和内容繁简上有所不同，但在法律上具有同等效力，对买卖双方均具有约束力。

1. 正式合同

正式合同是指通过谈判直接成交而签订的合同。合同又可分为销售合同（Sales

Contract)、出口合同（Export Contract）和购买合同（Purchase Contract）、进口合同（Import Contract）。前两者是指卖方草拟提出的合同，而后两者是指买方草拟提出的合同。

在签订正式合同时，不仅要对商品的品质、数量、包装、价格、保险、运输及支付加以明确规定，而且对检验条款、不可抗力条款、仲裁条款都要详尽列明，明确划分双方的权利和义务。

2. 确认书

确认书是通过信件、传真达成协议，应一方或双方当事人的要求，尚须签订确认书的合同。

一般而言，确认书只规定一些主要条款，如品质、数量、包装、价格、支付等，而对检验、不可抗力、仲裁条款加以省略。确认书是合同的简化形式，行文采用第一人称。这种确认书一般用于一些成交金额不大、批次较多的轻工日用品、小土特产品，或已有包销、代理等长期协议的交易。

（二）口头形式

采用口头形式订立的合同，又称口头合同或对话合同，是指当事人之间通过当面谈判或通过电话方式达成协议而订立的合同。采用口头形式订立合同，有利于节省时间、简便行事，对加速成交起重要的作用。但是因无文字依据，一旦发生争议，往往举证困难，不易分清责任。这是一些国家法律、行政法规强调必须采取书面形式的合同的最主要原因。

（三）其他形式

其他形式是指以行为方式表示接受而订立的合同。例如，根据当事人之间长期交往中形成的习惯做法，或发盘人在发盘中已经表明受盘人无须发出接受通知，可直接以行为作出接受而订立的合同，均属此种形式。

二、合同的基本内容

书面合同不论采取何种格式，其基本内容通常包括约首、基本条款和约尾3个组成部分。

（一）约首

约首一般包括合同名称、合同编号、缔约双方名称和地址、电报挂号、电传号码等内容，有的合同还以绪言的形式说明订约意图。

(二)基本条款

基本条款是合同的主体,包括品名、品质规格、数量或重量、包装、价格、交货条件、运输、保险、支付、检验、索赔、不可抗力和仲裁等内容。

(三)约尾

约尾一般包括订约日期、订约地点和双方当事人签字等内容。

为了提高履约率,在规定合同内容时应考虑周全,力求使合同中的条款明确、具体、严密和相互衔接,且与磋商内容相一致。

【本章小结】

交易磋商的一般程序为询盘、发盘、还盘和接受。其中,发盘和接受是交易磋商中两个必不可少的环节。经过交易磋商,发盘一旦被接受,合同即宣告成立。

【技能实训】

一、单项选择题

1. 我方 6 月 10 日向国外某客商发盘,限 6 月 15 日复到有效,6 月 13 日接到对方复电"你 10 日电接受,以获得进口许可证为准",该接受(　　)。

A. 相当于还盘　　　B. 在我方缄默的情况下,则视为接受

C. 属于有效接受　　D. 属于一份非实质性变更发盘条件的接受

2. 按《联合国国际货物销售合同公约》的规定,一项发盘在尚未送达受盘人之前是可以阻止其生效的,这叫发盘的(　　)。

A. 撤回　　　　　　B. 撤销　　　　　　C. 还盘　　　　　　D. 接受

3. 我公司星期一对外发盘,限星期五复到有效,客户于星期二回电还盘并邀我公司电复。此时,国际市场价格上涨,故我公司未予答复。客户又于星期三来电表示接受我公司星期一的发盘。在上述情况下,(　　)。

A. 接受有效　　　　　　　　　B. 接受无效

C. 如我方未提出异议,则合同成立　　D. 属有条件的接受

二、多项选择题

1.(　　)是采用函电订立合同时,发盘人规定发盘有效期常用的方法。

A. 限 2 月 10 日前复　　　　　B. 限 3 月 20 日发出接受通知

C. 发盘有效期为 5 天　　　　　D. 不迟于 6 月 9 日复到此地

E. 限周二复到有效

2. 交易磋商中，必不可少的环节是( )。

A. 询盘   B. 发盘   C. 还盘   D. 接受

E. 建立业务关系

三、案例分析题

1. 我方某公司向美国某贸易商出口一批工艺品，我方于周一上午 10 时以自动电传向美商发盘。公司原定价为每单位 500 美元 CIF 纽约，但我方工作人员由于疏忽而误报为每单位 500 元人民币 CIF 纽约。

(1)如果是在当天下午发现问题，应如何处理？

(2)如果在第二天上午 9 时发现，客户尚未接受，应如何处理？

(3)如果在第二天上午 9 时发现，客户已经接受，应如何处理？

2. 某公司出口到美国 B 地 400 公吨钢筋，装运期为今年 2 月底以前。由于到 B 地的船期不稳定，因此，在销售确认书上加注：在约定期限内装船，但以取得舱位为前提。进口商开来的信用证有效期至 3 月 15 日，最后装船期为 2 月 28 日。后因舱位紧张，在 2 月底以前仅装出 80 公吨。由于信用证已过期，进口商便自动将信用证有效期延展至 6 月 30 日，装船期延展至 6 月 15 日。

(1)买卖契约是否于 2 月 28 日失效？

(2)2 月 28 日前无法将 400 公吨全部运出，对未运出部分，出口商是否需负责？

(3)进口商自动将信用证有效期及装船期展期，出口商有无在此展期内将剩余部分装船的义务？

3. 甲贸易商欲进口一批货物，请国外乙公司发价。5 月 1 日，乙公司发出"5 月 31 日以前报价为每箱 2 美元 CIF 天津，共计 200 箱罐装鲨鱼，7 月纽约港装运"的电报，而甲贸易商作出如下还价："你 5 月 1 日的报价还盘为 5 月 20 日前每箱 1.8 美元 CIF 天津，共 200 箱罐装鲨鱼，纽约装运。"到 5 月 20 日，甲贸易商仍未收到回电。鉴于该货价有上涨趋势，甲贸易商于 5 月 22 日发电称，"……接受"。在本案例中，乙公司的原报价是否继续约束乙公司至 5 月 31 日？乙公司能否因货价看涨而不理甲贸易商？

4. 我国 A 公司接到美国 B 公司发盘：请求供应核桃仁 500 公吨，限 7 日内复到。A 公司经过调查研究，在第 5 天作出决定，拟接受该项发盘，但此时 B 公司又发来电传称撤销该项发盘。在这种情况下，A 公司应该怎么办？为什么？

第十章 进出口合同的履行

【学习重点及目标】

1. 掌握进出口合同履行过程中的各项业务环节。
2. 掌握审核信用证的方法，以及各种单据的制作、审核和修改技巧。
3. 理解和掌握进口单证的缮制、运用，以及进口业务中的索赔与理赔工作。

第一节 出口合同的履行

合同履行是指合同规定义务的执行。任何合同规定义务的执行，都是合同的履行行为。相应地，凡是不执行合同规定义务的行为，都是合同的不履行行为。因此，合同的履行表现为当事人执行合同义务的行为。当合同义务执行完毕时，合同也就履行完毕。

买卖双方以 CIF 贸易术语成交，选择海洋运输方式，并凭借信用证支付方式收取货款。CIF 出口合同的履行流程如图 10-1 所示。

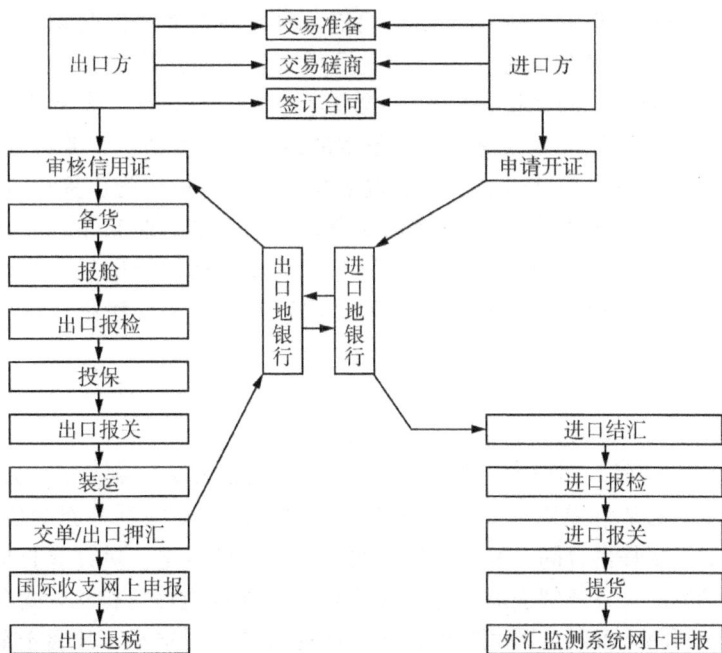

图 10-1 CIF 出口合同的履行流程

为了顺利履行出口合同，一般要求从事出口的企业建立起能够反映出口合同履行情况的进程管理制度，同时做好"三平衡""四排"工作。"三平衡"是指以信用证为依据，根据信用证规定的货物装船期、信用证的有效期远近，结合货源、运输能力的具体情况，力求做到证、货、船三者的有效衔接和平衡，尽力避免交货期不准、拖延交货或不交货等情况发生。"四排"是指以买卖合同为对象，根据合同履行进程反映的情况，了解信用证的开立情况、货源的落实情况，并进行分析，归纳为"有证有货、有证无货、无证有货、无证无货"四类。

下文我们将结合国际贸易实际，以 CIF 条件成交，即期不可撤销信用证支付的出口合同履行程序为例来具体分析。履行这类出口合同一般包括货(备货、报验)、证(落实信用证：催证、审证和改证)、船(安排装运)、款(制单结汇)四个环节。

一、备货与报验

备货工作是指卖方根据出口合同的规定，按质、按量准备好应交货物，并做好申请报验和领证工作。

(一)备货

备货是进出口企业根据合同或信用证规定，向有关企业或部门采购和准备货物的过程。出口方在备货时需要注意：①货物的品质、规格应严格遵从出口合同和信用证的约定，出口方要对货物的品质、规格、类型等进行认真审查。②货物数量要符合合同的规定，同时出口方还应该注意溢短装条款的适用。③货物包装要符合合同的规定，出口方要核对包装材料及包装方式，注意包装是否足以保护货物。货物唛头应与合同、信用证的规定一致，在货物外包装上谨慎刷制，并在发票、装箱单、货运单据、报关单等单据上体现一致。④出口方应根据合同与信用证装运期限确定备货时间，并留有适当余地。⑤出口方应核实所销售货物有完全的所有权，不得侵犯他人的工业产权和其他知识产权。

(二)报验

出口商品在报验时，出口方一般应提供外贸合同(销售确认书及函电)、信用证原本的复印件或副本，必要时提供原本。合同有补充协议的，要提供补充的协议书；合同、信用证有更改的，要提供合同、信用证的修改书或更改的函电。对订有长期贸易合同并采取记账方式结算的，各外贸进出口企业要将合同副本送交商检机构，每年一次。申请检验时，只在申请单上填明合同号即可，不必每批附交合同副本。凡属于危险或法定检验范围内的商品，在申请品质、规格、数量、重量、安全、卫生检验时，必须提交商检机构签发的出口商品包装性能检验合格单证，商检机构凭此受理上述各种报验手续。

二、落实信用证：催证、审证和改证

在信用证结算方式下，出口方只有在收到信用证并确认其内容无误后，才能办理货物装运手续。因此，买方按合同约定的时间开立信用证是卖方履行信用证方式付款合同的前提条件。

(一)催证

催证即出口方通知或催促进口商按照合同规定，通过银行及时开立信用证，以便出口方能将货物及时装运。催证方式包括信件、传真或其他通信工具。

在正常情况下，买方开立的信用证最晚应在货物装运期前15天送达卖方手中。对于出口方不太了解其资信情况的新客户，出口方原则上应坚持要求其在装运期前30天或45天甚至更早的时间开立信用证，并且配合生产加工期限和客户要求灵活掌握信用证的开证日期。

(二)审证

审证即审核信用证，是指对进口方通过银行开来的信用证内容进行全面审核，以确定是接受还是修改。

一般来说，审证具体包括以下两个方面。

1. 银行审证

(1)对政策的审核。其主要审核来证各项内容是否符合我国的方针政策以及是否有歧义性内容。

(2)对开证行的审核。其主要对开证行所在国家的政治经济状况、开证行的资信情况等进行审查。对于资信情况欠佳的银行应采取适当的保全措施。

(3)对信用证性质与开证行付款责任的审核。在出口业务中，一般不接受有"可撤销"字样的信用证；对于不可撤销的信用证，如果附有限制性条款或保留字句，使"不可撤销"名不副实，应要求对方修改。

2. 出口企业审证

出口企业需作复核性审核，其审证重点包括以下内容。

(1)对信用证金额与货币的审核，即审核信用证金额是否与合同金额一致，大小写金额是否一致，如合同订有溢短装条款，信用证金额是否包括溢装部分金额，信用证使用的货币是否与合同规定的计价和支付货币一致。

(2)对有关货物条款的审核，即主要对商品的品质、规格、数量、包装等依次进行审核，如果发现信用证内容与合同规定不一致，不应轻易接受，原则上要求改证。

(3)对信用证的装运期、有效期和到期地点的审核。信用证的装运期必须与合同规定一致；信用证的有效期一般规定在装运期限后 15 天或以上，以方便卖方制单。关于信用证的到期地点，通常要求在受益人境内。

（4）对开证申请人、受益人的审核。出口企业应仔细审核开证申请人的名称和地址，以防错发错运。受益人的名称和地址也须正确无误，以免影响收汇。同时，还需审核通知行是否与受益人在同一地点。

（5）对信用证中货物描述的审核，即审核信用证中商品的品名、规格、包装、数量、贸易术语是否与销售合同一致。审核唛头是否对应合同中的唛头，同时审核"详细资料参照……"所引用的合同是否与买卖双方签订的合同相符。

（6）对单据的审核。信用证项下要求受益人提交议付的单据通常包括商业发票、海运提单、保险单、装箱单、检验证书及其他证明文件。要注意单据由谁出具、信用证对单据是否有特殊要求、单据规定是否与合同条款一致等。同时，要特别注意信用证中有无影响收款的"软条款"。

（7）对其他运输条款、保险与商检等条款的审核，即仔细审核信用证对分批装运、转船、保险险别、投保加成及商检条款的规定。比如，装运时间是否恰当，若到证时间与装运期太近，无法如期装运，应及时与开证申请人联系修改信用证；货物是否允许转运，除非另有规定，否则货物是允许转运的；装运港与目的港是否与合同相符，若存在重名港问题，则其后应加国别。

（8）对其他条款的审核，包括信开/电开信用证是否有银行保证付款的责任文句；信用证对费用的规定是否可接受；信用证是否受 UCP 600 的约束。审证时，如果发现超越合同规定的附加条款或特殊条款，一般不应轻易接受，但是若无太大影响，也可酌情接受一部分。

（三）改证

改证即对已开立的信用证进行修改的行为。在审证时，如果发现有不能接受的条款，应及时要求开证申请人修改信用证。

信用证的修改，通常由出口人（受益人）提出，也有由进口人主动向开证行提出的。对于后者，须经开证行同意后，由开证行经通知行转告出口人，并经出口人同意接受后方为有效。如果遭出口人拒绝，则此项修改不能确定，信用证仍以原款为准。

【例 10-1】某银行收到一份由中国香港地区 KP 银行开出的金额为 USD 150 000 的信用证，受益人为广西的一家进出口公司，出口货物为木箱。信用证有如下"软条款"："本证尚未生效，除非运输船名已被申请人认可并由开证行以修证书形式通知受益人。"该银行在将来证通知受益人时提醒其注意这一"软条款"，并建议其修改信用证以规避可能出现的风险。

三、安排装运

出口方在审查并修订信用证后，即可安排货物装运事宜。在货物出运之前，出口方要做好租船订舱、投保、出口报关、装运等工作。

(一)租船订舱

如果货物数量较大，可以洽租整船甚至多船来装运，就是租船；如果货物量不大，那么可以租赁部分舱位来装运，就是订舱。

在办理托运时，出口公司填写托运单，作为订舱依据。承运人或其代理人根据托运单的内容，结合船舶的航线挂靠港、船期和舱位等条件综合考虑，认为合适即可接受托运。船运公司或其代理人收到托运单后，经审核确定接受承运，即将托运单的配舱回单退回，并发给托运人装货单。托运人凭收货单向外轮代理公司交付运费并换取正式提单。

(二)投保

CIF 条件下出口企业在货物装运前，根据合同和信用证要求向保险公司投保，填写对外运输险投保单，办理投保手续。出口商在办理投保手续时，一般都是逐笔办理。因此，投保人在投保时应将货物名称、保额、运输路线、运输工具、开航日期、投保险别等详细列明。保险公司接受投保后，即可签发保险单或保险凭证。

(三)出口报关

出口报关是指发货人或其代理人向海关申报出口货物的详细情况，海关据此审查，并在审查合格后放行，准予出口。

货物通关的程序，就出口商而言，可分为申报、查验货物、缴纳税费、放行装运四个步骤；就海关而言，可分为收单、验货、估价、放行四个步骤，如图 10-2 所示。

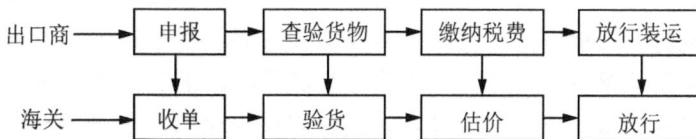

图 10-2　货物通关的程序

本节主要介绍出口商的货物通关的程序。

1. 申报

出口货物在出境时，发货人应在装货前 24 小时向海关申报。在出口货物运到码头、车站、机场、邮局等仓库、场地后，亦需在海关规定的时间内（24小时前）完成申报。

2. 查验货物

出口货物除因特殊情况经海关总署特准免验外，均应接受海关查验。对于需要查验的货物，海关自接受申报起1日内开出查验通知单，自货物具备海关查验条件起1日内完成查验。除货物需缴税外，自海关查验完毕4小时内办结通关手续。

3. 缴纳税费

对于需要征收税费的货物，海关应自接受申报1日内开出税单，并于缴核税单2小时内办结通关手续。

4. 放行装运

对于一般出口货物，在发货人或其代理人如实向海关申报，并如数缴纳应缴税款和有关规费后，海关在货物的出口货运单据或特制放行条上签盖"海关放行章"。出口货物收货人、发货人或代理人获取报关单证明联，用作进出口货物收货人、发货人向国税、外汇管理部门办理退税和外汇核销手续的证明文件。

海关放行后，出口商即可办理货物装运。

（四）装运

在办理完报关和投保手续之后，出口商即可在装运期内将货物装上船舶并取得海运提单。货物装船完毕之后，出口商应立即通知进口商货物已装船，并告知其船名航次，以便进口商能够及时收货。根据信用证的要求，在货物装船后若干工作日内，出口商应向进口商发出受益人证明。比如：

We hereby certify that one set of non-negotiable documents has been sent directly to the applicant with in 2 working days after shipment date by courier service.

四、制单结汇

制单结汇是指出口商在货物出运之后按照信用证的要求，缮制各种单据，并在信用证的有效期内将全部单据准备妥当，由受益人签署议付申请书，申请议付、承兑或付款。为了依信用证规定结算货款，必须将审核无误、正确、完整的单据交至议付银行，请求议付、承兑或付款。卖方办理结汇时需要提交的单据主要有发票、汇票、提单、保险单、装箱单、商品检验证书和原产地证书等。

我国出口结汇的方式主要有收妥结汇、出口押汇和定期结汇三种。

（一）收妥结汇

收妥结汇又称收妥付款，是指议付行收到外贸公司的出口单据后，经审查无误，将单据寄交国外付款行索汇。待付款行将外汇付给议付行后，议付行才按当日外汇牌价结算成人民币交付给受益人。

(二)出口押汇

出口押汇又称买单结汇，是指出口商将全套出口单据交到业务银行，银行按照票面金额扣除从押汇日到预计收汇日的利息及相关费用，将净额预先付给出口商的一种短期资金融通。出口押汇分为信用证项下押汇、D/P 项下押汇和 D/A 项下押汇。

(三)定期结汇

定期结汇是指银行在收到出口企业提交的出口单证，经与信用证有关条款审核无误后，根据不同地区、不同索汇路线以及即期或远期付款等具体情况，结合银行办理各项手续必需的合理工作日，规定一定的结汇时间，到期由银行主动将外汇结付给出口企业的一种结汇方式。

五、外汇监测系统网上申报和出口退税

(一)外汇监测系统网上申报

国家外汇管理局、海关总署、国家税务总局决定，自 2012 年 8 月 1 日起，在全国实施货物贸易外汇管理制度改革，取消出口收汇核销单，企业无须办理出口收汇核销手续，只需进行网上申报。国家外汇管理局分支局将企业的贸易外汇管理方式由现场逐笔核销调整为非现场总量核查。国家外汇管理局通过外汇监测系统，全面采集企业货物进出口和贸易外汇收支逐笔数据，定期比对、评估企业货物流与资金流总体匹配情况，便利合规企业贸易外汇收支，并对存在异常的企业进行重点监测，必要时实施现场核查。

(二)出口退税

办理了出口企业退税登记的出口公司或企业，在完成国际收支网上申报后，即可持有关证明文件到当地主管退税业务的税务机关办理出口退税。

出口企业要办理出口退税时，其出口货物必须满足以下 4 个条件：①出口货物是增值税、消费税征收范围内的货物；②出口货物是报关离境出口的货物；③出口货物是在财务上作出口销售处理的货物；④出口货物是已完成国际收支网上申报的货物。

第二节　进口合同的履行

在我国进口货物中,大多数是采用 FOB 条件与信用证结算的方式成交的。依此条件成交的进口合同,其履行程序一般包括开立信用证、租船订舱和催装、保险、审单和付汇、报关和接货、验收和拨交、进口索赔等。

一、开立信用证

在进口合同签订后,进口方按照合同规定填写开立信用证申请书,并向中国银行办理开证手续。信用证的内容要与合同条款一致,如品质规格、数量、价格、交货期、装货期、装运条件及装运单据等应以合同为依据,并在信用证中一一作出规定。

信用证应按合同规定时间开立。如果合同规定在卖方确定交货期后开证,买方应在接到卖方上述通知后开证;如果合同规定在卖方领到出口许可证并支付履约保证金后开证,买方应在收到卖方已领到出口许可证的通知或银行转知履约保证金已照收后开证。

二、租船订舱和催装

对于 FOB 条件下的进口合同,租船订舱应由买方负责。目前,我国进口货物的租船订舱工作统一委托中国对外贸易运输(集团)总公司(外运公司)办理。如合同规定卖方在交货前一定时期内应将预计装运日期通知买方,买方在接到卖方通知后,应及时向外运公司办理租船订舱手续。在办妥租船订舱手续后,买方应按规定期限通知卖方船名及船期,以便卖方备货装船。同时,买方还应随时了解并掌握卖方备货和装货前/装船前的准备工作情况,注意催促卖方按时装运。装船后,卖方应按合同规定的内容,通知买方,以便买方及时办理保险和接货等手续。

三、保险

对于 FOB 条件下的进口合同,保险由买方办理。凡是进口货物均由我国进出口公司委托外运公司办理,并由外运公司与中国人民财产保险股份有限公司签订预约保险合同,对各种货物应保的险别作具体规定。按照预约保险合同的规定,所有按 FOB 条件进口的货物的保险都由中国人民财产保险股份有限公司承保。因此,对于每批进口货物,买方在收到国外装船通知后,只要将船名、提单号、开船日期、商品名称与数量、装运港、目的港等项内容通知保险公司,即视为已办妥保险手续。

四、审单和付汇

中国银行收到国外寄来的汇票及单据后，对照信用证的规定，核对单据份数和内容。银行审单时间为收到单据次日起 7 个银行工作日。进口企业复核时间为 3 个工作日。如果内容无误，中国银行对国外付款，同时进出口公司用人民币按照国家规定的有关折算的牌价向中国银行买汇赎单。进出口公司凭中国银行出具的"付款通知书"向用货部门进行结算。审核国外单据时，如果发现证单不符，应立即处理。

五、报关和接货

进口货物到货后，由进出口公司或委托外运公司根据进口单据填写进口货物报关单向海关申报，并随附发票、提单及保险单。如果属法定检验的进口货物，还须随附商品检验证书。只有货物和证件经海关查验无误后，才能放行。进口货物的报关期限为自运输工具申报进境之日起 14 日内，超过这个期限报关的，由海关征收滞报金。超过 3 个月的，海关有权变卖，但 1 年内经收货人申请予以发还余款。

进口货物运达港口卸货时，港务局要进行卸货核对。如果发现短缺，应及时填制短缺报告交由船方签认，并根据短缺情况向船方作出保留索赔权的书面声明。卸货时如果发现货物残损，应将其存放于海关指定仓库，待保险公司会和海关总署共同检验后作出处理。

六、验收和拨交

进口货物须由海关总署进行检验。如果有残损短缺，凭商检局出具的证书对外索赔。对于合同规定在卸货港检验的货物，或已发现残损短缺有异状的货物，或合同规定的索赔期即将届满的货物等，都需要在港口进行检验。

在办完上述手续后，进出口公司委托外运公司提取货物并拨交给订货部门，外运公司以进口物资代运发货通知书通知订货部门在目的地办理收货手续，同时通知进出口公司代运手续已办理完毕。如果订货部门不在港口，所有关税及运往内地的费用由外运公司向进出口公司结算后，进出口公司再向订货部门结算货款。

七、进口索赔

进口商常因进口品质、数量、包装等不符合合同规定，而须向有关方面提出索赔。根据造成损失原因的不同，进口索赔的对象主要有以下 3 个。

1. 卖方

凡属下列情况者，均可向卖方索赔：原装数量不足；货物的品质、规格与合同规定不符；包装不良致使货物受损；未按期交货或拒不交货；等等。

2. 船公司

凡属下列情况者，均可向船公司索赔：原装数量少于提单所载数量；提单是清洁提单，而货物有残缺情况，且属于船方过失所致；货物所受损失，根据租船合约有关条款应由船方负责等。

3. 保险公司

凡属下列情况者，均可向保险公司索赔：由于自然灾害、意外事故或运输中发生的其他事故导致货物受损，并且属于保险人承保范围内的；船方不予赔偿或赔偿金额不足以抵补损失的部分，并且属于保险人承保范围内的。

【例 10-2】我国内地某市的 A 公司委托沿海城市 S 市的 B 公司进口一台机器，合同规定索赔期限为货到目的港 30 天内。货到 S 市后，B 公司即将货转至某市交给 A 公司。由于 A 公司的厂房还在建设中，机器无法安装。半年后，厂房建好，机器安装后发现无法运转。经检验机构检验发现，该机器是旧货，不能正常运转，遂请 B 公司向外商提出索赔，但外商置之不理。外商拒绝赔偿的依据是什么？对此，我国进出口企业应吸取什么教训？

【本章小结】

本章主要学习了进出口合同的履行。出口合同的履行包括备货、报验、催证、审证、改证、租船订舱、投保、出口报关、装运、制单结汇、外汇监测系统网上申报和出口退税等。其中，货、证、船、款至关重要。进口合同的履行包括开立信用证、租船订舱和催装、保险、审单和付汇、报关和接货、验收和拨交、进口索赔等。

在履约过程中，任何一个环节出现疏漏，都有可能造成损失。因此，买卖双方在履约过程中应严格认真履行自己的责任和义务。

【技能实训】

一、单项选择题

1. 普惠制产地证的运输方式和路线一栏应按信用证规定填写，如中途转运应注明转运地，如不知转运地则用（　　）表示。

A. W/M　　　　　　B. NO　　　　　　C. N/M　　　　　　D. N/N

2. 进口商填写开证申请书的主要依据是（　　）。

A. 发票　　　　　　B. 贸易合同　　　　C. 订单　　　　　D. 进口货物许可证

3. 下列对信用证有效期的说明，属于直接表明具体日期的是（　　）。

A. Documents must be presented for negotiating within 10 days after the on board date of bill of lading.

B. Negotiating must be on or before the 15th days of shipment.

C. This L/C is valid for negotiation in China until Oct. 1，2002.

D. Documents to be presented to negotiation bank within 15 days after shipment.

4. 若信用证和合同没有规定唛头，则发票的 Marks & Nos. 一栏（　　）。

A. 空白　　　　　　B. 填 N/M　　　　　C. 填货物名称　　　　D. 填总件数

5. 如信用证中规定"notify applicant"，则提单被通知人栏目中应填报（　　）。

A. applicant　　　B. 开证银行名称　　C. 受益人名称　　　　D. 开证申请人名称

6. 发票的日期在结汇单据中应（　　）。

A. 早于汇票的签发日期　　　　　　　B. 早于提单的签发日期

C. 早于保险单的签发日期　　　　　　D. 是最早签发的单据

7. 信用证的汇票条款注明"Drawn on us"，则汇票付款人是（　　）。

A. 开证申请人　　　B. 开证行　　　　C. 议付行　　　　　　D. 受益人

8. 商业发票的抬头人一般是（　　）。

A. 受益人　　　　　B. 开证申请人　　C. 开证行　　　　　　D. 卖方

9. H 公司以海运、CIF 贸易术语进口一批货物，国外卖方提交的海运提单上有关"运费支付"一项应写成（　　）。

A. Freight Prepaid　　　　　　　　B. Freight as Arranged

C. Freight Collect　　　　　　　　D. Freight Payable at Destination

10. 上海某贸易公司一批进口货从美国纽约装运，经中国香港地区中转，运抵上海洋山报关进境。上海公司填写进口报关时，应在装货港一栏中填报（　　）。

A. 香港　　　　　　B. 上海　　　　　C. 纽约　　　　　　　D. 洋山

二、操作题

根据下列信用证的内容，回答问题。

(1)Full set of 3/3 original clean"on board"shipping company's ocean bill of lading on liner terms issued to our order notify opener，marked freight prepaid and showing measurements and weight of consignment in cubic meters and kilograms.

(2)Full set 3/3 of marine Insurance policy or certificate，endorsed in blank for full invoice(total amount：USD 356752. 23)value plus 10％，covering institute cargo clauses (A)and war clauses of institute cargo clauses(1/1/1982).

1. 这份提单的抬头人是（　　）。

A. 开证行指示　　　　　　　　　　B. 开证申请人指示

C. 受益人指示　　　　　　　　　　D. 通知银行指示

2. 这份合同采用的贸易术语是（　　）。

A. CIF　　　　　　B. FOB　　　　　C. FCA　　　　　　　D. EXW

3. 这份保险单采用的背书方式是(   )。

A. 特别背书   B. 记名背书   C. 限制性背书   D. 空白背书

4. 卖方投保时确定的保险金额是(   )。

A. USD 356752.23   B. USD 3567522.3

C. USD 392428   D. USD 392427

5. 一般情况下，在信用证结算下卖方需要在货物装船后(   )小时内，将受益人证明寄交给买方。

A. 12   B. 24   C. 48   D. 72

6. 这份保险单投保的 ICC(A)条款相当于 CIC 中的(   )。

A. 平安险   B. 水渍险   C. 一切险   D. 一般外来风险

第十一章　进出口单据制作

【学习重点及目标】

1. 熟悉进出口合同签订及履行中需要的单据。

2. 熟悉提单、保险单等货运单据的缮制。

3. 掌握商业发票、装箱单、托运货物委托书、信用证申请书、投保单、原产地证书、汇票等结算单据的缮制。

在进出口业务中，单证的准确缮制对卖方的顺利结汇至关重要。单据制作业务联系面广、流转环节多，而且每个国家制作单据依据的合同和信用证条款不同，因此，单据的制作难度越来越大。外贸单证（Foreign Trade Documents），简称单证，是指在国际贸易业务中应用的各种单据、文件和证书（用来处理国际货物的交收、运输、保险、商检、通关、结算等），主要包括金融单据与商业单据。金融单据（Financial Documents）又称资金单据，是指汇票、本票、支票、付款收据或其他类似取得付款的凭证。商业单据（Commercial Documents）是指发票、运输单据、物权单据或其他类似单据，或除金融单据以外的其他单据。

第一节　单据制作的要求及依据

我们将以信用证为例来阐述出口业务中制作单据的要求。与进口业务单证工作相比，出口业务的单证工作更加繁重，主要包括审证、制单、审单、交单和归档五个环节。

一、出口制单的要求

1. 正确

正确的单据应符合以下两个要求。

（1）"六一致"，即证同一致、单证一致、单单一致、单内一致、单货一致、单同一致。具体而言，在信用证项下，银行要审核的是单证一致、单单一致、单内一致，其中单证一致是最重要的；进出口公司要做到证同一致、单证一致、单单一致、单内一致、单货一致和单同一致。在汇付、托收项下，制单要做到单同一致、单货一致、单单一致和单内一致。

（2）单证要符合国际惯例和规则。

2. 完整

单据的完整性体现为种类成套、份数齐全和单据本身的项目完整。

3. 及时

单证的及时体现在出单及时和交单及时上。出单及时是指各种单据的出单日期须合理可行，出单日期不能超过信用证规定的有效期限或按商业习惯的合理日期。交单及时是指信用证条件下，全部单据制作完毕后要在信用证规定的有效期内及时交单议付或办理兑付手续。

4. 简明

单证要按照信用证或合同规定和有关国际惯例填制，防止复杂烦琐，如商品名称，除非信用证有特别规定，否则只需在商业发票中填写商品的具体名称，其他单据均可使用统称。

5. 整洁

整洁主要是指单证的格式设计和缮制要力求标准化和规范化，单据内容排列要行次整齐、字迹清晰，重点项目突出、醒目，同时，应尽量减少甚至杜绝出现差错和涂改的现象。单据不能随意修改，偶有错误更改时，须在更改处进行校签或加盖更正章。一般单据更改不能超过三处，如提单。有些单证是不能更改的，如普惠制产地证、汇票、进出口许可证等。

二、单据制作依据——合同和信用证

在信用证支付方式下，买方申请开立信用证和卖方审核信用证的依据是进出口合同，而单据制作必须依据信用证。由此可见，进出口合同和信用证在单据制作中至关重要。

(一)合同

1. 合同样本(表 11-1)

表 11-1　合同样本

销售合同 （SALES CONTRACT）			
1. 卖方 （Seller）		3. 合同号码 （Contract No.）	
2. 买方 （Buyer）		4. 日期 （Date）	

兹经买卖双方同意成交下列商品，订立条款如下：

(The undersigned Sellers and Buyers have agreed to close the following transaction according to the terms and conditions stipulated below：)

5. 货号 (Article No.)	6. 品名与规格 (Name of Commodity and Specification)	7. 数量 (Quantity)	8. 单价 (Unit Price)	9. 总金额 (Amount)
	10. 总 计 (Total)			

11. 总值 (Total Value)	
12. 支付条件 (Payment)	
13. 包装 (Packing)	
14. 装运港 (Port of Shipment)	
15. 目的港 (Port of Destination)	
16. 装运条款 (Shipment)	
17. 运输标志 (Shipping Mark)	
18. 品质 (Quality)	
19. 保险 (Insurance)	

续表

20. 单据 （Documents）	
21. 买方 （Buyer）	22. 卖方 （Seller）
买方签字盖章	卖方签字盖章

2. 合同填写说明

（1）卖方（Seller）

此栏填写出口商的英文名称及地址。

（2）买方（Buyer）

此栏填写进口商的名称及地址。

（3）合同号码（Contract No.）

此栏填写销货合同编号，由卖方自行编设，以便存储归档管理之用。

（4）日期（Date）

此栏填写销货合同制作日期。比如，2024 年 2 月 18 日，可以有以下几种填法：①2024-02-18 或 02-18-2024；②2024/02/18 或 02/18/2024；③240218（信用证电文上的日期格式）；④FEBRUARY 18，2024 或 FEB. 18，2024。

（5）货号（Article No.）

此栏填写货物编号，以便联系和沟通。

（6）品名与规格（Name of Commodity and Specification）

此栏应详细填写各项商品的英文名称及规格。

（7）数量（Quantity）

此栏填写交易的货物数量，这是买卖双方交接货物及处理数量争议时的依据。

（8）单价（Unit Price）

此栏填写货物的单价，涵盖贸易术语、计价货币、价格金额和计量单位等信息。

（9）总金额（Amount）

此栏填写货物的总价，需要列明币种及各项商品总金额（总金额＝单价×数量）。

注意：此栏必须与每项商品相对应。

(10)总计（Total）

此栏分别填写所有货物累计的总数量和总金额（相应的计量单位与币种）。

(11)总值（Total Value）

此栏填写以文字（大写）表示的总金额，必须与货物总计数字表示的金额一致并且百分百正确。

(12)支付条件（Payment）

此栏填写货款及从属费用的支付工具和方式，此条款常与价格条款一同成为买卖双方在交易磋商时的焦点。

(13)包装（Packing）

此栏填写包装材料、包装方式以及每件包装中所含物品的数量或重量等信息。

(14)装运港（Port of Shipment）

此栏填写装运港名称，装运港是出口国港口之一。

(15)目的港（Port of Destination）

此栏填写目的港名称，通常买方会在双方签订合约之前的往来磋商函电中将目的港告知卖方。

(16)装运条款（Shipment）

此栏填写装运时间，以及分批装运和转运等内容。

(17)运输标志（Shipping Mark）

此栏填写商品外包装的唛头。标准运输标志由收货人名称、参考号、目的地和包装件号4个元素组成，每个元素占1行，每行不应超过17个字符，并且运输标志都应在包装物和相关单证上标出。如果没有唛头应填写"NO MARK"或"N/M"，也可以填写"AT SELLER'S OPTION"。

(18)品质（Quality）

此栏填写商品的质量、等级、规格等。

(19)保险（Insurance）

此栏填写投保情况。在 FOB、CFR、FCA、CPT 条件下，买方需承担投保责任。在 CIF、CIP 条件下，由卖方投保，应具体载明投保的险别、保险金额等事项。

(20)单据（Documents）

此栏填写卖方需要提交的单据，包括所需单据的种类和正本（Original）、副本（Copy）份数，在实际业务中，提单通常为3正3副，其他单据为1正3副。

(21)买方（Buyer）

此栏填写进口商公司负责人的签名并盖章。

(22)卖方（Seller）

此栏填写出口商公司负责人的签名并盖章。

(二)信用证

信用证示例如下所示:

MT:700 ISSUE OF A DOCUMENTARY CREDIT

FROM:CITIBANK NEW YORK,U. S. A.

SEQUENCE OF TOTAL	* 27:1/1
FORM OF L/C	* 40A:IRREVOCABLE
L/C NO.	* 20:11785303
DATE OF ISSUE	* 31C:190731
EXPIRY DATE AND PLACE	* 31D:190915 CHINA
APPLICANT	* 50:XYZ COMPANY
	NO. 203 LIDIA HOTEL OFFICE
	123-235 HAYWARD WAY,U. S. A
BENEFICIARY	* 59:ABC COMPANY
	NO. 529, QIJIANG ROAD, TIANJIN, CHINA
AMOUNT	* 32B:USD 36 000. 00
AVAILABLE WITH/BY	* 41D:WITH ANY BANK BY NEGOTIATION
DRAFTS AT	* 42C:AT 60 DAYS AFTER SIGHT
DRAWEE	* 42D:CITIBANK NEW YORK,CA
PARTIAL SHIPMENT	* 43P:NOT ALLOWED
TRANSHIPMENT	* 43T:NOT ALLOWED
LOADING FROM	* 44A:NINGBO PORT
FOR TRANSPORTATION TO	* 44B:NEW YORK PORT,U. S. A
LATEST DATE OF SHIPMENT	* 44C:190831
DESCRIPTION OF GOODS	* 45A:

POLO BRAND 100% COTTON LADIES' SHIRTS AS PER S/C NO. 190044
AND ORDER NO. 2021981 DELIVERY CONDITION:CIF NEW YORK
ART. NO. :35506 400 DOZEN USD30. 00/DOZ
ART. NO. :35507 800 DOZEN USD30. 00/DOZ

DOCUMENTS REQUIRED　　　* 46A:

+ SIGNED COMMERCIAL INVOICE IN 3 ORIGINAL AND 2 COPIES
SHOWING FREIGHT CHARGES,PREMIUM AND FOB VALUE AND
INDICATING THE GOODS IS ORIGIN OF CHINA.

+PACKING LIST IN 3 FOLDS.

+FULL SET OF CLEAN ON BOARD OCEAN BILL OF LADING MADE OUT TO ORDER AND BLANK ENDORSED, MARKED "FREIGHT PREPAID" AND NOTIFYING APPLICANT.

+INSURANCE POLICY IN DUPLICATE FOR 110% OF INVOICE VALUE COVERING ALL RISKS AND WAR RISK SUBJECT TO CIC DATED JAN. 1,1981.

+BENEFICIARY'S CERTIFICATE STATING THAT ONE SET OF NON-NEGOTIABLE SHIPPING DOCUMENTS HAS BEEN SENT TO APPLICANT AFTER SHIPMENT.

ADDITIONAL CONDITIONS 　　 *47A：

+ALL DOCUMENTS MUST SHOW THIS L/C NO.

+ A DISCREPANCY FEE OF USD 40. 00 OR EQUIVALENT WILL BE DEDUCTED FROM THE PROCEEDS PAID UNDER ANY DRAWING WHERE DOCUMENTS PRESENTED ARE FOUND NOT TO BE IN STRICT CONFORMITY WITH THE TERMS OF THIS CREDIT.

CHARGES 　　　　　　 *71B：ALL BANKING CHARGES OUTSIDE OF OUR COUNTER ARE FOR ACCOUNT OF THE BENEFICIARY.

PRESENTATION PERIOD 　 *48：WITHIN 15 DAYS FROM THE DATE OF B/L BUT NOT LATER THAN L/C EXPIRY DATE.

CONFIRMATION 　　　　 *49：DVISING BANK.

ADVICE THROUGH 　　　 *57D：YOUR YINXIAN SUB-BRANCH.

BANK TO BANK INFORMATION *72：THIS CREDIT IS SUBJECT TO UCP 600.

第二节　出口单据制作

根据进出口合同的履行程序，卖方最早制作的单据是商业发票。

一、商业发票

商业发票（Commercial Invoice），简称发票，是卖方开立的载有货物名称、数量、价格等内容的清单。它可以作为买卖双方交接货物和结算货款的主要单证，既是进口国确定征收进口关税的依据，也是买卖双方索赔、理赔的依据。

(一)商业发票样本

商业发票样本如表 11-2 所示。

表 11-2　商业发票样本

1. 出票人(Issuer)	商业发票 (COMMERCIAL INVOICE)		
	3. 发票号(Invoice No.)		4. 发票日期(Date)
2. 受票人(To)	6. 合同号(S/C No.)		7. 信用证号(L/C No.)
5. 运输说明(Transport Details)	8. 支付条款(Terms of Payment)		
9. 唛头 (Marks & Nos.)	10. 货物描述 (Description of Goods)	11. 数量 (Quantity)	12. 单价 (Unit Price)	13. 总金额 (Amount)
	14. 总计(Total)			
15. 总值(Total Value)				
16. 特别条款(Special Terms)				
			17. 出单人(Issuer)	

(二)商业发票填写说明

1. 出票人(Issuer)

此栏填写出票人(出口商)的英文名称和地址。在信用证支付方式下,应与信用证受益人的名称和地址保持一致。

2. **受票人**(To)

受票人也称抬头人，必须与信用证中规定的严格一致。在多数情况下填写进口商的名称和地址，且应与信用证开证申请人的名称和地址一致。在其他支付方式下，可以按合同规定列入买方名称和地址。

3. **发票号**(Invoice No.)

商业发票号码一般由出口企业自行编制。

4. **发票日期**(Date)

发票日期按照合同日期格式填写，一般都是在信用证开证日期之后、信用证有效期之前。在全套单据中，发票是签发日最早的单据。它只要不早于合同的签订日期、不迟于提单的签发日期即可。

5. **运输说明**(Transport Details)

此栏填写运输工具或运输方式，一般还加上运输工具的名称；运输航线要严格与信用证一致。如果在中途转运，在信用证允许的条件下应表明转运及其地点。

6. **合同号**(S/C No.)

此栏填写合同号码，一般由出口企业自行编制。

7. **信用证号**(L/C No.)

在信用证方式下的发票上，需填列信用证号码，作为出具该发票的依据。若非信用证支付，此栏留空。

8. **支付条款**(Terms of Payment)

此栏填写合同支付方式和期限，格式为"支付方式＋期限"，如 L/C at sight。

9. **唛头**(Marks & Nos.)

此栏参照合同中的运输标志(Shipping Mark)填写。

10. **货物描述**(Description of Goods)

货物描述是发票的核心内容。此栏应详细填明各项商品的英文名称及规格。对于品名规格应该严格按照信用证的规定或描述填写。货物数量应该与实际装运货物一致，同时符合信用证的要求。

11. **数量**(Quantity)

货物的销售数量与计量单位连用，如 500 PCS。注意：该数量和计量单位既要与实际装运货物情况一致，又要与信用证要求一致。

12. **单价**(Unit Price)

单价由四个部分组成：计价货币、计量单位、单位数额和价格术语。如果信用证有规定，应与信用证保持一致；若信用证没有规定，则应与合同保持一致。

13. 总金额(Amount)

此栏列明币种及各项商品总金额(总金额＝单价×数量)。除非信用证上另有规定,否则货物总值不能超过信用证金额。若信用证未规定,则应与合同保持一致。

14. 总计(Total)

此栏分别填写所有货物累计的总数量和总金额(相应的计量单位与币种)。

15. 总值(Total Value)

此栏以大写文字写明发票总金额,必须与数字表示的货物总金额一致。比如,79 600美元写作:

USD SEVENTY NINE THOUSAND SIX HUNDRED ONLY.

16. 特别条款(Special Terms)

在相当多的信用证中,都出现了要求在发票中证明某些事项的条款,如发票内容正确、真实和货物产地等证明,均可以填在此处。

17. 出单人(Issuer)

此栏填写卖方的名称及制单人员名字,并盖章。

二、装箱单

装箱单是发票的补充单据。它列明了信用证(合同)中买卖双方约定的有关包装事宜的细节,便于国外买方在货物到达目的港时,供海关检查和核对货物。通常可以将其有关内容加列在商业发票上,但是在信用证有明确要求时,就必须严格按照信用证约定制作。类似的单据还有重量单、规格单、尺码单等。装箱单名称应按照信用证规定使用。

(一)装箱单样本

装箱单样本如表11-3所示。

表11-3 装箱单样本

1. 出单人(Issuer)		3. 装箱单号(PL No.)		
2. 受单人(To)		装箱单 (PACKING LIST)		
		4. 发票号(Invoice No.)		5. 日期(Date)
6. 唛头 (Marks & Nos.)	7. 货物描述 (Description of Goods)	8. 包装件数 (Package)	9. 毛重 (G. W.)	10. 净重 (N. W.)	11. 体积 (Meas.)

续表

	12. 总计 （Total）				
13. 总包装数量（Say Total）					
				14. 出单人（Issuer）	

（二）装箱单填写说明

1. 出单人（Issuer）

此栏填写出单人的名称与地址，应与发票的出单方相同。在信用证支付方式下，此栏应与信用证受益人的名称和地址一致。

2. 受单人（To）

此栏填写受单方的名称与地址，应与发票的受单方相同。在多数情况下应填写进口商的名称和地址，并与信用证开证申请人的名称和地址保持一致。

3. 装箱单号（PL No.）

装箱单号，在表头上方显示。

4. 发票号（Invoice No.）

此栏应填写商业发票编号。

5. 日期（Date）

此栏填写装箱单缮制日期，可与商业发票日期一致，不能迟于信用证的有效期及提单日期。

6. 唛头（Marks & Nos.）

要求与合同一致。

7. 货物描述（Description of Goods）

要求与发票一致。货名如果有总称，应先填写总称，然后逐项列明每一包装件的货名、规格、品种等内容。

8. 包装件数（Package）

此栏填写每种货物的包装件数。

9. 毛重（G.W.）

此栏填写每个包装件的毛重和此包装件内不同规格、品种、花色货物各自的总毛重，信用证或合同未要求的，不填写亦可。

10. **净重**(N. W.)

此栏填写每个包装件的净重和此包装件内不同规格、品种、花色货物各自的总净重，信用证或合同未要求的，不填写亦可。

11. **体积**(Meas.)

此栏注明每个包装件的体积，信用证或合同未要求的，不填写亦可。

12. **总计**(Total)

此栏分别填入货物总计包装数量、总毛重、总净重和总体积。

13. **总包装数量**(Say Total)

以大写文字写明总包装数量，必须与数字表示的包装数量一致。

14. **出单人**(Issuer)

此栏填写卖方的名称及制单人名字，并盖章。

三、国际海运货物委托书

国际海运货物委托书是出口商向船公司或其代理人订舱或委托订舱时需提交的单据。

(一)国际海运货物委托书样本

国际海运货物委托书样本如表 11-4 所示。

表 11-4　国际海运货物委托书样本
INSTRUCTION FOR CARGO BY SEA

1. 发货人(Shipper) 地址(Address)					
2. 日期(Date)					
3. 收货人(Consignee) 地址(Address)					
4. 通知人(Notify) 地址(Address)					
5. 装运港(Port of Loading)			6. 目的港(Port of Destination)		
7. 船名(Ocean Vessel)					
8. 货物描述 (Description of Goods)	9. 唛头 (Marks & Nos.)	10. 包装件数 (No. of Package)	11. 毛重 (G. W.)	12. 净重 (N. W.)	13. 体积(Meas.)

14. 总计(Total)				
运费(Rate Agreed)		特别附注(Special Instructions)		
15. 柜型及数量 (Cabinet Type & No.) 货柜(FCL) 拼箱(LCL)	□20′Container× □20′Reefer× □20′Platform× □20′Car×	□40′Container× □40′Reefer× □40′Platform× □40′Car×	□40′Container× □40′Reefer High×	
重要提示——请注明由谁支付运费。(IMPORTANT- Please indicate freight payment by whom.)		16. 运费(Freight)	□预付(Prepaid) □到付(Collect)	
17. 文件单据 (Document)		发票(Invoice) 装箱单(Packing List)		
18. 委托人资料(Consignor's Detail)				
公司名称及地址 (Consignor's Name & Address)		经手人(Instruction by) 签字及盖章(Signed & Chopped)		

(二)国际海运货物委托书填写说明

1. **发货人、地址**(Shipper & Address)

发货人是指需要出口商品的一方，即卖方。此栏填出口商的英文名称、地址和电话。

2. **日期**(Date)

此栏填写合同之后的日期。

3. **收货人、地址**(Consignee & Address)

收货人即运输单据的抬头人，要严格按信用证中提单条款的具体规定填写。

(1)记名抬头，直接填写收货人及进口商名称。

(2)指示抬头，完全按照来证提单条款填写。

4. **通知人、地址**(Notify & Address)

此栏填写信用证规定的提单通知人的名称及地址，通常为进口商。

5. **装运港**(Port of Loading)

此栏填写合同规定的出口港。

6. **目的港**(Port of Destination)

此栏填写合同规定的进口港。

7. **船名**(Ocean Vessel)

此栏不用填写，订舱后会自动生成船名。

8. **货物描述**(Description of Goods)

此栏根据合同要求填写货物英文名称和英文描述。

9. **唛头**(Marks & Nos.)

与合同相关内容一致，如果没有，则填写"N/M"。

10. **包装件数**(No. of Package)

此栏中的件数为商品的包装数量（箱数），不是合同中的销售数量。

11. **毛重**(G.W.)

此栏填写出运货物的总毛重。

12. **净重**(N.W.)

此栏填写出运物的总净重。

13. **体积**(Meas.)

此栏填写出运货物的总体积。

14. **总计**(Total)

此栏填写件数、毛重、净重和体积的总数。

15. **柜型及数量**(Cabinet Type & No.)

此栏有拼箱和货柜两种类型可选，具体选择哪一个，按照货物的具体情况而定。

16. **运费**(Freight)

运费金额无须自己填写，待订舱后自动生成。CIF、CFR、CIP、CPT 方式下选预付，FOB、FCA 方式下选到付。

17. **文件单据**(Document)

此栏填写商业发票和装箱单的号码。

18. **委托人资料**(Consignor's Detail)

此栏填写委托人（出口商）公司的英文名称和英文地址，签名为委托人法人代表英文名称。

四、国际空运货物委托书

(一)国际空运货物委托书样本

国际空运货物委托书样本见表11-5。

表 11-5 国际空运货物委托书样本
INSTRUCTION FOR CARGO BY AIR

1. 发货人(Shipper) 地址(Address)					
2. 日期(Date)					
3. 收货人(Consignee) 地址(Address)					
4. 通知人(Notify) 地址(Address)					
5. 航班日期(Flight Date)			6. 运费 (Freight)	□预付(Prepaid) □到付(Collect)	
7. 始发站(Airport of Departure)			8. 到达站(Airport of Destination)		
9. 货物名称及描述 (Description of Goods)	10. 唛头 (Marks & Nos.)	11. 件数 (No. of Package)	12. 毛重 (G. W.)	13. 净重 (N. W.)	14. 体积 (Meas.)
	15. 总计(Total)				
16. 委托人资料(Consignor's Detail)					
公司名称及地址 (Consignor's Name & Address)			经手人(Instruction by) 签字及盖章 (Signed & Chopped)		

(二)国际空运货物委托书填写说明

1. **发货人、地址**(Shipper & Address)

发货人是指需要出口商品的一方,即卖方。

2. **日期**(Date)

此栏填写委托书填制的日期。

3. **收货人、地址**(Consignee & Address)

此栏填写进口商的名称、地址和电话。

4. **通知人、地址**(Notify & Address)

此栏填写信用证规定的提单通知人的名称及地址，通常为进口商。

5. **航班日期**(Flight Date)

此处的航班日期是预计航班日期，必须在合同日期之后，并且为日期格式。

6. **运费**(Freight)

运费金额无须自己填写，待订舱后自动生成。CIF、CFR、CIP、CPT 方式下选预付，FOB、FCA 方式下选到付。

7. **始发站**(Airport of Departure)

此栏填写合同中规定的出口港。

8. **到达站**(Airport of Destination)

此栏填写合同规定的进口港。

9. **货物名称及描述**(Description of Goods)

此栏根据合同要求填写货物英文名称和英文描述。

10. **唛头**(Marks & Nos.)

此栏按照合同中的唛头填写，与合同相关内容一致。

11. **件数**(No. of Package)

此栏填写商品的包装数量，不是合同中的销售数量。

12. **毛重**(G. W.)

此栏填写出运货物的总毛重。

13. **净重**(N. W.)

此栏填写出运货物的总净重。

14. **体积**(Meas.)

此栏填写出运货物的总体积。

15. **总计**(Total)

此栏填写件数、毛重、净重、体积的总数。

16. **委托人资料**(Consignor's Detail)

此栏填写委托人(出口商)公司的英文名称和英文地址，签名为委托人法人代表英文名称。

五、出境货物检验检疫申请

(一)出境货物检验检疫申请样本

出境货物检验检疫申请样本如表 11-6 所示。

表 11-6 出境货物检验检疫申请样本

1. 申请单位(加盖公章)：   ＊6. 编号：

2. 申请单位登记号：   3. 联系人：   4. 电话：   5. 申请日期：   年 月 日

7. 发货人	(中文)				
	(外文)				
8. 收货人	(中文)				
	(外文)				

9. 货物名称 (中文/外文)	10. HS 编码	11. 产地	12. 数量/重量	13. 货物总值	14. 包装种类 及数量

15. 运输工具 名称号码		16. 贸易方式		17. 货物存放地点	
18. 合同号		19. 信用证号		20. 用途	
21. 发货日期		22. 输往国家 (地区)		23. 许可证/审批号	
24. 启运地		25. 到达口岸		26. 生产单位注册号	

27. 集装箱规格、数量及号码			

28. 合同、信用证订立的检验 检疫条款或特殊要求	29. 标记及号码	30. 随附单据(打"√"或补填)	
		□合同 □信用证 □发票 □装箱单 □厂检单 □包装性能结果单	□许可/审批文件 □报检委托书 □其他单据 □ □

31. 需要证单名称(打"√"或补填)			32. 检验检疫费	
□品质证书 正 副 □重量证书 正 副 □兽医卫生证书 正 副 □健康证书 正 副 □卫生证书 正 副 □动物卫生证书 正 副		□植物检疫证书 正 副 □熏蒸/消毒证书 正 副	总金额 (人民币元)	
			计费人	
			收费人	

续表

申请人郑重声明： 本人被授权申请检验检疫。 上列填写内容正确属实，货物无伪造或冒用他人的厂名、标志、 认证标志，并承担货物品质责任。 <div align="right">33. 签名：_____</div>	34. 领取证单	
	日期	
	签名	

注：" * "栏由海关填写。

(二)出境货物检验检疫申请填写说明

1. 申请单位

此栏填写出口商公司的中文名称。

2. 申请单位登记号

此栏填写出口商公司在检验检疫机构的备案登记号。

3. 联系人

此栏必须填写申请单位办理检验检疫的联系人。

4. 电话

此栏填写出口商的电话。

5. 申请日期

此栏填写的年、月、日要符合日期格式。出口商至少应该在货物装船前 10 天办理出境货物检验检疫申请。

6. 编号

此栏由海关填写。

7. 发货人

此栏填写出口商或信用证受益人的中文名称、外文名称。

8. 收货人

此栏填写进口商公司的中文名称、外文名称。

9. 货物名称(中文/外文)

按照合同与信用证列出的名称填写，但中文名称、外文名称要一致。例如：

女士衬衫

LADIES SHIRT

10. HS 编码

此栏填写合同里商品对应的海关编码，是 10 位数编码。比如，皮革服装的 HS 编码为 4203100090。

11. **产地**

此栏填写货物的实际产地。

12. **数量/重量**

此栏填写合同中商品交易的数量时，应注明计量单位，用中文填写，如 500 包。填写重量时，一般以货物的净重作为申报重量。若合同或信用证规定以毛重为净重，可填写毛重。

13. **货物总值**

此栏按合同或发票所列货物币别和货物总值填写。

14. **包装种类及数量**

此栏填写运输包装材料的种类及数量，单位用中文填写。

15. **运输工具名称号码**

在海运方式下，参考订舱时生成的配舱回单里的船名；在空运方式下，则参考进仓通知单中的航次。

16. **贸易方式**

此栏填写货物的实际贸易方式，主要有一般贸易、三来一补、边境贸易、互市贸易、进料加工和其他贸易。

17. **货物存放地点**

在海运方式下，参考订舱时生成的配舱回单里的货物存放地；在空运方式下，则不用填写。

18. **合同号**

此栏填写本批货物所对应的合同号码。

19. **信用证号**

此栏填写本批货物所对应的信用证号码。如属非信用证结汇的货物，此栏应填写"无"或"/"。

20. **用途**

此栏填写货物的具体用途，如食用、种用、观赏、演艺、实验、药用、饲用、加工等。一般用途明确的商品也可不填写。

21. **发货日期**

此栏填写货物出口装运的日期，在合同日期之后，采用日期格式。

22. **输往国家(地区)**

此栏填写贸易合同中买方(进口方)所在的国家(地区)，或合同注明的最终输往国家(地区)。

23. **许可证/审批号**

对需申领许可证或经审批的商品，此栏填写品质许可证编号或审批编号，一般商品可空白。

24. 启运地

此栏填写装运本批货物离境的交通工具的起运口岸或地区城市。

25. 到达口岸

此栏填写最终抵达目的地停靠口岸名称。在填写此栏时，须填写具体口岸名称。

26. 生产单位注册号

此栏填写生产加工本批货物的单位在检验检疫机构的卫生注册证书号或品质许可证号，没有此号的，可不用填写。

27. 集装箱规格、数量及号码

在海运方式下，参照配舱回单中的集装箱种类，填写规格、数量及号码；在空运方式下，可不用填写。

28. 合同、信用证订立的检验检疫条款或特殊要求

此栏填写贸易合同或信用证中买卖双方对本批货物特别订立的品质、卫生等条款和报检单位对本批货物检验检疫的特别要求。

29. 标记及号码

此栏填写实际货物运输包装上的标记，与合同一致。中性包装或裸装、散装商品应填写"N/M"，并注明"裸装"或"散装"。

30. 随附单据

出口商品在报验时，一般应提供外贸合同(售货确认书及函电)、信用证原件的复印件或副本，必要时提供原件、发票及装箱单。凡属于危险或法定检验范围内的商品，在申请品质、规格、数量、重量、安全、卫生检验时，必须提交海关签发的出口商品包装性能检验合格单证，海关凭此受理上述各种报验手续。

要注意的是，在信用证方式下，必须选择"合同""信用证""发票""装箱单"，其他贸易方式下无须选择"信用证"。

31. 需要证单名称

按照合同、信用证及有关国际条约规定必须经海关检验并签发证书的，应在出境货物检验检疫申请单上，准确注明所需检验检疫证书的种类和数量。

32. 检验检疫费

此栏由海关填写。

33. 签名

此栏由报验人亲笔签名。

34. 领取证单

此栏应在海关受理报验日现场由报验人填写日期并签名。

六、一般原产地证明书

一般原产地证明书简称产地证，是证明货物原产地或制造地的文件，主要供进口国海关采取不同的国别政策和国别待遇。在不用海关发票或领事发票的国家或地区，要求提供产地证明，以便确定对货物征收的税率。有的国家限制从某个国家或地区进口货物，也要求用产地证来证明货物来源。

产地证一般由出口地的公证行或工商团体签发，也可由海关或贸促会签发。至于产地证由谁出具或者出具何种产地证，应按信用证规定来办理。

（一）一般原产地证明书样本

一般原产地证明书样本如表 11-7 所示。

表 11-7 一般原产地证明书样本

ORIGINAL

2. 出口方（Exporter）			1. 证书编号（Certificate No. ）		
3. 收货人（Consignee）			**CERTIFICATE OF ORIGIN**		
4. 运输方式和路线（Means of Transport and Route）			6. 仅供签证机构使用（For Certifying Authority Use Only）		
5. 目的地国（地区）（Country/Region of Destination）					
7. 唛头（Marks & Nos. ）	8. 包装种类和件数、货物描述（Number and Kind of Packages，Description of Goods）	9. 海关协调制度编码（HS Code）	10. 数量（Quantity）	11. 发票号码和发票日期（Number and Date of Invoices）	
12. 出口方声明（Declaration by the Exporter） 地点、日期、认证机构的签名和印章（Place and Date，Signature and Stamp of Certifying Authority）			13. 签证机构证明（Certification） 地点、日期、认证机构的签名和印章（Place and Date，Signature and Stamp of Certifying Authority）		

(二)一般原产地证明书填写说明

1. 证书编号(Certificate No.)

此栏不得留空，否则此证书无效。证书编号按出证机构的编码规律顺序填写(网上申请系统会自动生成)。

2. 出口方(Exporter)

此栏填写出口商的英文名称、英文地址及所属国家(地区)，要与出口发票上的公司名称一致。地址部分要填写详细地址，包括街道名称、门牌号码等。如果经由其他国家或地区须填写转口商名称，可在出口商后面加英文"VIA"，然后填写转口商名称、地址及所属国家(地区)。

3. 收货人(Consignee)

此栏填写进口商的英文名称、英文地址及所属国家(地区)，通常是合同的买方或信用证规定的提单通知人。

4. 运输方式和路线(Means of Transport and Route)

此栏填写运输方式(如海运、空运等)、起运港和目的地(目的港)，应注意与提单等其他单据保持一致。如果需中途转运，则也应注明。

5. 目的地国(地区)(Country/Region of Destination)

此栏填写货物最终运抵的目的地或目的港，一般应与最终收货人或最终目的地(港)的国家或地区一致，不能填写中间商国别。

6. 仅供签证机构使用(For Certifying Authority Use Only)

此栏专供签证机构使用。在正常情况下，出口公司应将此栏留空，由签证机构根据需要决定是否在此加注，如证书更改、证书丢失、重新补发、声明×××号证书作废等内容。

7. 唛头(Marks & Nos.)

此栏内容应与合同、信用证或其他单据所列的同类内容完全一致。如果无运输标志，那么要填写"NO MARK"或"N/M"。

8. 包装种类和件数、货物描述(Number and Kind of Packages，Description of Goods)
此栏填写商品的包装数量、包装种类及商品名称与描述。

(1)包装数量与装箱单里的"包装件数(No. of Package)"相同。注意：这里的包装件数要填写合同商品包装数量的英文数字大写，并在其后用括号加上包装数量的阿拉伯数字，如"TWO HUNDRED(200)"。

(2)包装种类填写外包装种类，如"CARTON"。

(3)货物描述应填写"商品名称(英文)""规格型号(英文)"两部分。

(4)商品的包装数量、种类和货物描述之间用"OF"连接。

(5)货物描述的结尾应有结束符"＊＊＊"。

9. **海关协调制度编码**(HS Code)

此栏填商品的 HS 编码。

10. **数量**(Quantity)

此栏填写计算单价时使用的数量和计量单位，应与买卖合同或其他单据所列的同类内容完全一致。

11. **发票号和发票日期**(Number and Date of Invoices)

此栏填写商业发票的号码与日期，要求与商业发票同类显示内容完全一致。

12. **出口方声明**(Declaration by the Exporter)

此栏为出口方声明、签字盖章栏。其申报日期不得早于发票日期和申请日期。

13. **签证机构证明**(Certification)

此栏的签发日期不得早于发票日期和申请日期。

七、普惠制产地证书

普惠制产地证书又称 G. S. P 证书、FORM A 证书。普惠制产地证书是发展中国家向发达国家出口货物，按照联合国贸发会议规定的统一格式填制，用于证明货物原产地的文件，又是给惠国（进口国）给予优惠关税待遇或免税的凭证。任何享受普惠制关税减免待遇的实体，必须提供普惠制产地证书。

FORM A 证书由出口公司缮制，连同一份申请书和商业发票送海关总署，经海关核对签章后即成为有效单据。一套 FORM A 证书中有一份正本、两份副本，其中副本仅供寄单时参考和留存之用，正本是可以议付的单据。

(一)普惠制产地证书样本

普惠制产地证书样本如表 11-8 所示。

表 11-8　普惠制产地证书样本

ORIGINAL

2. 发货人（出口商名称、地址、国别）〔Goods Consigned from(Exporter's Business Name, Address, Country)〕	1. 证书编号（Reference No. ） **GENERALIZED SYSTEM OF PREFERENCES** **CERTIFICATE OF ORIGIN** (Combined Declaration and Certificate) **FORM A**
3. 收货人（收货人名称、地址、国别）〔Goods Consigned to(Consignee's Name, Address, Country)〕	

4. 运输方式和路线[Means of Transport and Route (as far as known)]			5. 供官方使用(For Official Use)		
6. 项目编号（Item Number）	7. 唛头及包装号码（Marks and Numbers of Packages）	8. 包装种类和件数、货物描述（Number and Kind of Packages Description of Goods）	9. 原产地标准[Origin Criterion (See Notes Overleaf)]	10. 毛重或其他数量(Gross Weight or Other Quantity)	11. 发票号和发票日期(Number and Date of Invoices)
12. 签证证明（Certification） It is hereby certified, on the basis of control carried out, that the declaration by the exporter is correct. **地点、日期、认证机构的签名和印章（Place and Date，Signature and Stamp of Certifying Authority）**			14. 出口商申报（Declaration by the Exporter） The undersigned hereby declares that the above details and statements are correct, that all the goods were produced in＿＿＿＿＿＿＿＿ 　　　　　　　　　（country） and that they comply with the original requirements specified for those goods in the generalized system of preferences for goods exported to＿＿ 13. 进口国别（Import Country） **地点、日期、认证机构的签名和印章（Place and Date，Signature and Stamp of Certifying Authority）**		

（二）普惠制产地证书（FORM A）填写说明

1. **证书编码**（Reference No.）

此栏填写签证当局编写的证书号码。

2. **发货人（出口商名称、地址、国别）**（Goods Consigned from … ）

此栏按实际情况详细填写。在信用证项下，应与规定的受益人地址、国别一致。需注意的是，此栏的最后一个单词必须是国家名。如为第三方发货，须与提单发货人一致。

3. **收货人（收货人名称、地址、国别）**（Goods Consigned to … ）

此栏填写进口商的名称、地址及国家名称。

4. **运输方式和路线**(Means of Transport and Route)

此栏填写运输方式(海运、空运等)、装运港和目的地(目的港),应注意与其他单据保持一致。如需中途转运,也应注明。

5. **供官方使用**(For Official Use)

正常情况下,出口公司应将此栏留空。

6. **项目编号**(Item Number)

此栏填列商品项目,有几项商品则填几项。如果只有单项商品,仍要列明项目"1"。

7. **唛头及包装号码**(Marks and Numbers of Packages)

唛头及包装号码与买卖合同、发票、提单、保险单等单据保持一致。没有唛头,也应注明"N/M",不得留空。

8. **包装种类和件数、货物描述**(Number and Kind of Packages,Description of Goods)

此栏填写商品的包装数量、包装种类及商品名称与描述。

填写方法与一般原产地证明书一致。

9. **原产地标准**(Origin Criterion)

此栏填写货物原料的成分比例。

(1)"P":完全我国自产,无进口成分,填"P"。

(2)"W":出口至挪威,并在其后填写 HS 编码的前四位。

(3)空白:出口到澳大利亚、新西兰的货物,此栏可留空不填写。

10. **毛重或其他数量**(Gross Weight or Other Quantity)

与合同及运输单据的总毛重或数量相同,应分别列明毛重数值与计量单位。

11. **发票号和发票日期**(Number and Date of Invoices)

此栏填写商业发票的号码与日期,要求与商业发票同类显示内容完全一致。

12. **签证证明**(Certification)

此栏由签发此证的海关盖章、授权人手签,并填写出证日期和地点。

13. **进口国别**(Import Country)

此栏填写进口国英文名称。

14. **出口商申报**(Declaration by the Exporter)

此栏为出口商声明、签字、盖章栏。出口商声明中进口国横线上填写的国名一定要正确。进口国一般与最终收货人或目的港的国别一致。如果难以确定,以第 3 栏收货人国别为准。申请单位的手签人员应在此栏签字,加盖中文、英文对照的印章。

注意:填写时必须包括出口港(出口国)及符合日期格式的日期,且该日期必须在合同日期之后。

八、运输保险单据

凡按 CIF 条件成交的出口货物，由出口企业向当地保险公司逐笔办理投保手续。凡按 CFR 或 FOB 条件成交的进口货物，由进口企业向当地保险公司逐笔办理投保手续。在办理时应注意：根据合同或信用证的规定，在货物准备完毕且确定了装运日期和运输方式后，按约定的保险险别与保险金额向保险公司投保。

(一)货物运输险投保单

1. 货物运输保险投保单样本

货物运输保险投保单样本如表 11-9 所示。

表 11-9 货物运输险投保单样本

（APPLICATION FOR CARGO TRANSPORTATION INSURANCE）

1. 投保单号（Police No.）：＿＿＿＿＿

注意：请您在保险人明确说明本投保单及适用保险条款后，如实填写本投保单，您所填写的材料将构成签订保险合同的要约，成为保险人核保并签发保险单的依据。除双方另有约定外，保险人签发保险单且投保人向保险人缴清保险费后，保险人开始按约定的险种承保货物运输保险。	

2. 投保人（Applicant）：
投保人地址（Applicant's Add）：　　　　　　　　　　邮编（Code）：
联系人（Contact）：　　　　　电话（Tel.）：　　　　电子邮箱（E-mail）：

3. 被保险人（Insured）：　　　　　　　　　　　　电话（Tel.）：

4. 贸易合同号 (Contract No.)	5. 信用证号 (L/C No.)	6. 发票号 (Invoice No.)
7. 唛头（Marks & Nos.）	8. 包装及数量 (Packing & Quantity)	9. 货物描述 (Description of Goods)

10. 装载运输工具（Name of the Carrier）

11. 起运日期（Departure Date）：	12. 赔付地点（Claims Payable at）：

航线路线：自 13. 装运港（Port of Loading）经 14. 转运港（Transit Port）到达（目的地）15. 目的港（Port of Destination）
Route　From　　　　Via　　　　To(Destination)

16. 包装方式（Packing）：＿＿＿＿＿＿＿＿＿＿

17. 运输方式(Transport)：＿＿＿＿＿＿＿＿＿＿＿＿
18. 承保条件(Conditions)：投保人可根据投保意向选择投保险别及条款，并打"√"确认，但保险人承保的险别及适用条款以保险人最终确定并在保险单上列明的险种、条款为准。 **进出口海洋运输**：□一切险　　　□水渍险　　　□平安险（海洋运输货物保险条款） 　　　　　　　　　□ICC(A)　　□ICC(B)　　□ICC(C)（协会货物保险条款） **进出口航空运输**：□航空运输险　□航空运输一切险(航空运输货物保险条款) **特殊附加险**：□战争险　□罢工险
19. 特别约定(Special Conditions)： (1)加成(Value Plus About)＿＿＿＿％ (2)CIF 金额(CIF Value)＿＿＿＿　(3)保险金额(Insured Value)＿＿＿＿ (4)费率(‰)(Rate)＿＿＿＿　　(5)保险费(Premium)＿＿＿＿
投保人声明： (1)本人填写本投保单前，保险人已经就本投保单及适用的保险条款的内容，尤其是关于保险人免除责任的条款及投保人和被保险人义务条款向本人作了明确说明，本人对该保险条款及保险条件已完全了解，并同意接受保险条款的约束。 (2)本投保单所填各项内容均属事实，同意以本投保单作为保险人签发保险单的依据。 (3)保险合同自保险单签发之日起成立。 20. 投保人签字(Insured)盖章＿＿＿＿＿＿＿＿＿＿　　21. 投保日期(Date)＿＿＿＿＿＿

2. 货物运输险投保单填写说明

(1)投保单号(Police No.)：暂空。

(2)投保人(Applicant)：此栏填写投保人公司相关英文资料。

(3)被保险人(Insured)：此栏填写被保险人（通常为出口商)公司的英文名称与电话。

(4)贸易合同号(Contract No.)：此栏填写进出口贸易合同的编号。

(5)信用证号(L/C No.)：此栏填列信用证号码。如果不是信用证方式付款，则本项留空。

(6)发票号(Invoice No.)：此栏填写此批货物的发票号码。如果是出口商投保，则填商业发票号；如果是进口商投保，则本项留空。

(7)唛头(Marks & Nos.)：此栏参照合同中的唛头(Shipping Mark)填写。无唛头时，应填"N/M"或"NOMARK"。如果为裸装货，则注明"NAKED"；如果为散装货，则注明"IN BULK"。

(8)包装及数量(Packing & Quantity)：此栏填写货物的总包装件数。

(9)货物描述(Description of Goods)：此栏填写保险货物的英文名称。

(10)装载运输工具(Name of the Carrier)：海运方式下填写船名，空运方式下填写航班号。

(11)起运日期(Departure Date)：此栏填写预计起运日期，格式可参照合同日期。

(12)赔付地点(Claims Payable at)：严格按照信用证规定填制；如来证未规定，则应填写目的地或目的港。如果信用证规定不止一个目的港或赔付地，则应全部照填。

(13)装运港(Port of Loading)：按合同或信用证填写，格式为"港口＋国家名"。

(14)转运港(Transit Port)：按实际情况填写，格式为"港口＋国家名"，如没有则不填。

(15)目的港(Port of Destination)：按合同或信用证填写，格式为"港口＋国家名"。

(16)包装方式(Packing)：此栏填写货物包装方式。

(17)运输方式(Transport)：此栏填写货物运输方式。

(18)承保条件(Conditions)：根据货物运输方式不同，选择海运或空运险别，主险只能选择一种。

海洋运输投保条款包括 PICC CLAUSE(中国人民财产保险股份有限公司保险条款)和 ICC CLAUSE(协会货物险条款)，两者任选其一。

航空运输投保条款包括 AIR TPT ALL RISKS(航空运输一切险)、AIR TPT RISKS(航空运输险)。除此之外，还有两种特殊附加险，即 WAR RISKS(战争险)和 STRIKE(罢工险)，可以根据情况加保。

(19)特别约定(Special Conditions)：有其他特殊投保条款可在此栏说明，以分号隔开。

(20)投保人签字(Insured)：填写投保人公司英文名称。

(21)投保日期(Date)：填写投保日期，必须为正确的日期格式。

(二)货物运输保险单

1. 货物运输保险单样本
货物运输保险单样本如表 11-10 所示。

表 11-10　货物运输保险单样本

中国人民财产保险股份有限公司

PICC PROPERTY AND CASUALTY COMPANY LIMITED

总公司设于北京 　　　　　　　　　　　　　一九四九年创立

HEAD OFFICE：BEIJING 　　　　　　　　　ESTABLISHED IN 1949

货物运输保险单

CARGO TRANSPORTATION INSURANCE POLICY

1. 合同号（CONTRACT NO. ）

2. 保险单号（POLICY NO. ）

3. 发票号（INVOICE NO. ）

4. 信用证号（L/C NO. ）

5. 被保险人（INSURED）

中国人民财产保险股份有限公司（以下简称本公司）根据被保险人的要求，以被保险人向本公司缴付约定的保险费为对价，按照本保险单列明条款承保下述货物运输保险，特订立本保险单。

THIS POLICE OF INSURANCE WITNESSES THAT PICC PROPERTY AND CASUALTY COMPANY LIMITED（HEREINAFTER CALLED "THE COMPANY"）AT THE REQUEST OF THE INSURED AND IN CONSIDERATION OF THE AGREED PREMIUM PAID TO THE COMPANY BY THE INSURED，UNDERTAKES TO INSURE THE UNDERMENTIONED GOODS IN TRANSPORTATION SUBJECT TO THE CONDITION OF THIS POLICY AS PER THE CLAUSES PRINTED BELOW.

6. 唛头 （MARKS & NOS. ）	7. 包装及数量 （PACKING & QUANTITY）	8. 货物描述 （DESCRIPTION OF GOODS）	9. 保险金额 （AMOUNT INSURED）

10. 总保险金额（TOTAL AMOUNT INSURED）：_____

11. 保险费（PREMIUM：AS ARRANGED）

12. 开航日期（DATE OF COMMENCEMENT）：AS PER B/L

13. 装载运输工具（PER CONVEYANCE）：

14. 自　　　　　　　至
　　（FROM）　　　（TO）

15. 承保险别（CONDITIONS）：

所保货物，如发生保险单项下可能引起索赔的损失，应立即通知本公司或下述代理人查勘。如有索赔，应向本公司提交正本保险单(本保险单共有16._____份正本)及有关文件，如一份正本已用于索赔，其余正本自动失效。

IN THE EVENT OF LOSS OR DAMAGE WHICH MAY RESULT IN A CLAIM UNDER THIS POLICY, IMMEDIATE NOTICE MUST BE GIVEN TO THE COMPANY OR AGENT AS MENTIONED. CLAIMS, IF ANY, ONE OF THE ORIGINAL POLICY WHICH HAS BEEN ISSUED IN_____ORIGINAL(S) TOGETHER WITH THE RELEVENT DOCUMENTS ALL BE SURRENDERED TO THE COMPANY. IF ONE THE ORIGINAL POLICY HAS BEEN ACCOMPLISHED, THE OTHERS TO BE VOID.

17. 保险代理人(COMPANY'S AGENT)

18. 保险人：

    UNDERWRITER：

    电话(TEL)：

    传真(FAX)：

    地址(ADD)：

    授权人签字(AUTHORIZED SIGNATURE)：

19. 赔款偿付地点(CLAIM PAYABLE AT)：

20. 签单日期(ISSUING DATE)：

    核保人：   制单人：   经办人：

2. 货物运输保险单填写说明

(1)合同号(CONTRACT NO.)：此栏填写出口合同的编号。

(2)保险单号(POLICY NO.)：此栏填写保险单号码。

(3)发票号(INVOICE NO.)：此栏填写商业发票的号码。

(4)信用证号(L/C NO.)：此栏填写信用证的号码。如果不是信用证结算，此栏可留空。

(5)被保险人(INSURED)：如果 L/C 和合同无特殊要求，此栏通常填写信用证受益人，即出口公司的名称。

(6)唛头(MARKS & NOS.)：此栏参照合同中的"SHIPPING MARK"填写。若信用证无特殊规定，可填写"AS PER INV. NO. ×××"。

(7)包装及数量(PACKING & QUANTITY)：此栏填制大包装件数，确保与提单上的相应信息一致。有包装的填写最大包装件数；有包装但以重量计价的，应把包装重量与计价重量都注上；裸装货物要注明货物本身件数；煤炭、石油等散装货注明"IN BULK"，再填净重；如果货物以单位包装计价，可只填写总件数。

(8)货物描述(DESCRIPTION OF GOODS)：此栏根据投保单填写，要与提单中此栏目的填写一致。

(9)保险金额(AMOUNT INSURED)：此栏严格按照信用证和合同上的要求填制，保险金额应为发票金额加上投保加成后的金额。保险金额最后的结果采取"进一取整"的方法确定。

(10)总保险金额(TOTAL AMOUNT INSURED)：此栏填写保险金额的英文大写，注意以"ONLY"结尾。

(11)保险费(PREMIUM)：此栏一般由保险公司填制或已印好"AS ARRANGED"。

(12)开航日期(DATE OF COMMENCEMENT)：此栏根据提单(B/L)的签发日期，或签发日期前5个工作日内的任何一天填写，也可简单注明"AS PER B/L"。

(13)装载运输工具(PER CONVEYANCE)：此栏填写运输工具的名称、航次，要与运输单据一致，按照实际情况填写。

(14)起讫地点(FROM … TO …)：此栏填写货物实际装运的装运港口和目的港口名称，如果货物转船，应把转船地点也填上。

(15)承保险别(CONDITIONS)：此栏是保险单的核心内容，填写时应注意保险险别及文句与信用证严格一致。投保的险别除注明险别名称外，还应注明险别适用的文本及日期。

(16)正本份数(ORIGINAL)：此栏填写保险单正本份数。

(17)保险代理人(COMPANY'S AGENT)：此栏填写保险公司在买方所在地的代理人。

(18)保险人(UNDERWRITER)：此栏填写保险公司的名称、联系方式，并加盖保险公司印章和负责人的签字。在实际操作中，其签章一般已经印刷在保险单上。保险单只有经保险公司签章后才生效。

(19)赔款偿付地点(CLAIM PAYABLE AT)：此栏应严格按照信用证或合同规定填制地点和币种两项内容。地点按信用证或投保单填写，币种应与保险金额一致。

(20)签单日期(ISSUING DATE)此栏填写保险单的签发日期。由于保险公司提供仓至仓服务，因此保险手续要求货物离开出口仓库前办理，保险单的签发日期应为货物离开仓库的日期或至少填写早于提单签发日，发运日或接受监管日。

九、出口货物报关单

出口货物报关单是指出口企业于产品出口时，按照出口许可证和出口发票的内容向海关填报的单据，经海关查验确认后，具备法律效力。它是出口产品报关离境的重要证据，也是申请出口产品退税的重要依据。

(一)出口货物报关单样本

出口货物报关单样本如表11-11所示。

表 11-11　出口货物报关单

1. 预录入编号：　　　　　　　　2. 海关编号：　　　　　　　　页码/页数：

3. 境内发货人：	4. 出境关别：	5. 出口日期：		6. 申报日期：	7. 备案号：
8. 境外收货人：	9. 运输方式：	10. 运输工具名称及航次号：		11. 提运单号：	
12. 生产销售单位：	13. 监管方式：	14. 征免性质：		15. 许可证号：	
16. 合同协议号：	17. 贸易国（地区）：	18. 运抵国家（地区）：	19. 指运港：		20. 离境口岸：

21. 包装种类：	22. 件数：	23. 毛重（千克）：	24. 净重（千克）：	25. 成交方式：	26. 运费：□/ □/□	27. 保费：□/ □/□	28. 杂费：□/ □/□

29. 随附单据及编号：

30. 标记唛码及备注：

31.项号	32.产品编号	33.商品编码	34.商品名称及规格型号	35.数量及单位	36.单价	37.总价	38.币制	39.原产国（地区）	40.最终目的国家（地区）	41.境内货源地	42.征免

43. 特殊关系确认：	价格影响确认和支付特许权使用费确认：

44. 报关人员：	45. 报关人员证号：	46. 电话：	
兹申明对以上内容承担如实申报、依法纳税之法律责任			48. 海关批注及签章：
47. 申报单位：	申报单位（签章）：		

(二)出口货物报关单填写说明

1. 预录入编号

预录入编号指预录入报关单的编号,一份报关单对应一个预录入编号,由系统自动生成。

2. 海关编号

海关编号指海关接受申报时给予报关单的编号,一份报关单对应一个海关编号,由系统自动生成。

3. 境内发货人

此栏填报在中国海关备案的,负责签订并执行进出口贸易合同的境内法人、其他组织名称及编码。编码填报法人和其他组织的 18 位统一社会信用代码,没有统一社会信用代码的,填报其在海关的备案编码。

4. 出境关别

根据货物实际进出境的口岸海关,填报海关规定的《关区代码表》中相应口岸海关的名称及代码。

5. 出口日期

出口日期指运载出口货物的运输工具完成出境手续的日期,在申报时免予填报。对应未实际出境的货物,填写海关接受申报的日期。

出口日期为 8 位数字,顺序为年(4 位)、月(2 位)、日(2 位),如 20190802。

6. 申报日期

申报日期指海关接受出口货物发货人、受委托的报关企业申报数据的日期。此栏在申报时免予填报。

申报日期为 8 位数字,顺序为年(4 位)、月(2 位)、日(2 位),如 20190506。

7. 备案号

此栏填报出口货物收货人、发货人、消费使用单位。生产销售单位在海关办理加工贸易合同备案或征、减、免税审核确认等手续时,海关核发的《加工贸易手册》、海关特殊监管区域和保税监管场所保税账册、《征免税证明》或其他备案审批文件的编号。

8. 境外收货人

境外收货人通常指签订并执行出口贸易合同的买方或合同指定的收货人。境外发货人通常指签订并执行进口贸易合同的卖方。

此栏填报境外收货人的名称及编码。特殊情况下,无境外收货人的,名称及编码填报"NO"。

9. 运输方式

运输方式包括实际运输方式和海关规定的特殊运输方式。前者是指货物实际出境的运输方式，按出境所使用的运输工具分类；后者是指货物无实际出境的运输方式，按货物在境内的流向分类。

根据货物实际出境的运输方式或货物在境内流向的类别，按照海关规定的《运输方式代码表》选择填报相应的运输方式。

10. 运输工具名称及航次号

此栏填报载运货物出境的运输工具名称或编号及航次号。填报内容应与运输部门向海关申报的舱单（载货清单）所列相应内容一致。

11. 提运单号

此栏填报出口货物提单或运单的编号。一份报关单只允许填报一个提单或运单号，一票货物对应多个提单或运单时，应分单填报。

12. 生产销售单位

此栏填报出口货物在境内的生产或销售单位的名称，包括自行出口货物的单位、委托出口企业出口货物的单位。

13. 监管方式

监管方式是指以国际贸易中出口货物的交易方式为基础，结合海关对出口货物的征税、统计及监管条件综合设定的海关对出口货物的管理方式。

根据实际对外贸易情况按海关规定的《监管方式代码表》选择填报相应的监管方式简称及代码。一份报关单只允许填报一种监管方式。

14. 征免性质

此栏根据实际情况按海关规定的《征免性质代码表》选择填报相应的征免性质简称及代码，持有海关核发的《征免税证明》的，按照《征免税证明》中批注的征免性质填报。一份报关单只允许填报一种征免性质。

加工贸易货物报关单按照海关核发的《加工贸易手册》中批注的征免性质简称及代码填报。

15. 许可证号

此栏应填报出口许可证、两用物项和技术出口许可证、两用物项和技术出口许可证（定向）、纺织品临时出口许可证、出口许可证（加工贸易）、出口许可证（边境小额贸易）的编号。一份报关单只允许填报一个许可证号。

16. 合同协议号

此栏填报出口货物合同（包括协议或订单）编号。未发生商业性交易的免予填报。

17. 贸易国(地区)

此栏发生商业性交易的,出口填报售予国(地区);未发生商业性交易的,填报货物所有权拥有者所属的国家(地区)。

按海关规定的《国别(地区)代码表》选择填报相应的贸易国(地区)中文名称及代码。

18. 运抵国家(地区)

此栏填报出口货物离开我国关境直接运抵或者在运输中转国(地区),未发生任何商业交易的情况下最后运抵的国家(地区)。

19. 指运港

此栏填报出口货物运往境外的最终目的港。

根据实际情况,按海关规定的《港口代码表》选择填报相应的港口名称及代码。经停港/指运港在《港口代码表》中无港口名称及代码的,可选择填报相应的国家名称及代码。

无实际出境的货物,填报"中国境内"及代码。

20. 离境口岸

此栏填报离境口岸填报装运出境货物的跨境运输工具离境的第一个境内口岸的中文名称及代码。采取多式联运跨境运输的,填报多式联运货物最初离境的境内口岸中文名称及代码;过境货物填报货物离境的第一个境内口岸的中文名称及代码。从海关特殊监管区域或保税监管场所出境的,填报海关特殊监管区域或保税监管场所的中文名称及代码。其他无实际出境的货物,填报货物所在地的城市名称及代码。

21. 包装种类

此栏填报出口货物的所有包装材料,包括运输包装和其他包装,按海关规定的《包装种类代码表》选择填报相应的包装种类名称及代码。运输包装是指提运单所列货物件数单位对应的包装,其他包装包括货物的各类包装,以及植物性铺垫材料等。

22. 件数

此栏填报出口货物运输包装的件数(按运输包装计)。

特殊情况填报要求如下:

(1)舱单件数为集装箱的,填报集装箱个数。

(2)舱单件数为托盘的,填报托盘个数。

(3)裸装货物填报"1"。

23. 毛重(千克)

此栏填报出口货物及其包装材料的重量之和,计量单位为千克,不足1千克的填报"1"。

24. 净重(千克)

此栏填报出口货物的毛重减去外包装材料后的重量,即货物本身的实际重量,计量单位为千克，不足 1 千克的填报"1"。

25. 成交方式

此栏填报成交方式，根据出口货物实际成交价格条款，按海关规定的《成交方式代码表》选择填报相应的成交方式代码。无实际出境的货物，进口填报 CIF，出口填报 FOB。

26. 运费

此栏填报出口货物运至我国境内输出地点装载后的运输费用。

运费可按运费单价、运费总价或运费率三种方式之一填报，注明运费标记（运费标记"1"表示运费率，"2"表示每吨货物的运费单价，"3"表示运费总价），其填报格式为货币代码/实际费用/费用标记。

27. 保费

此栏填报出口货物运至我国境内输出地点装载后的保险费用。

保费填报方法和格式与运费相同。

28. 杂费

此栏填报成交价格以外的，按照《中华人民共和国进出口关税条例》相关规定，应计入完税价格或应从完税价格中扣除的费用。杂费填报方法及格式与运费和保费相同。

应计入完税价格的杂费填报为正值或正率，应从完税价格中扣除的杂费填报为负值或负率。

29. 随附单据及编号

此栏根据海关规定的《监管证件代码表》和《随附单据代码表》选择填报除上述第 15 栏"许可证号"以外的其他出口许可证件或监管证件、随附单据代码及编号。

30. 标记唛码及备注

标记唛码中除图形以外的文字、数字，无标记唛码的填报"N/M"。备注中填报以下内容：与本报关单有关联关系的，同时在业务管理规范方面又要求填报的备案号和报关单号；保税监管场所间流转货物的对方保税监管场所代码。跨境电子商务出口货物时，填写"跨境电子商务"等以及其他申报时需要说明的情况。

31. 项号

项号分两行填报：第一行填报报关单中的商品顺序编号；第二行填报备案序号，专用于加工贸易及保税、减免税等已备案、审批的货物，填报该项货物在《加工贸易手册》或《征免税证明》等备案、审批单证中的顺序编号。有关优惠贸易协定项下的报关单填制要求按照海关总署相关规定执行。

32. 产品编号

此栏与合同中的"Product No."相一致。

33. 商品编码

此栏填写海关核定商品的 10 位 HS 编码。

34. 商品名称及规格型号

商品名称及规格型号分两行填报：第一行填报出口货物规范的中文商品名称，第二行填报规格型号。

35. 数量及单位

数量及单位分三行填报。具体如下：

(1)第一行按出口货物的法定第一计量单位填报数量及单位，法定计量单位以《中华人民共和国海关统计商品目录》中的计量单位为准。

(2)凡列明有法定第二计量单位的，在第二行按照法定第二计量单位填报数量及单位。无法规定第二计量单位的，第二行为空。

(3)成交计量单位及数量填报在第三行。

36. 单价

此栏填报同一项号下出口货物实际成交的商品单位价格。无实际成交价格的，填报单位货值。

37. 总价

此栏填报同一项号下出口货物实际成交的商品总价格。无实际成交价格的，填报货值。

38. 币制

此栏按海关规定的《货币代码表》选择相应的货币名称及代码填报，如《货币代码表》中无实际成交币种，须将实际成交货币按申报日外汇折算率折算成《货币代码表》列明的货币填报。

39. 原产国(地区)

此栏依据《中华人民共和国进出口货物原产地条例》、《海关总署关于非优惠原产地规则中实质性改变标准的规定》以及海关总署关于各项优惠贸易协定原产地管理归章规定的原产地确定标准填报。同一批出口货物的原产地不同的，分别填报原产国(地区)。出口货物原产国(地区)无法确定的，填报"国别不详"。

按海关规定的《国别(地区)代码表》选择填报相应的国家(地区)名称及代码。

40. 最终目的国家(地区)

此栏填报已知的出口货物的最终实际消费、使用或进一步加工制造的国家(地区)。

按海关规定的《国别(地区)代码表》选择填报相应的国家(地区)名称及代码。

41. 境内货源地

此栏填报出口货物在国内的产地或原始发货地。出口货物产地难以确定的，填报最早发运该出口货物的单位所在地。

42. 征免

此栏按照海关核发的《征免税证明》或有关政策的规定，对报关单所列每项商品选择海关规定的《征减免税方式代码表》中相应的征减免税方式填报。

加工贸易货物报关单根据《加工贸易手册》中备案的征免规定填报《加工贸易手册》中备案的征免规定为"保金"或"保函"的，填报"全免"。

43. 特殊关系确认

此栏一般情况下填写"否"。

44. 报关人员

此栏填写报关人员的姓名。

45. 报关人员证号

此栏填写报关人员的备案编号。

46. 电话

此栏填写报关人员的电话。

47. 申报单位

此栏中自理报关的，填报进出口企业的名称及编码；委托代理报关的，填报报关企业名称及编码。编码填报法人和其他组织的 18 位统一社会信用代码。

48. 海关批注及签章

此栏供海关作业时签注。

十、海运提单

海运提单(Ocean Bill of Lading)，简称提单，是指承运人收到货物后出具的货物收据，也是承运人所签署的运输契约的证明。提单还代表所载货物的所有权，是一种具有物权特性的凭证。提单持有人可据以提取货物，也可凭此向银行押汇，还可在载货船舶到达目的港交货之前对其进行转让。

提单内容由正面事实记载和提单背面条款两部分组成。各船公司所制定的提单，其主要内容大致相同。

(一)海运提单样本

海运提单样本如表 11-12 所示。

表 11-12 海运提单样本

2. 托运人（Shipper）	1. 提单号（B/L No.） **COSCO** **中国远洋运输（集团）总公司** **CHINA OCEAN SHIPPING (GROUP) CO.** ORIGINAL Combined Transport BILL OF LADING
3. 收货人（Consignee）	
4. 被通知人（Notify Party）	

收货地点（Place of Receipt）	5. 船名（Ocean Vessel）	
6. 航次（Voyage No.）	7. 装运港（Port of Loading）	
8. 卸货港（Port of Discharge）	交货地点（Place of Deliver）	

9. 唛头 (Marks & Nos.)	10. 件数和包装种类 (Nos. & Kind of Pkgs.)	11. 货物描述 (Description of Goods)	12. 毛重 (G. W.)	13. 尺码 (Meas.)

14. 总包装［Total Number of Containers or Packages(in Words)］

15. 运费（Freight & Charges）	运费吨 (Revenue Tons)	费率（Rate）	计费单位（Per）	预付（Prepaid）	到付 (Collect)

16. 预付地点（Prepaid at）	到付地点（Payable at）	18. 提单签发地点及日期 (Place and Date of Issue)
预付总计（Total Prepaid）	17. 正本提单份数［Number of Original B(s)/L］	

19. 承运人签字（Signed for the Carrier）

209

(二)海运提单填写说明

1. 提单号(B/L No.)

此栏填写承运人及代理人规定的提单号。

2. 托运人(Shipper)

此栏在信用证项下,填写受益人。在托收项下,填写托收的委托人。

3. 收货人(Consignee)

提单的收货人又称"抬头人"。信用证项下的提单必须严格按照信用证规定的提单条款缮制。

4. 被通知人(Notify Party)

被通知人指货物到达目的港时船方发送到货通知的对象。其职责是及时接收船方发出的到货通知,并将该通知转告真实的收货人。被通知人无权提货。此栏在信用证方式下按规定填写。有时为进口方或买方代理。

5. 船名(Ocean Vessel)

此栏按实际所装运的船只名称填写。

6. 航次(Voyage No.)

此栏填写航班的航次。

7. 装运港(Port of Loading)

此栏填实际装运港的具体名称,不能笼统地填写"CHINESE PORT"字样。

8. 卸货港(Port of Discharge)

此栏填写实际货物卸下的港口,如经转船,则应填写"转运港"字样。

9. 唛头(Marks & Nos.)

此栏按商业发票填写。如果没有唛头,那么填写"N/M"。

10. 件数和包装种类(Nos. & Kind of Pkgs.)

此栏应填写数量和计量单位,与唛头中件号的累计数相符。

11. 货物描述(Description of Goods)

此栏根据商业发票中的货物描述填写。如果信用证规定品名繁多,那么允许提单只填写货物的统称表示商品的名称。

12. 毛重(G.W.)

此栏应与商业发票一致,一般以千克为计量单位。

13. **体积**(Meas.)

此栏应与商业发票一致，小数点后保留三位数，以立方米为计算单位，应填一批货物的体积总数。

14. **总包装**[Total Number of Containers or Packages(in Words)]

此栏填写包装及数量，大小写必须一致。

15. **运费**(Freight & Charges)

在 CIF 或 CFR 成交的价格术语中，支付运费的为卖方，一般卖方在交货前把运费付清，计入 CIF 或 CFR 价格。因此，应根据信用证的规定，选择"FREIGHT PREPAID(运费预付)"或"FREIGHT PAID(运费已付)"。价格术语为 FOB 或 FAS 时，运费由买方支付，此时应填"FREIGHT COLLECT(运费到付)"或"PAYABLE AT DESTINATION(运费 在目的港支付)"。

16. **运费预付和到付地点**(Prepaid at & Payable at)

在提单相应栏目中填实际运费预付和到付的地点。

17. **正本提单份数**[Number of Original B(s)/L]

根据 UCP 600 第 17 条 a 款的规定，凡信用证规定的每一种单据必须至少提交一份正本。对正副本提单的要求，一般在信用证中有规定，出口商应按要求提供。

18. **提单签发地点及日期**(Place and Date of Issue)

此栏填写装运地点和装运日期。日期应不迟于信用证或合同规定的最迟装运日期。如果提交的是预先印就"已装上船"的提单，提单的出具日期即视为装运日期。

19. **承运人签字**(Signed for the Carrier)

此栏填写承运人或其代理人、船长或其代理人签字或签章。正本提单只有经承运人或其代理人、船长或其代理人签字或签章才能生效。

十一、托收委托书

(一)托收委托书样本

托收委托书样本如表 11-13 所示。

表 11-13　托收委托书样本

1. 致(To)：	2. 日期(Date)：
3. 托收行(Remitting Bank)：	4. 代收行(Collecting Bank)： 名称： 地址：
5. 委托人(Principal)：	6. 付款人(Drawee)： 名称： 地址： 电话：
7. 托收方式(Collection Method) 付款交单 D/P□　　承兑交单 D/A □	10. 国外费用承担人：　　□付款人　□委托人 (Foreign Expense Bearer)　(Drawee)　(Principal)
8. 发票号码(Inv. No.)：	11. 国内费用承担人：　　□付款人　□委托人
9. 总金额(Amount)：[　][　　　　]	(Domestic Expense Bearer)(Drawee)(Principal)

12. 单据种类 (Document Type)	汇票	商业发票	海运提单	航空运单	保险单	装箱单	数量重量证书	健康证	植物检疫证书	品质证书	原产地证	普惠制产地证		
份数 (Copies)														

13. 付款提示(Payment Reminders)

请将收汇款原币划入我司下列账上：

开户行：　　　　　　　　　　　　　　　　　　　　账号：

联系人姓名：

电话：　　　　传真：　　　　　　　　　　公 司 签 章

（二）托收委托书填写说明

1. 致（To）

此栏填写托收行名称，即出口行中文名称。

2. 日期（Date）

此栏填写办理托收日期，如 2019-10-15。

3. 托收行（Remitting Bank）

此栏填写出口行中文名称和中文地址。

4. 代收行（Collecting Bank）

此栏填写进口行英文名称和英文地址。

5. 委托人（Principal）

此栏填写出口商公司中文名称、中文地址和电话。

6. 付款人（Drawee）

此栏填写进口商公司的英文名称、英文地址和电话。

7. 托收方式（Collection Method）

此栏托收方式包括付款交单和承兑交单，在对应的"□"中打"✓"。

8. 发票号码（Inv. No. ）

此栏填写商业发票号码。

9. 总金额（Amount）

此栏填写合同币别及合同金额。

10. 国外费用承担人（Foreign Expense Bearer）

此栏可以选付款人或委托人，在相应的"□"中打"✓"。

11. 国内费用承担人（Domestic Expense Bearer）

此栏可以选付款人或委托人，在相应的"□"中打"✓"。

12. 单据种类、份数（Document Type & Copies）

此栏汇票份数、商业发票份数必填；航空运单份数（正本、副本总数），若是空运，则必填；保险单份数（正本、副本总数），若合同是 CIF/CIP，则必填；装箱单份数（正本、副本总数）必填；数量重量证书份数（正本、副本总数）、健康证份数（正本、副本总数）、植物检疫证书份数（正本、副本总数）、品质证书份数（正本、副本总数），若出口商报检时申请了以上单据，则必填；原产地证、普惠制产地证，若出口商申请了这些单据，则必填。

13. 付款提示（Payment Reminders）

此栏填写出口商开户行中文名称、合同币别对应的外汇账号，并填写出口商公司的联系人、联系电话和传真。

十二、出口押汇申请书

出口押汇是指企业(信用证受益人)在向银行提交信用证项下单据议付时,银行(议付行)根据企业的申请,凭企业提交的全套单证相符的单据作为质押进行审核,审核无误后,参照票面金额将款项垫付给企业,然后向开证行寄单索汇,并向企业收取押汇利息和银行费用并保留追索权的一种短期出口融资业务。办理该项业务时,出口人需向银行提供出口押汇申请书。

(一)出口押汇申请书样本(表11-14)

表11-14 出口押汇申请书样本

申请日期:＿＿＿＿＿1＿＿＿＿＿

致:＿＿＿＿＿2＿＿＿＿＿

为解决资金周转困难,我公司现交来如下信用证项下全套单据向贵行申请叙作出口押汇。为此,我公司不可撤销地承担有关责任如下:

我公司申请贵行就＿＿＿3＿＿＿(开证行)开立的号码为＿＿＿4＿＿＿的不可撤销信用证项下或D/P或D/A项下(发票号码＿＿＿5＿＿＿),金额为[＿＿6＿＿＿7＿＿]的全套单据叙作出口押汇,押汇金额为[＿＿8＿＿＿9＿＿],期限＿＿＿10＿＿＿天。我公司保证:

1. 承担由此笔出口押汇而产生的一切责任、风险和费用。

2. 接受贵行决定的押汇金额、利率和期限。

3. 如我司提交的单据存在不符点,或开证行倒闭,或进口商面临危机,或单据邮递途中遗失或被延误,或电讯失误以及不可抗力等,导致单据被拒付、迟付或对外让价、退款,我司保证按贵行通知要求及时补偿贵行押汇本金、利息及由此引起的一切费用,贵行亦可主动从我公司存款账户上直接扣收上述款项。

4. 贵行有权主动从收汇款项中直接扣收出口押汇本息及费用。如逾期归还,贵行可主动按规定收取罚息。

附:全套出口单据

申请单位(公司名称):＿＿＿＿11＿＿＿＿

法人代表签名(公司盖章):＿＿＿＿12＿＿＿＿

(二)出口押汇申请书填写说明

1. 申请日期

填写申请出口押汇日期,如2024-10-15。

2. 致

押汇银行名称,填写出口地银行中文名称。

3. **开证行名称**

填写进口银行中文名称。

4. **信用证编号**

若采用信用证方式，填写信用证编号；其他方式下可不填写。

5. **商业发票号码**

若采用 D/P 或 D/A 方式，填写商业发票号码；其他方式下可不填写。

6. **币别**

与合同币别一致。

7. **金额**

与合同金额一致。

8. **押汇币别**

与合同币别一致。

9. **押汇金额**

与合同金额一致。

10. **押汇期限**

根据实际押汇的时间填写。

11. **申请单位**

填写出口商的中文名称。

12. **法人代表签名**

填写出口商法人代表的中文签名。

十三、汇票

汇票简称 B/E。汇票名称通常使用 Bill of Exchange、Exchange Draft 的标准格式。汇票一般为一式两份，第一联、第二联在法律上无区别。其中一联生效则另一联自动作废。为防止单据可能在邮寄途中遗失造成麻烦，一般远洋单据都分两次邮寄。

(一)汇票样本

汇票样本如表 11-15 所示。

表 11-15 汇票样本

(BILL OF EXCHANGE)

1. 出票条款(Drawn under)＿＿＿①＿＿＿信用证号码(Irrevocable L/C No.)＿＿＿②＿＿＿

日期　　　　支取　　＿＿＿＿按＿＿＿＿息＿＿＿付款

开证日期(Date)＿＿③＿＿利息(Payable with interest)@＿2＿%

号码　　　汇票金额　　　　　　　　　　　　　上海　年　月　日

汇票号码(No.)＿＿＿3＿＿＿汇票金额(Exchange for)＿＿＿4＿＿＿Shanghai 出票日期(Date)
＿＿＿5＿＿＿

见票　　　日后(本汇票之副本未付)

付款期限〔At＿＿＿6＿＿＿sight of this FIRST of Exchange(Second of exchange being unpaid)〕

付交

收款人(Pay to the order of)＿＿＿7＿＿＿

金额

汇票金额(The sum of)＿＿＿8＿＿＿

此致

致(To)：＿＿＿9＿＿＿

＿＿＿10＿＿＿

(二)汇票填写说明

1. 出票条款(Drawn under)

出票条款也称出票依据，即表明该汇票依据什么开立。

(1)在信用证方式下，填写开证行、信用证号码和开证日期。

①开证行：填写信用证中的开证行。

②信用证号码(L/C No.)：填写信用证的准确号码。

③开证日期(Date)：填写信用证的准确开证日期，而非出具汇票的日期。

(2)托收方式下，填写合同号码或留空。

2. 利息(Payable with interest)

此栏填写合同或信用证规定的利息。如果没有规定，此栏留空。

3. 汇票号码(No.)

此栏由出票人自行编号填入，一般使用发票号码兼作汇票的编号。

4. 汇票金额(Exchange for)

此栏填写汇票的总金额。其格式为币别＋金额，如 USD 5 215.00。

5. 出票日期(Date)

此栏填写汇票出具的日期。出票日期应晚于提单签发日期，但必须在信用证有效期及交单期之前。

6. **付款期限**(At ＿＿＿＿＿ sight)

一般可分为即期汇票和远期汇票两类。

即期汇票，需要在 At ＿＿＿＿＿ sight"的横线上填写"＊　＊　＊　＊"或"……"，不能留空。

远期汇票填写具体的付款期限。如信用证或合同规定见票后 30 天付款，此栏填写"At 30 days after sight"。

7. **收款人**(Pay to the order of)

收款人也称受款人、抬头人或抬头，在信用证方式下通常为出口地银行，填写出口地银行英文名称；托收方式下通常为托收行，填写托收行的英文名称。

8. **汇票金额**(The sum of)

此栏填写文字大写金额。先填写货币全称，再填写金额的数目文字，以"SAY"开头，以"ONLY"结尾。此栏金额必须与第 4 栏金额一致。

9. **致**(To)

此栏填写受票人名称和地址。在信用证方式下，通常填写进口地银行英文名称和地址；非信用证方式下，填写进口商公司英文名称与地址。

10. **右下方空白栏**

出票人(出口商)签字，填写出口商公司英文名称。

第三节　进口单据制作

在国际贸易实践中，进口单据主要包括信用证开证申请书、信用证修改申请书、索赔申请书、境外汇款申请书、入境货物检验检验申请书和进口货物报关单等。下文介绍信用证开证申请书和信用证修改申请书。

一、信用证开证申请书

信用证开证申请书主要依据贸易合同中的有关主要条款填制，申请人填制后附合同副本一并提交银行，供银行参考、核对。一旦信用证生效，即与合同分离。因此，在填写开证申请书时应审慎查核合同的主要条款，并将其列入申请书。

一般情况下，开证申请书都由开证行事先印就，以便申请人直接填制。开证申请书通常为一式两联，申请人除填写正面内容外，还须签具背面的"开证申请人承诺书"。

(一)信用证开证申请书样本

信用证开证申请书样本如表 11-16 所示。

表 11-16 信用证开证申请书样本

1. 致（To）   2. 日期（Date）

3. 开立形式（Issue form） Issue by airmail □ with brief advice by teletransmission □ Issue by express delivery □ Issue by teletransmission（which shall be the operative instrument）□	4. 信用证号码（L/C No.） 5. 有效期及地点（Date and place expiry）
6. 开证申请人（Applicant）	7. 受益人（全称和地址） ［Beneficiary（Full name and address）］
8. 通知行（Advising bank）	9. 总金额（Amount）
10. 分批装运（Partial shipment） □allowed □not allowed ‖ 11. 转船运输 （Transshipment） □allowed □not allowed 12. 装运港（Loading on board/dispatch/taking in charge at/from） _____ 13. 最迟装运日（Not later than） 14. 目的港（For transportation to）	
15. 贸易术语（Price terms） □FOB □CFR □CIF □or other terms_____	16. 押汇银行及信用证形式（Credit Available with_____by） □sight payment □acceptance □negotiation □deferred payment at 17. 汇票信息［Against the documents detailed herein and beneficiary's draft（s）for____% of invoice value at _____ sight drawn on_____］

18. 需要的单据用"×"标明[Documents required：（marked with "×"）]

（1）（ ）Signed Commercial Invoice in _____ original(s)and _____ copy(copies)indicating L/C No. and Contract No. _____.

（2）①（ ）Full set of clean on board Bills of Lading made out to order and blank endorsed，marked "freight［ ］to collect/［ ］prepaid［ ］showing freight amount"notifying _____.

②（ ）Clean Air Waybill consigned to _____，marked "freight［ ］to collect/［ ］prepaid" notifying _____.

（3）（ ）Insurance Policy/Certificate in _____ original（s）and _____ copy（copies）for _____%of the invoice value showing claims payable at _____ in currency of the draft，bank endorsed，covering _____.

（4）（ ）Packing List Memo in _____ original(s)and _____ copy(copies)indicating quantity, gross weight of each package.

（5）（ ）Certificate of Quantity/Weight in _____ original(s)and _____ copy(copies).

（6）（ ）Certificate of Quality in _____ original(s)and _____ copy(copies).

（7）（ ）Certificate of Origin in _____ original(s)and _____ copy(copies).

19. 其他单据（Other document，if any）

（1）（ ）Certificate of Phytosanitary in _____ original(s)and _____ copy(copies).

（2）（ ）Health Certificate in _____ original(s)and _____ copy(copies).

（3）（ ）Certificate of Origin Form A in _____ original and _____ copy(copies).

20. 货物描述（Description of goods）

21. 附加条款（Additional instructions）

（1）（ ）All banking charges outside the opening bank are for beneficiary's account.

（2）（ ）Document must be presented within _____ days after date of issuance of the transport document but within the validity of this credit .

（3）（ ）Third party as shipper is not acceptable，Short Form/Bank B/L is not acceptable.

（4）（ ）Both quantity and credit amount _____%more or less are allowed.

（5）（ ）All documents must be forwarded in _____.

22. 其他条款（Other terms，if any）

(二)信用证开证申请书填写说明

1. 致(To)

此栏填写开证行名称,即进口地银行名称。

2. 日期(Date)

此栏填写申请开证日期,必须符合日期格式且在合同日期之后,如 2020-04-15。

3. 开立形式(Issue form)

此栏根据实际情况勾选信用证开立的形式。

(1)Issue by airmail:以信开的形式开立信用证,开证行以航邮将信用证寄给通知行。

(2)with brief advice by teletransmission:以简电开的形式开立信用证。简电本身并非信用证的有效文本,不能凭以议付或付款,银行随后寄出的"证实书"才是正式的信用证。

(3)Issue by express delivery:以信开的形式开立信用证,开证行以快递(如 UPS)将信用证寄给通知行。

(4)Issue by teletransmission(which shall be the operative instrument):以全电开的形式开立信用证。开证行将信用证的全部内容加注密押后发出,该电信文本为有效的信用证正本,目前大多用这种方式开立信用证。

4. 信用证号码(L/C No.)

此栏填写信用证号码,由银行填写。

5. 有效期及地点(Date and place of expiry)

此栏填写信用证有效期及地点。信用证的有效期应以 8 位日期格式表示,并确保在合同规定的最迟装运日之后至少 15 天。信用证的到期地点可以规定在出口地(议付行所在地,通常也是受益人所在地),如 20200625 SHANGHAI。

6. 开证申请人(Applicant)

开证申请人是指向银行申请开立信用证的个体,通常为进口商。开证申请人是信用证交易的发起人。

7. 受益人(全称和地址)[Beneficiary(Full name and address)]

受益人,即出口人。此栏填写出口人的全称和详细地址。

8. 通知行(Advising bank)

此栏填写通知行名称,一般为出口地银行名称。

9. 总金额(Amount)

此栏填写信用证金额,与合同币别和合同金额相同。

10. **分批装运**(Partial shipment)

此栏填写分批装运条款，即跟单信用证项下是否允许货物分批装运。

11. **转船运输**(Transshipment)

此栏填写转运条款，即跟单信用证项下是否允许货物转运。

12. **装运港**(Loading on board/dispatch/taking in charge at/from)

此栏填写装运港名称。与合同"Port of Loading"完全一致。

13. **最迟装运日**(Not later than)

此栏填写最迟装运日期，必须为 8 位日期格式，并确保在开证日期之后且在信用证有效期之前。

14. **目的港**(For transportation to)

此栏填写目的港，与合同"Port of Destination"完全一致。

15. **贸易术语**(Price terms)

此栏根据合同内容选择或填写贸易术语。

16. **押汇银行及信用证形式**(Credit available with＿＿＿by)

此栏由信用证押汇银行和信用证形式两部分组成。对于押汇银行，如果信用证是限制议付信用证，填写具体银行的名称。如果信用证是自由议付信用证，填写"ANY BANK IN ...(地名/国名)"。如果信用证是自由议付信用证，且对议付地点无限制，填写"ANY BANK"。

对于信用证形式有 4 种选择：

(1)sight payment：勾选此项，表示开立即期付款信用证。

(2)acceptance：勾选此项，表示开立承兑信用证。

(3)negotiation：勾选此项，表示开立议付信用证。

(4)deferred payment：勾选此项，表示开立延期付款信用证。开立这类信用证，需要写明延期多少天付款。

17. **汇票信息**[Against the documents detailed herein and beneficiary's draft(s)for ＿＿＿①＿＿ ％ of invoice value at＿＿②＿＿ sight drawn on ＿＿③＿＿ .]

此栏填写要求如下。

①汇票金额为发票金额的百分比。根据信用证要求填写，若为净价则为 100％。

②"at ＿＿ sight"为付款期限。如果是即期，需要在"at ＿＿ sight"的横线上填"＊＊＊＊"或"……"，不能留空。若为远期，可填见票后××天(at××days after sight)，提单日后××天(at××days after B/L date)。

③"drawn on"为指定付款人。注意汇票的付款人应为开证行或指定的付款行。

18. **需要的单据(用"×"标明)**[Documents required：(marked with "×")]

此栏根据合同要求，用"×"标明需要的单据，在其后各空白栏中填写或选择所需单据份数、出具单位及/或单据内容。

19. **其他单据**(Other documents，if any)

此栏根据合同要求选择其他单据，在其后各空白栏中填写或选择所需单据份数。

20. **货物描述**(Description of goods)

此栏填写商品编号、商品英文名称、商品英文描述、商品销售数量和商品单价。

注意：必须与合同中的货物描述完全一致。

21. **附加条款**(Additional instructions)

此处是附加条款，是对以上各条款未述情况的补充和说明，包括对银行的要求等。

22. **其他条款**(Other terms，if any)

此栏填写其他条款。

二、信用证修改申请书

信用证开出后，如果出口商提出改证的要求，而进口商也同意修改，则进口商可要求开证行改证。修改信用证的要求应尽可能一次性具体明确地提出，以避免或减少反复改证，延误时间。

(一)信用证修改申请书样本(表 11-17)

表 11-17　信用证修改申请书

IRREVOCABLE DOCUMENTARY CREDIT AMENDMENT APPLICATION

1. 致 To：

2. 日期(Date)：

3. 信用证号码(L/C No)：

4. 总金额(Amount)：

5. 修改次数(No. of Amendment)：

6. 受益人(Beneficiary)：

7. 新效期(New Date of Expiry)：

8. 新装期(New Latest Shipment Date)：

9. 信用证增额(Increase of DC Amount)：〔　〕〔　〕

　信用证减额(Decrease of DC Amount)：〔　〕〔　〕

　修改后信用证总金额(New DC Amount after Amendment)：〔　〕〔　〕

10. 修改条款(Terms of Amendment)：

其余条款不变(Other Terms and Conditions Remain Unchanged)

11. 经办人：

申请人签章：

（二）信用证修改申请书填写说明

1. 致（To）

此栏填写开证行名称。

2. 日期（Date）

此栏填写申请修改日期。必须为日期格式，并且在开证日期之后。

3. 信用证号码（L/C No.）

此栏填写申请修改的信用证号码。

4. 总金额（Amount）

此栏填写原信用证金额，包括币种。

5. 修改次数（No. of Amendment）

不论前几次修改是以何种形式发送，该数字都是依次排列的最后数字。

6. 受益人（Beneficiary）

此栏填写原信用证的受益人的名称及地址。

7. 新效期（New Date of Expiry）

新效期即修改后的有效期限，是受益人向银行提交单据的最后期限。新效期必须是日期格式，并且在原信用证有效期之后至少 10 天。

8. 新装期（New Latest Shipment Date）

新装期即修改后的装运期限。新装期必须为日期格式，并且在申请开证日期之后，在信用证有效日期之前。

9. 信用证增额（Increase of DC Amount）

根据合同的要求和商业习惯对原信用证金额进行的增加，格式为货币币种＋金额。

信用证减额（Decrease of DC Amount）

根据合同的要求和商业习惯对原信用证金额进行的减少，格式为货币币种＋金额。

修改后信用证总金额（New DC Amount after Amendment）

此栏填写修改后的金额，格式为货币币种＋金额。

10. 修改条款（Terms of Amendment）

此栏填写对信用证条款的修改。

11. 经办人、申请人签章

此栏填写经办人名字并加盖企业公章。

第四节 进出口单据的审核

在外贸业务中，出口企业应及时按照"单证一致，单单一致"的原则对有关单据进行审核。如果遇到单据上出现差错，应及时提出并更正，以避免单据出现错误而无法结汇。

在单据审核时应先以信用证为标准，审核商业发票的准确性，做到单证一致。其他单据以商业发票为中心，将其他单据与发票的相同资料，如货物的唛头、包装、件数等以及有关项目，进行核对。

下面主要介绍商业发票、汇票、运输单据和保险单据的审核要点。

一、商业发票

(一)商业发票的审核要点

(1)确保商业发票的签发人是信用证的受益人。

(2)除非信用证另有规定，发票的抬头为信用证的申请人。

(3)商品的描述必须完全符合信用证的要求。

(4)不能冠名为"形式发票"或"临时发票"。

(5)确保没有使人对货物状况或价值产生怀疑的任何附加的、不利的货物描述。

(6)未被信用证准许时，银行不接受发票上对货物是"用过的""旧的""重新改造的""修整"的批注。

(7)信用证中提及的货物、价格和条款等细节必须包含在发票中。

(8)确保发票上提供的其他资料，如唛头、号码、运输资料等与其他单据相一致。

(9)确保发票上的货币与信用证货币相一致。

(10)发票金额不得超出信用证金额。

(11)发票金额必须与汇票金额相一致。

(12)如果不允许分批装运，那么要确保发票必须包括信用证要求的整批装运货物价值。

(13)确保按信用证要求，发票已被签字且已被公证人证实、合法化证明等。

(14)提交正确的正本和副本份数。

(二)商业发票的常见不符点

(1)发票名称不符合信用证规定。

（2）发票的开立人不是信用证的受益人。

（3）发票的抬头人与信用证要求不符。

（4）进口商名称与信用证上的开证申请人不同。

（5）货物数量、发票金额及单价与信用证不一致或不在信用证允许的增减幅度之内。

（6）发票对货物的描述与信用证中的货物描述不相符。

（7）发票上的装运港或目的港与提单不一致。

（8）发票上的贸易术语与信用证不一致。

（9）发票上的佣金或折扣与信用证或合同规定不一致。

（10）遗漏信用证要求、表明和证明的内容，或缮制发票时照抄照搬来证中的证明词。

（11）货物包装，注有"用过""旧货""重新装配"等字样。

（12）发票未按信用证规定签名盖章。

二、汇票

（一）汇票的审核要点

（1）确认汇票的付款人名称、地址的准确性。

（2）确保汇票上金额大小写形式完全匹配。

（3）付款期限要符合信用证或合同（非信用证付款条件下）的规定。

（4）检查汇票金额是否超出信用证金额，如果信用证金额前有"大约"一词，可按10%的增减幅度掌握。

（5）出票人、收款人、付款人必须符合信用证或合同（非信用证付款条件下）的规定。

（6）币制名称应与信用证和发票上相一致。

（7）出票条款是否正确，如出票所根据的信用证或合同号码是否正确。

（8）是否根据要求进行了背书。

（9）汇票是否已由出票人签字。

（10）确认汇票份数是否正确，如注明为"只此一张"或"汇票一式二份有第一汇票和第二汇票"或详细列明了所有副本。

（二）汇票的常见不符点

（1）汇票的出票日期迟于信用证有效期。

（2）汇票金额大于信用证金额。

(3)汇票金额大小写不一致，汇票大写金额不准确，在大写金额最后漏了"ONLY"一词。

(4)货币名称和发票或信用证不一致。

(5)汇票的付款期限与信用证规定议付，或未明确付款日期。

(6)出票人未签字。

(7)汇票提交份数不正确。

(8)未按规定列明"出票条款"。

(9)未写明信用证号码或信用证号码错误。

(10)汇票内容被变更。

三、运输单据

(一)运输单据审核要点

(1)运输单据类型须符合信用证的规定。

(2)起运地、转运地、目的地须符合信用证的规定。

(3)装运日期/出单日期须符合信用证的规定。

(4)收货人和被通知人须符合信用证的规定。

(5)商品名称可使用货物的统称，但不得与发票上货物说明的写法相抵触。

(6)运费预付或运费到付须正确表明。

(7)正副本份数应符合信用证的要求。

(8)运输单据上不应有不良批注。

(9)包装件数须与其他单据相一致。

(10)唛头须与其他单据相一致。

(11)全套正本都须盖妥承运人的印章及签发日期章。

(12)应加背书的运输单据，须加背书。

(二)运输单据的常见不符点

(1)运输单据提交的种类和信用证要求不符。

(2)未提交全套有效的提单。

(3)托运人的名称与信用证不一致。

(4)提单抬头人(收货人)与信用证规定不一致。

(5)被通知人的名称与信用证规定不一致。

(6)未按信用证规定正确背书。

(7)提单为不清洁提单。

(8)单据中所列货物的名称、包装、数量等内容与信用证规定不符。

(9)未按照信用证规定说明运费已付或到付。

(10)未写明承运人名称。

四、保险单据

(一)保险单据的审核要点

(1)确保按照信用证规定提交保险单、保险凭证和保险声明书。

(2)提交全套正本保险单据。

(3)确保保险单签发人是保险公司、保险商或其代理人。

(4)确保保险单的签发日期或保险责任生效日期最迟在已装船或已发运或接受监管之日。

(5)确保货物投保金额符合信用证要求或符合 UCP 600 第 28 条 f 款的规定。

(6)除非信用证另有要求,否则保险单据必须使用与信用证相同的货币表示。

(7)确保保险单据上的货物描述与发票上的描述相一致。

(8)承保的风险区间至少涵盖从信用证规定的货物接管地或发运地开始到卸货地或最终目的地为止。

(9)已按信用证要求投保了规定的险别并有相应明确表示。

(10)确保保险单据上对货物的描述与运输单据上内容一致。

(11)若被保险人名称不是保兑行、开证行或进口商,则应进行相应背书。

(12)保险单据上的所有其他资料与其他单据内容相符。

(13)如果单据内容有修改,那么应被适当地证实。

(二)保险单据的常见不符点

(1)保险单种类不符合信用证规定。

(2)保险单不是由规定的保险公司或保险商出具。

(3)保险货币或金额与信用证规定不符。

(4)保险单上对货物描述与信用证不符。

(5)保险金额大小写不一致,或大写金额不正确。

(6)启运港或卸货港与信用证规定不一致。

(7)保险单中的投保险别与信用证规定不符。

(8)未提供全套保险单据。

(9)保险单未背书或背书不正确。

(10)保险单签发日期迟于提单签发日期。

五、单证不符点的处理

对有问题的单据必须进行及时更正，否则将影响安全收汇。在规定的有效期和交单期内，修正所有存在的问题。

(一)轻微不符点，可以及时修改

单据上出现轻微不符点，而且可以及时修改的，如商业发票上计算错误、提单没有按要求背书、汇票金额大小写有误、发票的份数提供不足等，可以由出口商自行更正，须在收到拒付通知后，在信用证有效期和交单期内，迅速更正或者补足所缺单据份数，寄送开证行。

(二)轻微不符点，不能在有效期内及时修改

有些单据不能按期更改或无法修改，可以向银行出具一份保函(通常称为担保书)。保函中交单人要求银行向开证行寄单并承诺，如果买方不接受单据或不付款，银行有权收回已偿付给交单人的款项。对此银行方面可能接受，不建议这样做，因为出具保函后，收不到货款的风险依然存在，而且要承担由此产生的其他费用。交单人向银行出具保函一般应事先与客户联系，并取得客户接受不符单据的确认文件。

(三)严重不符点，开证行和进口商拒付

单据中出现了保险单的生效日期迟于提单日期、提单日期迟于信用证规定的最后装船日期、提单份数不全等严重不符点时，开证行和进口商可能面临重大经济损失，故而开证行和进口商均会拒付。在这种情况下，原有的银行信用保障转变为商业信用，出口商可以改为托收方式，另外，是否能收到货款，取决于进口商的商业信用。

(四)严重不符点，无法托收

单据中出现严重不符点时，应立即与进口商洽谈，以了解问题所在。通常进口商拒付的目的是要求出口商给予一定幅度降价。如果进口商开出的价格在可接受范围内，那么出口商可以降价；如果进口商提出的降价幅度超出承受范围，那么出口商可以考虑重新寻找其他买主。

【本章小结】

本章主要介绍了国际贸易实践中常见的进出口单据及审单的要点。其中，出口单据主要有商业发票、装箱单、国际海运货物委托书、国际空运货物委托书、出境货物

检验检疫申请、一般原产地证明书、普惠制产地证书、货物运输险投保单、出口货物报关单、海运提单托收委托书、出口押汇申请书、汇票等，进口单据主要包括信用证开证申请书、信用证修改申请书等。

【技能实训】

阅读相关案例中的销售确认书、信用证和补充材料，并根据材料进行相应操作。

1. 根据销售确认书填写开证申请书。

2. 根据销售确认书审核信用证，并书写一份改证函。

3. 根据修改后的信用证(以原信用证和书写的改证函为准)和补充资料缮制以下主要结汇单据。

(1)商业发票，(2)装箱单，(3)普惠制原产地证书，(4)提单，(5)汇票。

4. 根据信用证审核所制作的单据是否单证一致、单单一致。

第十二章　国际贸易方式

【学习重点及目标】

1. 了解不同的国际贸易方式。
2. 掌握经销、代理、补偿贸易、期货交易的含义。
3. 理解加工贸易的方式。
4. 掌握各种贸易方式在国际贸易中的应用。

贸易方式是指国际贸易中采用的各种方法。随着国际贸易的发展，贸易方式日趋多样化。除了采用逐笔售定的方式外，还有经销与代理、招标投标、拍卖与寄售、对等贸易、加工贸易、期货交易、数字贸易等方式。

第一节　经销与代理

一、经销

(一)经销的定义

经销(Distribution)又称为分销，是国际贸易中习惯采用的方式之一，是指经销商按照约定为国外供货商销售产品，即供货商与经销商双方订立经销协议或相互约定，由供货商向中间商(经销商)定期、定量供应货物，经销商在规定期限和区域销售商品的一种贸易方式。

(二)经销的种类

根据经销商权限的不同，经销可分为包销和定销。

包销(Exclusive Sales)又称独家经销(Sole Distribution)，是指出口人(委托人)通过协议把某一种商品或某一类商品在某一个地区和期限内的经营权给予国外某个客户或公司的做法。尽管包销也是售定，但与通常的单边逐笔出口不同，除当事人双方签有买卖合同外，还须事先签有包销协议。采用包销方式，买卖双方的权利与义务是根据包销协议确定的。两者签订的买卖合同也必须符合包销协议的规定。

定销又称普通经销(General Distribution)，是指出口商通过与定销商签订定销协议，在一定地区和期限内将某种或某类商品交由国外客户销售的方式。出口商对定销商在价格、支付条件和折扣上给予一定优惠，但不授予货物销售的专营权，即在同一地区和期限内，出口商可以同时指定几家定销商为其销售商品。

二、代理

(一)代理的含义

代理(Agency)是指代理人(Agent)按照委托人(Principal)的授权代表委托人同第三者订立合同或进行其他法律行为。由此产生的权利与义务直接对委托人产生效力。

(二)代理的种类

根据代理商代理权的大小不同,代理可以分为总代理(General Agency)、独家代理(Sole Agency)和佣金代理(Commission Agency)。

1. 总代理

总代理是指在指定地区委托人的全权代理。

总代理商除有权代理委托人进行签订买卖合同、处理货物等商务活动外,也可进行一些非商业性活动。总代理商有权指派分代理,并可分享代理的佣金。

2. 独家代理

独家代理是指代理人在协议规定的地区和期限内,对指定商品享有专营权,即委托人不得在规定范围内,自行或通过其他代理人进行销售。

3. 佣金代理

佣金代理又称为一般代理,是指在同一代理地区、时间及期限内,同时有几个代理人代表委托人行为的代理。佣金代理根据推销商品的实际金额、协议规定的办法和百分率向委托人计收佣金。委托人可以直接与该地区的实际买主成交,无须给佣金代理佣金。

(三)代理人与委托人之间的关系

代理人与委托人之间的关系属于委托买卖关系。在代理业务中,代理人只是代表委托人行为,如招揽客户、招揽订单、签订买卖合同、处理货物、收受货款等,其本身并不作为合同的一方参与交易。

第二节　招标和投标

招标和投标是国际贸易中常见的一种方式,一般用作国家政府机构、国有企业或公用事业单位物资、器材或设备的采购。在国际工程承包中也广泛使用招投标的方式。

一、招标和投标的含义

招标(Invitation to Tender)是指招标人在确定时间、地点发出招标公告或招标单，提出准备买进商品的品种、数量和有关买卖条件，邀请卖方投标的行为。

投标(Submission of Tender)是指投标人应招标人的邀请，根据招标公告或招标单位的规定条件，在规定时间内向招标人递盘的行为。

实际上，招标、投标是一种贸易方式的两个方面。

二、招标和投标的种类

根据是否为公开竞争，国际上采用的招标方式主要有以下几种。

(一)国际性竞争招标

国际性竞争招标(International Competitive Bidding，ICB)是指招标人邀请几个乃至几十个投标人参加投标，通过多数投标人竞争，选择其中对招标人最有利的投标人，双方达成交易。它属于竞卖的方式。

国际性竞争投标有以下两种做法：

(1)公开招标(Open Bidding)。公开招标是一种无限竞争招标(Unlimited Competitive Bidding)。采用这种方式时，招标人要在国内外主要报刊上刊登招标广告，凡对该项招标内容有兴趣的人均有机会购买招标资料进行投标。

(2)选择性招标(Selected Bidding)。选择性招标又称邀请招标，是有限竞争招标(Limited Competitive Bidding)。采用这种方式时，招标人不用在报刊上刊登广告，而是根据自身具体的业务关系和情报资料邀请客商投标，对他们进行资格预审后再进行投标。

(二)谈判招标

谈判招标(Negotiated Bidding)又称为议标，它是非公开的，属于非竞争性招标。这种招标由招标方物色几家客商，直接进行合同谈判，谈判成功，即交易达成。

(三)两段招标

两段招标(Two-Stage Bidding)是指无限竞争招标和有限竞争招标的综合方式。采用此种方式时，先采用公开招标，再采用选择性招标，即分为两阶段进行。第一阶段，招标方要求投标人提出不含报价的技术投标；第二阶段，邀请投标人提出价格投标。

第三节　拍卖与寄售

一、拍卖

(一)拍卖的含义

拍卖(Auction)是指专门从事拍卖业务的拍卖行接受货主的委托，在规定时间与场所，按照一定章程和规则，将要拍卖的货物向买主展示，并公开叫价竞购，最后由拍卖人把货物卖给出价最高的买主的一种现货交易方式。

拍卖这种方式主要适用于艺术品、烟叶、木材、羊毛、毛皮、纸张等品质不易标准化或难以久存的商品的销售。

(二)拍卖的形式

1. 英国式拍卖

英国式拍卖(English Auction)也称为"增价拍卖"或"低估价拍卖"，是指在拍卖的过程中，拍卖人宣布拍卖标的起叫价(起拍价)及最低增幅。竞买人以起叫价为起点，由低至高竞相应价，最后以最高竞价者三次报价无人应价后，响槌成交。但成交价不得低于保留价。

2. 荷兰式拍卖

荷兰式(Dutch Auction)也称为"降价拍卖"或"高估价拍卖"，是指在拍卖过程中，拍卖人宣布拍卖标的起拍价及降幅，并依次叫价，第一位应价人响槌成交。但成交价不得低于保留价。

3. 英国式拍卖与荷兰式拍卖相结合的拍卖方式

这种方式是指在拍卖过程中，拍卖人宣布起拍价及最低增幅，由竞买人竞相应价，拍卖人依次升高叫价，以最高应价者竞得。若无人应价则转为拍卖人依次降低叫价及降幅，并依次叫价，以第一位应价者竞得。需要注意的是，成交价不得低于保留价。

4. 密封递价式拍卖

密封递价式拍卖又称招标式拍卖，是指由买主在规定时间内将密封的报价单(标书)递交拍卖人，由拍卖人选择买主。

二、寄售

(一)寄售的含义

寄售(Consignment)是一种委托代售的贸易方式,也是国际贸易中习惯采用的做法之一,是一种有别于代理销售的贸易方式。它是指委托人(货主)先将货物运往寄售地,委托国外一个代销人(受托人),按照寄售协议规定的条件,代替货主进行出售,货物出售后由代销人向货主结算货款的一种贸易做法。

(二)寄售的特点

(1)寄售是先出运、后成交的贸易方式。

(2)出口商与寄售商之间是委托代销关系。

(3)寄售不是出售,在寄售商未将商品出售以前,商品的所有权仍属委托人(出口商)。

第四节　对等贸易

对等贸易(Counter Trade)又称为对销贸易或反向贸易,也笼统地称为"易货"或"大易货",是卖方承担向买方购买同等价值商品或劳务的贸易方式。其突出特点是,不用或很少用硬通货进行结算。对等贸易买卖的标的除了有形财产货物以外,也包括工业产权、劳务和专有技术等无形财产。它将进口与出口结合起来,组成相互联系的整体交易,买卖双方都有进有出,并求得各自收支基本平衡。

对等贸易的形式主要有 4 种,分别是易货贸易、互购贸易、补偿贸易和抵销贸易。

一、易货贸易

易货贸易(Barter Trade)是指一种不涉及货币支付,买卖双方以等值货物进行交换的贸易行为。易货双方签订一份包括相互交换抵偿货物的合同,对有关事项加以确定。

(一)双边对等易货贸易

1. 直接易货

直接易货又称为一般易货。从严格的法律意义上来讲,直接易货是指以货换货。这种直接易货形式往往要求进口和出口同时成交,一笔交易一般只签订一个包括双方交付相互抵偿货物的合同,不涉及第三方。

2. 综合易货

综合易货多用于两国之间根据记账或支付(清算)协定而进行的交易。由两国政府根据签订的支付协定，在双方银行互设账户，双方政府各自提出在一定时期(通常为一年)内提供给对方的商品种类，并且进出口金额基本相等，双方协商同意后签订易货协定书；然后根据易货协定书的有关规定，由各自对外贸易专业公司签订具体的进出口合同，分别交货。

(二)多边对等易货贸易

多边对等易货贸易目前也有所发展，主要形式有国际贸易证书贸易、多边转手贸易、联合贸易等。其中最重要的是国际贸易证书贸易。

二、互购贸易

互购贸易(Counter Purchase Trade)又称为"平行贸易"(Parallel Trade)或"对购贸易"(Reciprocal Trade)，是指买卖双方互相购买对方的产品。

互购贸易涉及使用两个既独立而又相互联系的合同，交易双方先签订一个合同，约定由先进口国(往往是发展中国家)用现汇购买对方的货物(如机器、设备等)，并由先出口国(通常是发达国家)在此合同中承诺在一定时期内买回头货。之后，双方还需签订一个合同，具体约定由先出口国用所得货款的一部分或全部从进口国购买商定的回头货。互购不是单纯的以货换货，而是现汇交易，而且不要求等值交换。

三、补偿贸易

(一)补偿贸易的含义

补偿贸易(Compensation on Trade)又称为产品返销，是指在信贷基础上进口设备，然后以回销产品或劳务所得价款分期偿还进口设备的价款及利息。它既是一种贸易方式，也是一种利用外资的形式。

(二)补偿贸易的种类

(1)直接补偿，又称回购贸易(Buy-back Trade)、简单补偿或产品返销，即双方在协议中约定，由设备供应方向设备进口方承诺购买一定数量或金额的、由该设备直接生产出来的产品。这是补偿贸易基本的做法。

(2)间接补偿。当交易的设备本身不生产产品或设备所生产的直接产品非对方所需或在国际市场上不好销时，可由双方协商，用回购其他产品来代替。

(3)劳务补偿。买方用对方的机器设备和原材料进行加工装配，成品交对方销售，用逐年工缴费抵付从对方进口设备的价款。

(4)部分抵偿。进口设备的价款和引进技术的费用,部分用商品偿还,部分用货币偿还。

(5)综合补偿贸易。在进口方的补偿产品中,直接产品、间接产品、外汇等兼而有之。抵偿的商品可以直接给出口方,也可以给出口方事先指定的贸易商。此种补偿贸易方式是返销和回购这两种方式的派生。

(6)其他形式,如双边补偿、多边补偿、卖方信贷补偿、买方信贷补偿、租赁补偿、全部补偿和部分补偿等。

四、抵销贸易

抵销贸易(Offset Trade)是指一方在进口如国防、航空或宇航、计算机、信息交流等设备时,以先期向另一方或出口方提供的某种商品和/或劳务、资金等抵销一定比例进口价款的做法。

第五节 加工贸易

加工贸易是指一种通过各种不同方式进口原料、材料或零件,利用本国生产能力和技术,加工成成品后再出口,从而获得外汇体现的附加价值。目前,随着国际产业转移、人民币升值及我国劳动力成本上升,我国的加工业已不具有竞争优势。目前,我国常用的加工贸易方式包括进料加工贸易和对外加工装配贸易两种形式。

一、进料加工贸易

(一)进料加工贸易的含义

进料加工贸易(Processing Trade)是指我方用外汇购买进口原材料、辅料、零部件、元器件、配套件、包装物料等,经加工变为成品或半成品后,再外销出口的交易形式。

(二)进料加工贸易的方式

目前,我国进料加工贸易的品种主要是生产纺织品、橡胶制品、塑料制品、食品、轻工业产品、工艺品、电子产品等所需要的原材料、辅料及一些元件、部件等。进料加工贸易的主要方式有备料加工贸易、来料制作贸易、对口合同贸易、对口进料加工贸易。

另外，与进料加工贸易相反的出料加工贸易也在我国有了一定发展。出料加工贸易是指将我国的原料出口到国外，用国外先进的技术和设备完成生产过程中某些环节的加工；然后再输入国内，由我国完成最后的生产程序，生产出来的制成品再出口或在国内市场销售。

二、对外加工装配贸易

(一)对外加工装配贸易的含义

对外加工装配贸易是指由一方提供装配所需设备、技术和有关元件、零件，由另一方装配为成品后交货。

对外加工装配贸易是指来料加工和来件装配业务的统称。来料加工(Processing with Customer's Materials)是指加工一方将外商提供的原料、辅料和包装材料，按照双方商定的质量、规格、款式加工为成品，交给对方，自己收取工缴费。来件装配(Assembling with Customer's Parts)是指国外委托方提供零部件、元器件等，委托国内承接方按其要求进行装配，成品交国外委托方处置，承接方按约定收取工费。

(二)对外加工装配贸易的做法

(1)全部来料来件的加工装配。国外委托方提供全部原辅材料和元器件，承接方企业经加工后，将成品交国外委托方，制件和成品均不计价，承接方按合同收取工缴费。

(2)部分来料来件的加工装配。国外委托方要求加工装配的成品中，有部分料件须由承接方提供，承接方除收取工缴费外，还应收取所提供料件的价款。

(3)对口合同，各作各价。国外委托方和承接方签署两份对口合同：一份是国外委托方提供的原辅材料和元器件的销售合同，另一份是承接方出口成品的合同。以对口合同方式进行的加工装配贸易，必须在合同中表明承接方无须支付外汇。

第六节　期货交易

一、期货交易的含义

期货交易(Futures Transaction)是以现货交易为基础以远期合同交易为雏形而发展起来的一种高级的交易方式。它是指为转移市场价格波动风险，而对那些大批量均质商品所采取的通过经纪人在商品交易所内以公开竞争的形式进行期货合约的买卖。

二、期货交易的种类

根据交易者交易目的不同,期货交易行为分为套期保值、投机和套利。

(一)套期保值

套期保值(Hedge),又称为"海琴",是指买入(卖出)与现货市场数量相当,但交易方向相反的期货合约,以期在未来某一时间通过卖出(买入)期货合约来补偿现货市场价格变动带来的实际价格风险。

(二)投机

投机(Speculate)指根据对市场的判断,把握机会,利用市场出现的价差进行买卖,从中获得利润的交易行为。在商业习惯上,投机又称为"买空卖空",是投机者根据自身对市场前景的判断进行的投机行为。

(三)套利

套利(Spreads)指同时买进和卖出两张不同种类的期货合约。交易者买进"低价"合约,同时卖出"高价"合约,从两合约价格间的变动关系中获利。在进行套利时,交易者要注意的是合约之间的相对价格关系,而不是绝对价格水平。

第七节　数字贸易

一、数字贸易的概念

(一)广义的数字贸易

2020年3月,世界贸易组织(WTO)、经济合作组织(OECD)、国际货币基金组织(IMF)和联合国贸发会议(UNCTAD)共同发布新版《数字贸易衡量手册》(*Handbook on Measuring Digital Trade*),将数字贸易定义为"所有通过数字订购和/或数字交付的贸易"。

按照交易性质,OECD-WTO框架将数字贸易分割成数字订购贸易、数字交付贸易、数字中介平台赋能贸易三个组成部分。

(二)狭义的数字贸易

狭义的数字贸易专指数字化服务贸易,即OECD-WTO概念框架中的"数字交付贸易"，是以数字技术为基础实现的完全或主要通过数字形式交付的服务或物理产品数字对应品的跨境贸易形态。以美国和中国为代表的全球主要贸易国家在对数字贸易的定义中，基本上采用了狭义的数字贸易标准。

美国贸易代表办公室（Office of the United States Trade Representative，USTR）在2017年发布的《数字贸易的主要障碍》报告认为，数字贸易不仅包括个人消费品在互联网上的销售以及在线服务的提供，还包括实现全球价值链的数据流、实现智能制造的服务以及无数其他平台和应用，并将数字贸易分为数字内容、社交媒体、搜索引擎与其他数字服务四大类。

①数字内容：如音乐、游戏、影像、书籍等。

②社交媒体：如社交网络网站、用户评价网站等。

③搜索引擎：如通用搜索引擎、专业搜索引擎等。

④其他数字服务，如软件服务、在云端交付的数据服务、通过互联网实现的通信服务、在云端交付的计算平台服务等。

中华人民共和国商务部服务贸易和商贸服务业司在《中国数字服务贸易发展报告2019》中对数字服务贸易进行了定义，即数字贸易不同于电子商务，是采用数字技术进行研发、设计、生产，并通过互联网和现代信息技术手段为用户交付的产品及服务，是以数字服务为核心、数字交付为特征的贸易新形态。其包括信息技术服务、数字内容服务、离岸服务外包。

二、数字化贸易交易统一规则

为了明确数字买卖双方的义务、规则和标准，2021年10月1日起，国际商会（ICC）发布的《数字化贸易交易统一规则1.0版》（*Uniform Rules for Digital Trade Transactions*，URDTT，VERSION 1.0）生效，作为全球数字贸易交易的总体框架，通过提供全球标准化、一致性，以及对术语、定义的统一解释，促进和支持电子记录、电子文件、电子数据、电子商务、电子签名、电子可转让记录等活动，在全球贸易完全数字化处理过程中的使用。

URDTT主要内容包括适用范围、定义、解释、当事人、金融服务提供商、提交人和收件人、电子记录、不合格电子记录、数据损坏、电子签名、数据处理系统、付款义务、FSP（金融服务提供商）付款承诺、修改、转让、不可抗力和适用法律，共计17条。

在使用URDTT时，需要注意以下几点：

（1）数字贸易交易（DTT）不同于商业合同，是基础交易执行的体现，是记录和执行买卖双方商业合同条款的过程。

(2)当买卖双方首次就 DTT 达成一致时,即产生付款义务(PO),采购订单在开始时是有条件的,但随着 FSP 将支付承诺添加到采购订单中,付款就变成了无条件支付。

(3)DTT 中定义了 PO/FSP 付款承诺的条件,即 PO 和 FSP 付款承诺均受制于 DTT 的条件,而不是商业合同。当满足 DTT 条件时,PO/FSP 付款承诺将变为无条件,此时 PO/FSP 付款承诺独立于 DTT。

(4)使用 PO/FSP 付款承诺作为提供融资基础的金融服务提供商,与商业合同相关的任何争议无关。

(5)URDTT 作为一套规则,没有涵盖现有 ICC 规则,如 UCP、URC、URDG 等。每一套单独的规则存在的原因多种多样,URDTT 只是数字贸易交易规则,并没有替代现有的提交纸质单据规则。

(6)与其他国际商会惯例及规则适用一样,DTT 只有标明适用 URDTT 时才适用,同时应注明 URDTT 的版本号,否则适用版本将是买方和卖方首次同意 DTT 时生效的版本。

(7)在标明适用 URDTT 的情况下,除非对 URDTT 的部分条款、条件明确修改或排除,否则 URDTT 对买方和卖方均具有约束力。金融服务提供商受适用于买方和卖方的同一版本 URDTT 约束,包括 DTT 条款、条件中约定的任何修改或除外条款。

(8)适用 URDTT 发生纠纷时,如果买卖双方同意,那么可以根据 DTT 或 FSP 支付承诺的条款和条件指定争议解决方式。国际商会 DOCDEX 服务也是一种可选择的方式。

【本章小结】

本章介绍了常用的国际贸易方式。目前,国际贸易中常用的贸易方式主要有经销、代理、寄售、招投标、拍卖、加工贸易、期货交易、对等贸易、数字贸易等。

【技能实训】

一、单项选择题

1. 包销协议从实质上说是一份(　　　)。

A. 买卖合同　　　　B. 代理合同　　　　C. 寄售合同　　　　D. 拍卖合同

2. 在寄售协议下,货物的所有权在寄售地出售前属于(　　　)。

A. 代理人　　　　B. 寄售人　　　　C. 代销人　　　　D. 包销人

3. 拍卖的特点是(　　　)。

A. 卖主之间的竞争　　　　　　　　B. 买主之间的竞争

C. 买主与卖主之间的竞争　　　　　D. 拍卖行与拍卖行之间的竞争

4. 投标人发出的标书是一项(　　)。

A. 不可撤销的发盘　　　　　　B. 可撤销的发盘

C. 可随时修改的发盘　　　　　D. 有条件的发盘

5. 来料加工和进料加工(　　)。

A. 均是一笔交易　　　　　　　B. 均是两笔交易

C. 前者是一笔交易，后者是两笔交易　　D. 前者是两笔交易，后者是一笔交易

二、案例分析题

1. 韩国 A 公司与我国 B 公司签订了一份独家代理协议，指定由 B 公司为中国的独家代理商。在签订协议时，韩国公司正在试验改进该产品。不久，当新产品试验成功后，A 公司又指定我国另一家公司 C 公司为新产品的经销商。A 公司的这种做法是否合法？

2. 我国某纺织品公司准备以补偿贸易方式从日本进口纺织机，其具体做法如下：先出口纺织品积存外汇，在外汇达到一定金额后，即用以购买纺织机。但该公司把这种做法报请主管机关给予补偿贸易的优惠待遇遭到拒绝。请对此进行分析。

3. 我国某公司根据埃及商人提供的图纸，生产出口一批机床，埃及商人又将这批机床转售给德国商人。机床进入德国后，德国商人被起诉，因为该机床侵犯了德国有效的专利权，法院令被告向专利权人赔偿损失。随后，德国商人向埃及商人索取赔偿，而埃及商人又向我方要求赔偿。我方是否应承担责任？为什么？

4. 某公司新研制出一种产品，为了打开该产品的销路，决定将其运往俄罗斯寄售。在代售方出售商品后，我方收到对方的结算清单，其中包括商品在寄售前有关费用的收据。在寄售方式下，商品在寄售前的有关费用应由谁承担？为什么？

5. 某食品进出口公司 8 月以 225 美元/公吨的价格收购 200 公吨小麦，并存入仓库随时准备出售。为了防止库存小麦在待售期间价格下跌而蒙受损失，该食品进出口公司欲利用套期保值交易来防止价格变动的风险。该公司应做卖期套期保值还是买期套期保值？为什么？

6. 某公司在拍卖行经竞买获得一批精美瓷器。在商品拍卖时，拍卖条件中规定："买方对货物进行检查与否，卖方对货物的品质概不负责。"该公司在将这批瓷器通过公司所属商行销售时，发现有部分瓷器出现网纹，严重影响商品销售。卖方因此向拍卖行提出索赔，却遭到拍卖行拒绝。拍卖行的拒绝是否有道理？为什么？

参考文献

[1]黎明，杨艳. 国际贸易概论[M]. 青岛：中国海洋大学出版社，2012.

[2]薛荣久. 国际贸易(新编本)[M]. 北京：对外经济贸易大学出版社，2003.

[3]蔡玉彬. 国际贸易理论与实务[M]. 北京：高等教育出版社，2004.

[4]黎孝先，王健. 国际贸易实务[M]. 5版. 北京：对外经济贸易大学出版社，2011.

[5]吴百福. 进出口贸易实务教程[M]. 4版. 上海：上海人民出版社，2003.

[6]刘似臣，卜伟，李雪梅，等. 国际贸易[M]. 3版. 北京：清华大学出版社，2014.

[7]王玲，周勋章. 国际贸易理论与实务[M]. 成都：西南财经大学出版社，2007.

[8]徐景霖. 国际贸易实务[M]. 北京：中国财政经济出版社，1996.

[9]冷柏军. 国际贸易实务[M]. 北京：对外经济贸易大学出版社，2005.

[10]李左东. 国际贸易理论、政策与实务[M]. 北京：高等教育出版社，2002.

[11]熊良福，夏国政. 国际贸易实务新编[M]. 武汉：武汉大学出版社，2004.

[12]袁建新. 国际贸易实务[M]. 上海：复旦大学出版社，2006.

[13]王小兰. 国际服务贸易[M]. 北京：科学出版社，2009.

[14]张彦欣，卓小苏，杨楠楠. 国际贸易操作实务[M]. 北京：中国纺织出版社，2005.

[15]张晓武. 国际贸易实务与案例[M]. 大连：东北财经大学出版社，2012.

[16]贾建华，甘丽华. 国际贸易理论与实务[M]. 北京：北京经济学院出版社，1995.

[17]陈同仇，薛荣久. 国际贸易[M]. 北京：对外经济贸易大学出版社，1997.

[18]兰菁. 国际贸易理论与实务[M]. 北京：清华大学出版社，2003.

[19]刘小卉. 运输管理学[M]. 上海：复旦大学出版社，2005.

[20]薛岱，任丽萍. 国际贸易[M]. 北京：北京大学出版社，2006.

[21]易露霞，方玲玲，陈原. 国际贸易实务双语教程[M]. 北京：清华大学出版社，2011.

[22]鲁丹萍. 国际贸易理论与实务[M]. 2版. 北京：清华大学出版社，2009.

[23]陈伟明，方爱华. 国际贸易实务项目化教程习题集[M]. 北京：冶金工业出版社，2013.

[24]张平，谷慧，李学荣. 国际贸易实务[M]. 2版. 南京：南京大学出版社. 2018.

[25]刘德标. 新版以案说法：国际贸易实务篇[M]. 北京：中国人民大学出版社，2005.

[26]赵轶. 国际贸易原理与实务[M]. 大连：东北财经大学出版社，2005.

[27]郑光贵. 国际贸易理论与实务[M]. 2版. 大连：东北财经大学出版社，2004.

[28]杜扬. 国际贸易理论与实务[M]. 2版. 北京：机械工业出版社，2015.

[29]柯晶莹. 国际贸易实务[M]. 长沙：湖南师范大学出版社，2016.

[30]周勋章，李芳，常军燕. 国际贸易案例综合分析[M]. 青岛：中国海洋大学出版社，2018.

[31]韩玉军. 国际贸易实务[M]. 北京：中国人民大学出版社，2007.

[32]中国国际商会，国际商会中国国家委员会. 国际贸易术语解释通则2020[M]. 北京：对外经济贸易大学出版社，2019.

[33]余心之，徐美荣. 新编外贸单证实务[M]. 3版. 北京：对外经济贸易大学出版社，2016.

[34]梁乃锋. 国际贸易术语的变化和发展趋势[J]. 产业与科技论坛，2012，11(6)：102-104.

[35]姚新超，肖岚. 新版国际贸易术语的发展变化及应用策略[J]. 国际贸易，2020(5)：68-75.